21 世纪全国高职高专交通运输系列工学结合型规划教材

城市轨道交通车站行车工作

主　编　操　杰
副主编　管利军
参　编　李　嵘
主　审　曹　湘

内 容 简 介

本书在结合事故案例，参阅国内部分城市轨道运营公司的"行规""作业标准"和"操作手册"的基础上，系统地阐述了车站行车工作的主要内容，包括行车闭塞、车厂调车和试车、车厂接发列车和车站行车工作等知识，反映了国内城市轨道交通车站行车工作的最新动态。

本书采用全新体例编写，设置了"引例与学习情境""项目描述""操作演示或动手实践""拓展知识""技能提升"等模块，并附有案例。此外，每个项目还附有项目小结、习题和实训题等多种题型供读者练习。通过对本书的学习，读者可以培养组织列车在区间运行的能力、组织列车在车厂运行的能力和组织列车在车站运行的能力。

本书可作为高职高专院校城市轨道运营管理相关专业的教材和指导书，也可作为城市轨道运营管理类各专业职业资格考试的培训教材，还可为备考从业和执业资格考试人员提供参考。

图书在版编目(CIP)数据

城市轨道交通车站行车工作/操杰主编. —北京：北京大学出版社，2014.7
(21世纪全国高职高专交通运输系列工学结合型规划教材)
ISBN 978-7-301-24210-0

Ⅰ.①城… Ⅱ.①操… Ⅲ.①城市铁路—行车组织—高等职业教育—教材 Ⅳ.①U239.5

中国版本图书馆CIP数据核字(2014)第089480号

书　　　名：	城市轨道交通车站行车工作
著作责任者：	操　杰　主编
策划编辑：	万　里
责任编辑：	李娉婷
标准书号：	ISBN 978-7-301-24210-0/U·0111
出版发行：	北京大学出版社
地　　　址：	北京市海淀区成府路205号　100871
网　　　址：	http://www.pup.cn　新浪官方微博:@北京大学出版社
电子信箱：	pup_6@163.com
电　　　话：	邮购部 62752015　发行部 62750672　编辑部 62750667　出版部 62754962
印　刷　者：	北京富生印刷厂
经　销　者：	新华书店

787毫米×1092毫米　16开本　15.25印张　357千字
2014年7月第1版　2014年7月第1次印刷

定　　价：31.00元

未经许可，不得以任何方式复制或抄袭本书之部分或全部内容。
版权所有，侵权必究
举报电话：010-62752024　电子信箱：fd@pup.pku.edu.cn

前　言

"车站行车工作"是城市轨道行车组织工作的一项重要内容，是城市轨道运营管理的核心工作之一。"车站行车工作"也是城市轨道交通运营管理专业的核心学习领域，目的在于培养学生组织列车在区间运行、在车站运行和在车厂运行的职业技能和职业素养。学习"车站行车工作"后，学生应基本掌握 LOW 操作员、车站值班员、车站值班站长、车厂调度员、车厂值班员、车厂信号员等职业岗位技能。

本书具有以下几个特点。

(1) 根据学习领域对应的职业岗位（群）的职业标准确定课程目标。

根据 LOW 操作员、车站值班员、车站值班站长、车厂调度员、车厂值班员、车厂信号员职业岗位职业标准，通过完成各岗位的典型工作任务，确定各岗位所需的知识、技能和职业素养，确定学生应具备的专业能力、方法能力、社会能力和职业素养，真正实现职业岗位技能标准与教学目标的对接。

(2) 基于车站（厂）岗位典型工作任务确定学习情境。

开展职业岗位（群）调研，确定各岗位所需要的技能，将各岗位所涉及的职业活动分解成若干相对独立的工作任务，以"列车运行"为载体，选取典型行车工作任务，根据职业技能和职业素养的培养规律，设计本学习领域的学习情境。

(3) 改变传统的教学模式。

采用"以学生为主体、教师为辅助、任务驱动"的项目教学法。学习任务通过"资讯、计划、决策、实施、检查和评价"六步教学法来完成，充分调动学生学习的积极性和能动性。

(4) 改革传统的考核方式。

形成性评价与终结性评价相结合；理论与实践相结合；技能与态度相结合；笔试、口试、操作相结合；开卷、闭卷相结合；学生之间自评、互评相结合。全面、综合和科学地评价学生学习过程和效果。

本书是在对城市轨道车站组织列车运行工作深入研究后，进行编写的，主要内容包括：行车闭塞、车厂调车和试车、车厂接发车和车站行车工作等。内容选取遵照当前城市轨道交通行车工作现场基本工作过程和典型工作任务。

使用本书教学时，建议在城市轨道运营仿真演练场中进行，采用项目教学法，通过对各种行车情况模拟，引导学生主动地学习相关专业知识，指导学生按规章和程序顺利完成各种行车工作任务，实现培养学生职业岗位技能和职业素养的教学目标。本书内容可按照 64～82 学时安排，推荐学时分配：项目 1(4～6 学时)，项目 2(14～18 学时)，项目 3(14～18 学时)，项目 4(16～20 学时)，项目 5(16～20 学时)。

本书由武汉铁路职业技术学院操杰担任主编并负责统稿工作，济南铁道职业技术学院管利军担任副主编，武汉铁路职业技术学院李嵘参编。重庆地铁公司曹湘对全书进行了审阅。编写分工如下：项目1、项目3和项目5由操杰编写；项目2由李嵘编写；项目4由管利军编写。

本书在编写过程中，参考和引用了国内外大量文献资料，在此谨向原书作者表示衷心感谢！由于编者水平有限，本书难免存在不足和疏漏之处，敬请各位读者批评指正。

编　者
2014年2月

目 录

项目 1 学习行车工作基础知识 ···································· 1
    任务 1.1 列车、车站与调度指挥系统 ···································· 4
    任务 1.2 行车组织原则 ···································· 18
    任务 1.3 城市轨道交通系统运行前准备工作 ···································· 20

项目 2 行车闭塞 ···································· 31
    任务 2.1 铁路(三显示)自动闭塞 ···································· 38
    任务 2.2 准移动闭塞 ···································· 44
    任务 2.3 移动闭塞 ···································· 48
    任务 2.4 自动站间闭塞 ···································· 53
    任务 2.5 电话闭塞 ···································· 58

项目 3 车厂调车与试车工作 ···································· 73
    任务 3.1 车厂行车设备操作 ···································· 78
    任务 3.2 调车方法和调车作业计划编制 ···································· 89
    任务 3.3 调车作业 ···································· 95
    任务 3.4 试车工作 ···································· 115

项目 4 车厂接发列车 ···································· 130
    任务 4.1 正常情况车厂接发列车 ···································· 136
    任务 4.2 引导接车 ···································· 142
    任务 4.3 特殊情况接发列车 ···································· 147

项目 5 车站行车工作 ···································· 168
    任务 5.1 行车设备基本操作 ···································· 173
    任务 5.2 调度集中时车站接发列车 ···································· 194
    任务 5.3 车站级控制时车站接发列车 ···································· 204
    任务 5.4 车站列车折返作业 ···································· 213
    任务 5.5 车站局域操作员工作站故障应急处理 ···································· 223

参考文献 ···································· 238

项目1 学习行车工作基础知识

教学目标

认识城市轨道交通行车工作系统,熟悉列车的概念和列车驾驶模式,熟悉调度指挥系统的组成和特点,熟悉行车工作组织原则,了解轨道交通运营前的准备工作。

教学要求

	教学要求	知识要点	自测分数
职业技能	熟悉列车的概念和分类	列车	
		列车驾驶模式	
	熟悉列车运行方向	右侧行车制	
		正方向和反方向	
	熟悉车站主要设备与作用	车站主要设备与作用	
		车站主要设备与行车工作关系	
	熟悉城市轨道行车调度指挥系统	列车运行图或运营时刻表	
		调度指挥机构	
		调度指挥原则	
	熟悉行车工作组织原则	行车工作组织原则	
		轨道交通运营前准备工作	
职业素质	遵章守纪的工作态度		
	下级服从上级		

引例与学习情境

引例：当你站在城市轨道交通公司的调度控制中心（OCC）（某地铁公司调度中心如图1.1所示），面对控制中心的监控屏上来回运行的红色光带和车次号时，你知道什么是列车，什么是列车运行图或运营时刻表吗？行车工作的基本机构和基本原则是什么吗？

图1.1 某轨道公司调度中心

工作情境描述：在实训室，老师开通地铁行车仿真实训系统，组织列车运行，引导学生理解行车工作的基本要素；学生根据任务单进行学习，回答老师的提问，并且向同组同学报告自己的理解。

项目描述

1. 在演练场进行项目教学

通过城市轨道ATC模拟系统演示，激发学生对行车工作的组成要素的认识兴趣。通过知识讲解引导学生掌握行车工作要素。通过回答问题检测学生对知识的掌握程度。

2. 场地、工具准备

调度控制中心仿真设备、车控室仿真设备、各种行车报表、规章制度、联系电话、各种行车备品、各种行车凭证等。

背景知识

1. 我国城市轨道交通运营管理

我国现行城市轨道交通运营管理主要分为行车管理、站务管理、票务管理、设备运营管理四大部分。

1) 行车管理

行车管理是轨道交通运营管理体系的核心内容，具有极其重要的地位，列车运行组织将客运服务和轨道交通设备联系在一起，完成城市轨道交通系统运营组织和管理的全过程。

2) 站务管理

城市轨道交通的站务管理指密切注意车站乘客动态，发现危及行车和乘车安全的情况，及时与有关人员联系，进行处理。站台工作人员还需与乘务人员密切配合，是全线行车指挥和车站行车组织的必要支持和补充，他们共同确保列车运行安全和乘务安全。

3) 票务管理

票务管理主要包括制票、票价的确定和自动售检票系统及其运用、管理。由车站组织售检票工作，并负责设备的养护维修和运用管理，并根据客流情况对售检票系统（装备）的设置进行调整。由公司票务管理部门对全线的运量、运营指标进行统计和进行财务、经济的核算、评价。

4) 车站设备管理

一个完整的城市轨道交通系统的设备运营管理包括车站服务设施系统、通信及信号系统、收费系统、供电系统、环控系统、通风及排烟系统、防灾系统、给排水及消防系统、自动扶梯及电梯运载系统等设施、设备的操作运用和养护维修管理。设备的运用一般可分为正常状态下的日常运用、非正常情况下（故障运行）的运用及紧急情况时的运用。

2. 城市轨道交通的运营特性

1) 系统联动

城市轨道交通系统建设和运营的目的是为乘客提供快速、安全、准时、舒适、便利的运输服务，使乘客能够便利地进站购票、安全而舒适地乘车、快速而准确地到达目的地，完成整个旅客运输过程。

完成这个任务需要行车工作安全、正点地按设定的列车运行图执行，并为乘客提供良好的服务。安全运营和优质的服务基础是：城市轨道交通各专业系统同时正常协调的运行，保障城市轨道交通30余项不同的专业设施、设备每天24小时正常而协调地运行。

各种设备之间在正常运行时具有相互依托的关系，这些关系的存在要求设备之间有严格的技术配合流程。在列车运行时，系统中的各个设备之间互为联系，共同保证列车正常运营和良好的服务。任何一个环节出现故障都会不同程度地使列车的正常运行受到影响，严重的甚至造成列车停运。

2) 时空要求

城市轨道交通企业根据乘客的出行需要安排列车运行。高速度、高密度的列车安全运行，形成了城市轨道交通运营企业和一般的制造业明显不同的时间和空间的概念。其产品是人的移动而不是物的加工，使时空概念变得尤为重要。其相应的时间和空间在轨道交通运营系统中不可储存，一旦失去势必造成列车运行晚点，严重的就会发生事故。

一旦运行的车辆、设备故障影响到列车的正常运行，必须立即处理，尽快恢复正常，确保列车运行；安装在正线和车站的设备，白天的检修和处理不仅要求准时，而且要尽量快速；线路设备检修、巡视等工作一般安排在夜间进行。各专业进行检修都必须提前报计划经批准后才能运行，并根据规定的程序进行施工作业。夜间施工作业有时还需开行施工列车，有时需停电，夜间允许检修工作的时间又很短（一般为 24 点～4 点），须统一分配，严格按照时间完成，否则就可能发生人员和设备事故或者影响列车正常运行。因此在轨道交通运营企业中，时间和空间的概念是必备的。

3）统一指挥

城市轨道交通系统的正常运行需要多专业多工种联合运行，需要严格的、高效的统一指挥。

控制中心（调度所）就是为行车工作的统一指挥而设置的。调度所一般设在城市轨道交通线路的中部。调度所内的设备包括信号系统（ATS）、供电系统（SCADA）、环控系统（FAS、BAS）、主机及显示屏、通信系统等。列车运行时由行车调度员、电力调度员、环控调度员分别担任行车系统、供电系统及环控系统的调度指挥。

正常情况下城市轨道交通的自动化系统均由系统主机按设定的模式运行，列车在司机的监护及必要的操作下正常行驶。同时，运行的信息如列车位置、列车间隔及是否偏离设定的运行图、供电及环控系统运行状态在显示屏上实时显示，调度员可随时监视、掌握列车及有关系统的运行状况。调度员还可以利用有线及无线通信系统随时和有关人员（列车驾驶员及行车、供电、环控等系统运营值班人员）通话了解有关情况。

发生一般的问题，如列车晚点、供电设备故障，系统设备自动调整运行或自动进行设备切换运行。遇重大事故如列车故障停运或牵引供电设备故障停运等，则由各专业调度员按照预案或紧急抢修方案有步骤地指挥有关的列车驾驶员、车站行车值班员、牵引变电所值班员、环控值班员、事故现场抢修人员等，采取必要的措施迅速进行抢修。有关车站按照指令进行客运组织工作，在确保乘客安全的前提下，尽快恢复设备和列车的正常运行。必要时可一边抢修，一边组织行车作业，缩小事故影响范围，并疏散滞留乘客，而这一切操作的顺序及内容均是以带编号的调度命令下达指挥执行的。

 操作演示或动手实践

任务 1.1　列车、车站与调度指挥系统

任务单

以小组为单位讨论以下问题	讨论意见/操作心得
什么是列车？车次有什么作用？如何编写？	
列车驾驶模式有几种？各种模式在什么时候相互转换？	
城市轨道交通采用什么行车制？什么是正方向？什么是反方向？当某城市轨道列车需要反方向运行时，由谁决定？	
列车运行图有什么作用？	
调度指挥机构组成及各岗位工作任务是什么？	
调度指挥模式及转换原因有哪几种？	

背景知识

1. 列车

列车是行车组织的基本组成要素。

1) 概念

列车是指按有关规定将车辆编成的车列,并挂有动车(或机车)及规定的列车标志。铁路列车的标志是头部缓冲梁上方两个头灯,显示白色灯光;尾部标志为缓冲梁上方两个尾灯,显示红色灯光。城市轨道交通列车的标志正向准确性、明确性发展。例如上海地铁的列车的头部显示列车的车次和到站,列车尾部也显示列车的车次和到站。

各个城市轨道公司的车辆不完全相同,但基本车辆结构相似。例如,上海地铁车辆有以下三种类型。A 车:无动车,一端有司机室,自重 32t,长度 24.13m;B 车:有动车,无司机室,车顶装有受电,自重 38t,长度 22.8m;C 车:有动车,无司机室,不受电,配有空气压缩机,自重 38t,长度 22.8m。

根据车辆配备容量和实际客运量,列车编组采用 6 节编组。列车编组方式有:A—B—C—B—C—A,A—B—C—C—B—A,A—C—B—B—C—A 三种。

(注:列车编组顺序从左至右按运行方向从列车头部至尾部排列)

如广州地铁列车,列车(客车)标志规定如下。

一号线:广州地铁徽记,目的地牌,客车服务号及标志灯等。

二号线:广州地铁徽记,标志灯等。

工程列车尾部必须挂有标志灯。当工程列车按首尾机车编组时,应使用首端机车驾驶,当首端机车故障而使用尾端机车驾驶时,按推进运行办理。

某地铁公司列车头部标志如图 1.2 所示。

(a)

(b)

图 1.2 某地铁公司列车头部标志

2) 列车的车次号

为便于计划安排和掌握列车运行情况,各类列车均应有固定车次。这样,可以从不同车次辨别该次列车的种类、等级和运行方向。

（1）广州地铁公司列车车次的规定如下。

① 客车车次：6位数，左边两位为列车目的地码，中间两位为列车服务号，最后两位为列车运行序列号。

② 列车目的地码：是指列车运行的终点站，见表1-1。

表1-1 一号线目的地码释义表

十　位	车　站
1	西朗
2	车厂南口
3	车厂北口
4	芳村
5	公园前
6	东山口
7	火车东站

列车服务号：按列车出厂的顺序给出，服务号从列车出厂投入服务，到回厂退出服务，一般不变，以免正线运营秩序发生混乱。

列车运行序列号：是指列车每运行一个单程（如西朗至火车东站）的顺序号，上行方向使用连续偶数，下行方向使用连续奇数。

③ 调试车车次比照客车车次，使用服务号区分。

④ 客车、专列和调试车的服务号见表1-2。

表1-2 客车、专列和调试车的服务号

列车类别	一　号　线	二　号　线	备　注
客车	01～49	01～49	
空客车	80～89	80～89	
专列	97～99	97～99	
调试车	51～59	71～79	

⑤ 工程、救援列车车次：3位数，工程、救援列车的车次规定见表1-3。

表1-3 工程、救援列车的车次规定

列车类别	一　号　线	二　号　线	备　注
工程车	501～519	551～569	
轨道车	521～539	571～589	含网轨检测车、打磨车
救援列车	601～619	651～669	含客车、工程列车

(2) 武汉轻轨的列车车次的规定如下。

① 列车车次由目的地号、班次号和序号组成。

② 目的地号：H 表示黄浦路站、S 表示三阳路站、J 表示江汉路站、Y 表示友谊路站、L 表示利济北路站、C 表示崇仁路站、Q 表示桥口路站、T 表示太平洋站、Z 表示宗关站、W 表示车场西口、E 表示车次动口。

③ 班次号规定如下。

- 图定客车班次号为 001～099。
- 临时加开空回列车班次号为 901～909。
- 临时加开载客列车班次号为 910～919。
- 救援车班次号为 920～929。
- 调试班次次号为 930～939。
- 工程车班次号为 940～949。

④ 序号由两位阿拉伯数字组成，上行方向为单数，下行方向为双数。

(3) 列车的分类及等级。

在运输生产中，根据需要和服务对象不同，每列列车分别担负不同的运输任务，从而分为不同的种类；根据运输任务的轻、重、缓、急，列车又分为不同的等级。在行车工作中，正常情况下必须依照列车的等级顺序放行列车，调整列车运行秩序。

例如，上海地铁为适应旅客运输的不同需要，按照运输的性质和用途，列车分类及等级顺序如下：专运列车、客运列车、调试列车、空驶列车、其他列车。

在抢险救灾情况下，优先放行救援列车。对于同一等级客运列车，可以根据列车的接续车次和载客人数等情况进行调整。

3) 列车运行驾驶模式

列车在运行中有无 ATP(列车自动防护系统)的安全防护角度来分，运行模式可分为列车自动运行模式(ATO)、ATP 监督的人工驾驶模式(SM)、限制式(限速 25km/h)人工驾驶模式(RM)，非限制式人工驾驶模式(URM)及自动折返驾驶模式(AR)。各种运行模式中，ATO 的安全级别最高，SM、RM、URM 依次降低，URM 最低。地铁列车司机室如图 1.3 所示。

注：有的城市轨道公司的列车驾驶模式可能不是这样称呼，但其基本功能大同小异。

(1) 列车自动运行驾驶模式。

ATO 模式即 ATO 自动运行模式，此模式是正线上列车运行的正常模式，用于正线上列车的正常运行。在这种模式下，列车在车站之间的运行是自动的，不需司机驾驶，司机只负责监视 ATO 显示，监督车站发车和车门关闭，以及列车运行所需要通过的轨道、道岔和信号状态，并在必要时人工介入。

司机给出列车关门指令关闭车门后，通过按压启动按钮给出出发指令。车载 ATP 确认车门已经关闭后，列车便可启动。如果车门还开着，ATP 会不允许列车出发。列车出发后站间运行的速度调整、至下站的目标制动以及开车门都由 ATO 自动操作。ATP 确保

图 1.3 地铁公司列车司机室

列车各阶段自动运行的安全,在车站之间的运行将根据控制中 ATS 的优化时刻表指令执行,确定其走行时间。

在 ATO 模式下,ATO 根据 ATP 编码和列车位置生成运行列车的行驶曲线,完成自动驾驶列车;ATO 还能根据到停车点的距离计算出列车的到站停车曲线;ATO 速度曲线可以由 ATS 的调整命令修改;ATP 系统控制列车的紧急制动。

(2) 列车自动防护驾驶模式(SM 模式)。

SM 模式即 ATP 监督人工驾驶模式,是一种受保护的人工驾驶模式,在这种模式下,司机根据驾驶室中的指示手动驾驶列车,并监督 ATP 显示以及列车运行所要通过的轨道、道岔和信号的状态,可以在任何时候操作紧急制动。ATP 连续监督人工驾驶的列车运行,如果列车超过允许速度将产生紧急制动。ATO 故障时列车可用 SM 模式降级运行。

在 SM 模式下,列车由司机人工驾驶,列车的运行速度受 ATP 监控;ATO 此时对列车不进行控制,但会根据地图数据随时监督列车的位置;如果 ATO 能与 PCA 通信,它可控制车门开启;ATP 向司机提示安全速度和距离信息;在列车实际行驶速度到达最大安全速度之前,ATP 可实施常用制动,防止列车超速;由 ATP 系统来控制列车的紧急制动。

(3) 限制式人工驾驶模式(RM 模式)。

RM 模式即 ATP 限制允许速度的人工驾驶模式,这是一种受约束的人工操作,必须"谨慎运行"。在这种模式下,列车由司机根据轨旁信号驾驶,ATP 仅监督允许的最大限速值。

该运行模式在下列情况下使用。

① 列车在车辆段范围内(非 ATC 控制区域)运行时。

② 正线运行中联锁设备或轨道电路或 ATP 轨旁设备或 ATP 列车天线或地对车通信发生故障时。

③ 列车紧急制动以后。

④ 启动 ATP/ATO 以后。

此时，车载 ATP 将给出一个 25km/h 的限制速度。

在 RM 模式下，列车由司机人工驾驶，没有轨道编码的参与，不要求强制使用地面编码。此时 ATO 退出控制；由司机负责列车运行安全，并监督列车所要通过的轨道、道岔和信号的状态，如有必要，对列车进行制动；列车行驶速度很低，不得超过 25km/h；一旦超出，ATP 系统就会实施紧急制动。

（4）非限制式人工驾驶模式（关断模式或 URM 模式）。

关断模式是不受限制的人工驾驶（无 ATP 监督）模式，用于车载 ATP 设备故障以及车载设备测试情况下完全关断时的列车驾驶，列车是由司机根据轨旁信号和调度员的口头指令驾驶的，没有速度监督。ATP 的紧急制动输出被车辆控制系统切断，司机必须保证列车运行不超过限制速度（最大 25km/h），并监督列车所要通过的轨道、道岔和信号的状态，必要时采取措施，对列车进行制动。

在关断模式下，列车由司机人工驾驶，没有 ATP 保护措施；使用这种模式必须进行登记，此时列车运行安全完全由司机负责。

（5）自动折返驾驶模式（AR 模式）。

列车在站端（没有折返轨道的终端）调转行车方向或使用折返轨道进行折返操作，要求进入自动折返驾驶模式。

为使自动折返操作具有高度的灵活性，自动折返模式有下列几种：ATO 自动运行折返模式；ATO 无人自动折返模式；ATP 监督人工驾驶折返模式。

折返命令由 ATS 中心根据需要生成并传输至列车，或由设计固定的 ATP 区域（如终端站）的轨旁单元发出。ATP 车载设备通过接收轨旁报文而自动启动 AR 模式，通过驾驶室显示设备指示给司机，司机必须按压"AR"按钮确认折返作业。是否折返，使用折返轨道折返，无人驾驶执行还是由司机执行，这些完全由司机决定。

2. 列车运行方向

1）列车运行方向的规定

国内城市轨道交通正线基本是双线。为了便于管理、指挥、办理作业和统计，必须规定列车运行方向。国内各城市轨道交通都进行上下行规定，基本内容不相同，但规定列车运行方向的原则是相同的。城市轨道交通系统的正线均采用上下行方向，一般实施右侧行车制，世界上除了英联邦国家、日本等部分国家外，绝大多数国家城市轨道交通均实行右侧行车制。

2）正方向和反方向

城市轨道交通列车在双线上单向运行，即上下行列车分别固定在右侧正线（上行列车走上行线，下行列车走下行线）上运行。

列车在双线区段运行时，以右侧单方向运行，这个方向称为双线正方向行车；反之称为双线反方向行车。

3) 反方向行车规定

列车在双线反方向运行时,一般情况下无闭塞设备(自动闭塞区间无设备,在ATC控制区,反方向无ATP速度码),接车时不能使用进站信号机,在安全和效率方面存在诸多不利因素。

但在特殊情况下,必须组织列车反方向运行时,应按规定程序进行审批,专运列车反方向运行必须得到总公司主管领导准许,客运列车反方向运行必须得到值班调度主任或调度长准许,通过行车调度员下达调度命令后,才能够执行。

3. 轨道交通列车运行时刻

(1) 列车运行时刻以北京时间为准,从零时起计算,实行24小时制。以正线接触轨停/送电作为运营时间与非运营时间的分界点。行车日期划分:以零时为界,零时以前办妥的行车手续,零时以后仍视为有效。

城市轨道交通运营时间的确定,主要是为方便乘客出行和与公共电、汽车衔接配合,以及线路设备检修的需要。

(2) 行车值班员、运转值班员等有关运营人员必须在运营开始前一个小时,及时主动地与行车调度员核对,以控制中心ATS钟点为准的钟表时间。

(3) 列车司机应在出乘报到时,向车厂运转值班员校对钟表时间。

4. 车站

1) 车站的作用

车站是线路上供列车到发、通过的分界点,保证行车安全和必要的通过能力。同时,某些车站还提供折返、停车检修和临时待避等功能;车站也是客运部门办理客运业务和各工种联劳协作进行运输生产的基地。车站是乘客出行乘坐列车的始发、终到及换乘的地点,是客流集散的场所。

车站的运输生产主要由行车组织和客运组织两部分组成。车站行车工作包括接发列车作业和列车折返作业等。车站客运组织工作包括售检票、组织乘客乘降和换乘,以及文化、生活等其他方面的服务等。车站工作的组织水平在很大程度上影响运输的数量和质量指标。

2) 车站的分类

车站按其运营功能的不同可分为如下几种。

(1) 一般中间站。

一般中间站只办理乘客的上车和下车作业,除了设有正线外,不另外设置站线,所以在车站设置用于乘客上、下车的站台。根据线路结构,站台设置有两种,一种是岛式站台,另一种是侧式站台,地铁一般中间站的站台大部分是岛式站台,而轻轨等高架城市轨道交通大部分是侧式站台,图1.4为一般中间站示意图。

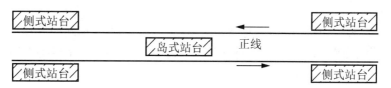

图 1.4　一般中间站示意图

（2）中间折返站。

城市轨道交通的主要车站，为了便于乘客的中转、换乘；或者为了临时存车；或者为了加快列车周转，提高运营效率；当列车发生故障而不能正常运行时，为使故障列车尽快撤离正线，必须对故障列车进行救援，因此。在全线每隔3～4个车站，就设置一个中间折返站。中间折返站的线路布置及信号的设置应满足行车作业的需要。中间折返站示意图如图1.5和图1.6所示。

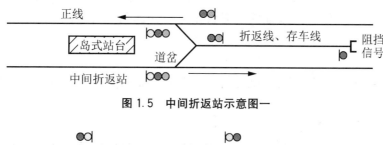

图 1.5　中间折返站示意图一

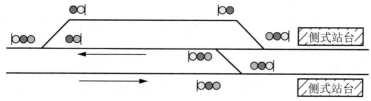

图 1.6　中间站折返示意图二

（3）终端折返站。

终端折返站设置于线路的两端，图1.7所示都是站后折返的线路结构，也有的车站采用站前折返的方式。在正常情况下列车到达终点站，可以分别采用"直进弯出"、"弯进直出"的折返方式，具体采用何种折返方式，在列车自动控制系统中用"折返模式"加以设定。

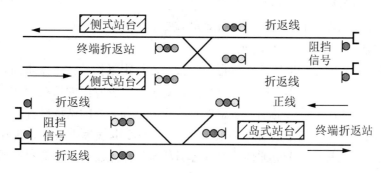

图 1.7　终端折返站示意图

3）车站设备

车站每天要办理大量的行车作业与客运作业。为此，根据车站的运营功能和客流量的不同，车站上应设置各种不同种类和容量的技术设备。车站的技术设备主要有以下几类。

（1）线路。

车站线路包括正线、配线、折返线和存车线，是列车在站内到发、通过及停留，或进行折返作业的线路。折返线及存车线在线路的终点站以及部分中间站上设置，折返线的布置应能保证线路最大通过能力的实现。

（2）信号与通信设备。

为保证行车作业安全和提高行车作业效率，车站具有信号设备和通信设备。城市轨道交通正线车站的联锁设备要能够响应来自ATS的命令，在满足安全的前提下，控制进路、道岔和信号，并将进路、轨道电路、道岔和信号机的状态信息提供给ATS和ATP/ATO。上海地铁2号线采用美国公司的MicroLokⅡ型计算机联锁系统。广州地铁1号和2号线正线、深圳地铁1号线、南京地铁1号线采用德国西门子公司的SICAS型计算机联锁系统。

（3）站台。

站台主要供列车停靠和乘客候车、上下车使用。站台按形式不同，有岛式站台、侧式站台、混合式站台和纵列式站台等。

（4）站厅、通道和升降设备。

站厅是乘客进出车站的咽喉，地下或高架车站还需设置楼梯和自动扶梯。站厅、通道和升降设备的通过能力应根据远期高峰客流的需要设定。

（5）售检票设备。

售检票分为人工售检票和计算机集中控制的自动售检票两种方式。

（6）机电设备。

机电设备包括通风设备、制冷设备、消防报警设备、变电设备、照明设备和给排水设备等。

（7）作业或设备用房。

车站作业或设备用房主要分为作业用房、管理用房和设备用房三类。行车、客运作业用房包括车站控制室、行车值班室、售票室、广播室、问询处和站台休息室等。车站管理用房包括站长室和储存室等。各种设备用房包括通信信号、环控、防灾控制、变电和给排水等设备的用房。城市轨道交通车站设备效果如图1.8所示。

4）车厂

城市轨道交通车辆保有量较多，运行时间长，运行距离长，技术要求高，安全可靠性指标高，对车辆的运用、保养、检修均有很高的要求，需设专门的机构完成，这一机构就是车厂。车厂内有线路、信号通信设备、保养维修设备和必要的站场设备。

早期修建的地铁车厂信号设备大多数采用国产6502电气集中设备，现在随着计算机技术的迅速发展，尤其是对可靠性技术和容错技术的深入研究，计算机联锁正在取代继电集中联锁。目前，城市轨道交通的车辆段大多数使用计算机联锁设备，TYJL-Ⅱ型计

图1.8 轨道交通车站设备效果图

算机联锁系统设备运用于北京、广州、南京等城市轨道交通，VPⅠ型计算机联锁系统设备运行于上海地铁，DS6-11型计算联锁系统设备运用于大连快速轨道交通3号线。

5. 轨道区间及闭塞分区划分

1) 站间区间

站间区间是指车站与车站之间的线路。

（1）单线站间区间，以进站信号机柱中心线为车站与区间的分界线，如图1.9所示。

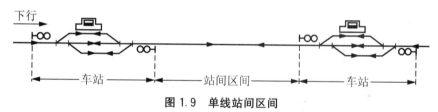

图1.9 单线站间区间

（2）双线或多线站间区间，分别以各该线的进路信号机柱或站界标的中心线为车站与区间的分界线，如图1.10所示。

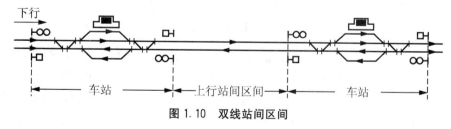

图1.10 双线站间区间

2) 闭塞分区

闭塞分区是指自动闭塞区间的两架通过色灯信号机间或进站信号机与通过信号机间的线段。闭塞分区长度应同时满足大于或等于列车制动距离加上一个安全距离余量和大于或等于列车最大长度两个要求。

以该线上同方向相邻的两架通过色灯信号机的中心线为双线区间闭塞分区分界线，如图1.11所示。

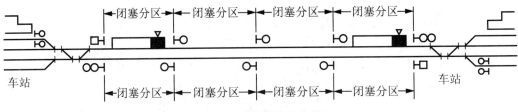

图 1.11 双线自动闭塞分区

6．列车运行图和运营时刻表

1）列车运行图

列车运行图是运用坐标原理对列车运行时间、空间关系的图解表示，实际上它是对列车运行时空过程的图解。在列车运行图上，对列车运行时空过程的图解可以有两种不同的形式。其一为以横坐标表示时间，纵坐标表示距离。这时，列车运行图上的水平线表示分界点的中心线，水平线间的间距表示分界点间的距离；垂直线表示时间。其二为以横坐标表示距离，纵坐标表示时间。这时，列车运行图上的水平线表示时间；垂直线表示分界点中心线，垂直线间的间距表示分界点间的距离。列车运行图部分内容的格式如图 1.12 所示。

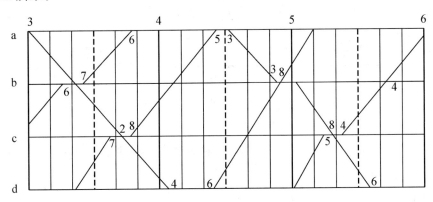

图 1.12 列车运行图

列车运行图是轨道行车组织的基础，凡与列车运行有关的各个部门，都必须正确地组织本部门的工作，以保证列车按运行图运行。列车运行图又是铁路向运输市场用户提供的运输产品和服务的目录清单，从列车种类的多元化、送达速度的不断提高和时间安排的方便选择等方面体现了轨道运输质量和服务水平的不断提高。

2）运营时刻表

运营时刻表规定了运营线路的每个运营周期（一般为每天）的起止时间、高峰期起止时间、各次列车占用区间的顺序、列车在一个车站到达和出发（或通过）的时刻、列车在区间的运行时分、列车在车站的停站时分、折返站列车折返作业时间及电客车出入车厂的时刻。

运营时刻表也是地铁运营组织的一个综合性计划。如，车站根据运营时刻表所规定的列车到达和出发时刻，安排本站行车组织工作和客运组织工作；车辆维修部门每天运营前要整备好运营需求的列车数,车辆运转部门要根据运营时刻表的要求确定列车的派出时刻和乘务员的作息计划;工务、通信、信号、供电、机电等部门也要求根据运营时刻表的规定来安排施工计划和维修计划。深圳地铁罗宝线运营时刻表见表1-4。

表1-4 深圳地铁罗宝线运营时刻表

行驶方向	首班车	末班车	所属线路	高峰间隔	平峰间隔
罗湖	—		罗宝线	4min	6min
机场东	06:30	23:00	罗宝线	4min	6min

运营时刻表是行车组织工作的基础,所有与列车运行有关的部门,必须按照运营时刻表的要求组织本部门的工作,以保证列车按时刻表运行。

7. 调度指挥机构和模式

1) 组织机构

为了有序组织运输生产活动,对运输生产活动进行统一指挥及有效监控轨道交通系统设立调度机构,即总调度所或控制中心,并根据运输生产活动的性质设置不同的调度工种,实行分工管理。在调度机构的生产组织系统中通常设有行车调度、电力调度和环控调度等调度工种,如图1.13所示。

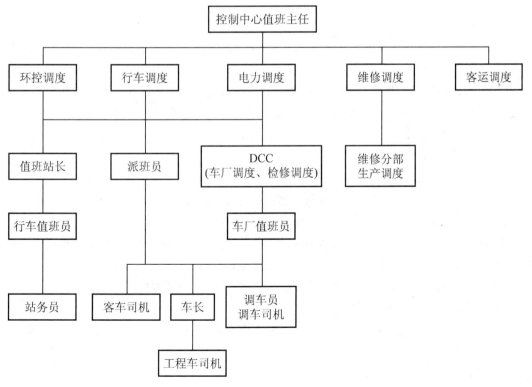

图1.13 调度指挥系统结构

(1) 指挥机构。

① 运营指挥分为一级、二级两个指挥层级；二级服从一级指挥。

② 一级指挥为：行车调度、供电调度、环控调度、维修调度。

③ 二级指挥为：车站值班站长、车厂调度、DCC检修调度、维修分部生产调度。

④ 各级指挥要根据各自职责任务独立开展工作，并服从OCC值班主任总体协调和指挥。

(2) 地铁运营控制中心(OCC)。

① OCC是地铁日常运营、设备维护、行车组织的指挥中心。

② OCC是地铁运营信息收发中心。

③ OCC代表运营总部总经理指挥运营工作，代表总部与外界协调联络地铁运营支援工作。

④ 值班主任是OCC轮值调度班组的负责人，各调度员由值班主任协调统一指挥。在处理突发事件、事故时，各调度员有责任向值班主任提供本岗位的协助处理方案，并及时报告相关信息。

⑤ 行车工作由行车调度员(以下简称行调)统一指挥；供电设备运作由电力调度员(以下简称电调)统一指挥；环控和防灾报警设备由环控调度员(以下简称环调)统一指挥；除车辆设备以外的地铁设备维修和故障维(抢)修由维修调度员(以下简称维调)统一指挥。

(3) 车厂控制中心(DCC)。

① DCC是车厂运作管理、车辆维修的中心，DCC设有车辆检修调度、车厂调度员；在车厂设有临时DCC。

② 负责车辆日常检修、清洁、定修和临修工作控制。

③ 为地铁运营及设备维修施工提供质量良好和数量足够的客车或工程车。

(4) 车厂信号控制室。

① 全线列车临时存放车厂。

② 相邻线列车在车厂的作业计划由其中一线车厂调度负责总协调。

(5) OCC、DCC、分部生产调度及车站的指挥工作关系。

① 车站由值班站长，车厂由车厂调度员统一指挥。

② 列车在区间运行时，客车由司机负责指挥，工程车由车长负责指挥；列车在车站时，由车站值班站长负责指挥；或由行调用无线电话直接指挥列车司机。

③ 发生行车设备故障，报告处理流程按《运营总部生产管理规定》执行。

2) 城市轨道调度指挥模式

城市轨道交通一般采用ATC系统，列车调度指挥的模式相对于铁路调度指挥而言，模式种类较多。

(1) 行车指挥自动化。

在设备正常情况下，城市轨道交通采用自动化的调度指挥模式。ATS子系统监督列车的运行状态，实时控制列车运行时刻。ATS子系统是整个运行控制系统的核心，它通过信息采集设备,实时动态显示列车的运行状态和线路设备被占用状况,为列车调度人员和现场工作人员提供清晰真实的动态画面,供其对整个运行系统进行实时监督控制和记录运行图的执行情况,在列车因故偏离运行图时及时做出调整,辅助行车调度人员完成对全线列车运行的管理。

ATS 系统的正常运行,在大部分情况下,是自动进行的,无需调度员干预。由车站 ATS 分机可存储管辖范围内的当日运行时刻表,中心一般仅为监视,而由 ATS 分机进行列车运行的自动控制。

(2) 调度集中模式。

当列车运行时间晚点超过一定范围,或其他原因,造成行车指挥自动化无法进行时,ATS 系统降级到调度集中模式。

调度集中系统能够实现对列车的集中监视和控制:列车的确切位置、线路和信号设备的状态信息可以迅速地传递到调度所,再由调度集中设备集中发送控制命令。调度集中指挥模式取得如下明显的经济效果:①减少列车停车和会车的时间,提高线路通过能力,提高了旅行速度;②减少事故,增加列车运行安全度;③运行图被打乱时,能通过一些措施迅速恢复正常行车秩序,可以减轻列车晚点程度;④减轻了调度人员的劳动强度。

(3) 调度监督模式。

当 ATC 系统设备故障程度进一步恶化时,ATC 系统只能对现场的设备进行监视而不能进行控制时,就只能采取调度监督指挥模式。列车运行指挥必须通过调度电话和无线电话等通信系统完成。

(4) 电话指挥模式。

电话调度指挥方式以调度电话作为主要通信工具。调度员通过调度电话呼叫区段内任意一个车站的值班员或者同时呼叫所有的值班员,下达列车运行计划和调度命令,车站值班员也利用调度电话呼叫调度员报告列车到发和通过车站的时间(报点)及其他有关事宜。

具体的管理过程是:车站值班员向调度员报点,调度员在计划上记录列车运行实际情况。计划和列车实绩都绘制在同一张运行图上,调度员首先在图上作计划,列车实绩与计划不一致,要擦抹掉计划重新标明实际的运行时分。频繁地收点、修改计划和布置计划,这些繁琐事物工作浪费调度员大部分工作时间。

电话调度方式是全人工调度方式,费时费事,调度员的劳动强度大。电话收点不及时和调度人员超劳可能造成调度不当,影响行车安全和运输效率。

这 4 种模式根据设备状况不同,采取不同的模式。降级顺序为:行车指挥自动化→调度集中模式→调度监督模式→电话指挥模式。

3) 调度指挥原则

(1) 安全生产的原则。

在列车调度指挥工作中,必须坚持安全生产的原则,正确指挥列车运行。不能发布没有安全保障依据的命令和指示。当得到有关危及行车安全的信息时,要正确、及时、妥善处理。以保证旅客列车的安全为重点,组织列车安全运行。

(2) 按图行车的原则。

列车正点率是轨道交通运输产品质量的重要技术指标，也是轨道交通运输组织管理水平的综合反映。只有按图行车，才能保持正常的运输秩序，进而保证列车的正点率。

(3) 单一指挥的原则。

城市轨道交通的行车工作是一个由互相联系、互相影响的多部门、多单位、各工种所组成的完整系统。在这个系统中，各部门、各单位、各工种间的紧密联系和协调一致，对于保证行车安全和运输效率有着决定性的意义。行车调度员是为适应城市轨道交通行车特点而设置的行车工作的统一指挥者。在列车运行的工作中，与行车有关的人员必须服从所在区段当班行车调度员的集中统一指挥。其他任何人不得发布与行车有关的命令和指示。

(4) 下级调度服从上级调度的原则。

在列车运行组织与调整过程中，相邻调度台之间应保持紧密联系，以保证列车的正常交接。对出现的问题，双方要主动协商解决，当出现意见不一致的情况时，由上一级调度进行仲裁。一经上级调度决定，有关人员必须无条件执行。

任务实施

1. 下发任务单，明确任务内容，学生课前按要求完成预习任务。
2. 教师先进行演示，学生分组讨论。
3. 学生自行总结基本知识。
4. 教师和各组长担当本次任务的他人评价工作，评判同学们的任务完成情况。

任务1.2　行车组织原则

任务单

以小组为单位讨论以下问题	讨论意见/操作心得
行车工作原则是什么？	
行车工作时间是如何规定？	
客车正晚点统计规定是什么	

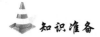

知识准备

1. 行车工作的原则

1) 贯彻安全生产方针

安全生产是我们党和国家的一贯方针，也是轨道交通职工对运输生产在质量标准上的基本要求。城市轨道交通发生事故，不仅给人民生命财产造成损失，而且在政治上也会带来不良影响。

2）坚持高度集中、统一指挥、逐级负责的原则

行车工作具有点多、线长、面广和多工种联合作业的特点，只有坚持集中调度，统一指挥的原则，才能把各部门组成一个统一的整体，使各个工作环节环环相扣，紧密联系，保证运输生产安全、迅速、准确、协调地进行。

（1）为使行车各部门、各工种能够步调一致，协同动作，保证安全、迅速、准确、及时地完成运输任务，行车工作必须坚持集中调度、统一指挥、逐级负责的原则。

（2）为保证安全生产，提高作业效率，在列车运行调整、接发列车、调车作业、列车折返作业中，必须建立作业的工作制度，亦称为单一指挥。

① 每一个调度区段由本区段调度员统一指挥。

② 车站由车站值班员，车辆段由值班员统一指挥。

③ 列车由司机负责指挥。

④ ATC控制区中有关行车工作由调度员直接指挥，转为车站控制时由车站值班员（或值班站长）指挥。

3）发扬社会主义协作精神

城市轨道交通是国民经济中一个重要的生产部门，与社会各个方面都有广泛的联系，因此必须树立全局观念和全心全意为人民服务的思想。轨道交通内外各部门、各单位要主动配合，紧密联系，协同动作，共同完成任务。

4）合理组织，挖掘运输潜力，不断提高运输效率

这是增强城市轨道交通能力的重要途径。为此，行车有关部门必须不断提高计划质量，加强调度指挥工作，提高车站和车辆段工作水平，积极总结和推广先进经验，改进作业组织，充分发挥现有设备潜力，保证完成运输生产任务。

2. 国内某轨道公司某线的行车组织原则

（1）指挥列车在正线运行的命令只能由行调发布，列车司机必须严格遵照《运营时刻表》规定的时刻、按信号显示行车，并接受行调的指挥和命令。

（2）行车时间以北京时间为准，从零时起计算，实行24小时制。以正线接触轨停/送电作为运营时间与非运营时间的分界点。行车日期划分：以零时为界，零时以前办妥的行车手续，零时以后仍视为有效。

（3）正线、转换轨及辅助线属行车调度员管理，车辆段线及专用线属车辆段调度员管理。

（4）在CBTC正常情况下，电客车采用ATO模式驾驶。司机需在电客车出库时或交接班时输入司机代号，在ATS有计划运行图时，电客车出车辆段到转换轨时自动接收行车信息，但在没有ATS计划运行图时，电客车在出车辆段及正线运行车次变更时，需行调输入或通知司机人工输入服务号和目的地号。

（5）空电客车、工程车、救援列车、调试列车出入车辆段均按列车办理。

（6）在CBTC正常情况下正线上司机凭车载信号显示或行调命令行车，按运营时刻表和PDI显示时分掌握运行及停站时间。

（7）在非CBTC情况下，正线司机凭地面信号或行调命令行车，司机应严格掌握进出站、过岔、线路限制等特殊运行速度。

（8）电客车在运行中司机应在前端驾驶，如推进运行，应有引导员在前端驾驶室引导和监控电客车运行。

（9）调度电话、无线电话用于行车工作联系，须使用标准用语。数字标准发音见表1-5。

表1-5 数字标准发音

1	2	3	4	5	6	7	8	9	0
yao	liang	san	si	wu	liu	guai	ba	jiu	dong
幺	两	三	四	五	六	拐	八	九	洞

（10）电客车晚点统计方法：比照《运营时刻表》单程每列晚点4分钟以下为正点，4分钟及以上为晚点；排队晚点时则按统计的要求进行统计。行调应根据电客车晚点情况及时采取措施，调整电客车运行。

（11）车辆段救援机车及各类抢修车辆，应经常处于整备待发状态，其工具备品应保持齐全整洁，作用良好。

 任务实施

1. 下发任务单，明确任务内容，学生课前按要求完成预习任务。
2. 教师先进行演示，学生分组讨论。
3. 学生自行理解行车组织原则。
4. 教师和各组长担当本次任务的他人评价工作，评判同学们的任务完成情况。

任务1.3　城市轨道交通系统运行前准备工作

 任务单

以小组为单位讨论以下问题	讨论意见/操作心得
运营前准备哪些工作？	
试验进路、道岔有什么要求？	
对出厂列车有什么要求？	
如何校对钟表时间？	

 知识准备

1. 设备的状态

1）线路

（1）线路保持良好。

线路主要由正线、折返线、渡线、出入厂线及其他线路组成。在每天运营时，应保持线路状态良好，并且线路处于空闲状态。

（2）巡道、巡检作业规定。

① 巡道（含钢轨涂油）、巡检时间应根据运行图确定，且必须在每天运营开始前30分钟结束。

② 巡道、巡检作业前后，作业人员须到所在车站行车值班员（或值班站长）处办理登记、销点手续，如作业结束不在原登记车站，销点手续可在结束站行车值班员或值班站长处用电话销点，但办理登记、销点手续必须是同一作业人员。

③ 巡道、巡检中如发现影响行车的突发灾情，应用轨旁电话向行车调度员报告，并尽快组织抢修开通。

（3）试验进路、道岔的要求。

① 行车调度员接到巡视完毕报告，确认线路出清后，通知联锁车站可以进行相关操作（试验进路、道岔），并把相关信号设置为自排/追踪状态，行车调度员检查相关结果。

② 当试验期间发现异常时，行车调度员应及时通知设修调度，派人检查抢修；无法修复时，应立即采取应急措施，尽可能把对运营的影响降到最小范围。

2）车辆

（1）电动列车（包含投入运营及备用）的列数须符合当日运行计划要求。

（2）出厂列车需具备以下条件。

① 列车无线电话和车厢广播使用功能良好。

② 车载 ATC 设备日检正常，铅封良好。

③ 车辆设备良好。

（3）备用列车。

① 备用列车的数量应按投入运营列车数而确定，原则保留两列备用列车。

② 备用列车停放地点，原则上停放在两端终点站（折返线或停车场）或车辆厂停车库内。

③ 备用列车，主要用于替换故障列车及客运高峰时段的增开列车

④ 备用列车的要求，备用列车必须处于随叫随到，令下车出的备用状态，确保备用急需。

3）ATS系统

国内大多数城市轨道交通的列车运营以6502信号设备为基础，采用先进的计算机管理系统监护和控制。ATS是整个信号系统的监视和控制终端，是列车自动运行调度的管理决策中心。ATS系统负责收集现场的列车运行信息和轨旁设备状态信息，并根据运营的要求辅助行车调度人员向轨旁设备和列车发出控制命令。

ATS系统实现了调度监督功能和远程控制功能，是城市轨道交通自动列车运营控制的核心的功能部分。每天开始时，ATS系统应置于规定状态。

4）机电、通信设备

供电接触网正常，通信畅通，消防环控系统运转正常，所有与运营有关的设备状态良好。

(1) 通信设备良好。

① 行车调度电话：车站行车值班员用调度电话分机接收行车调度员用数字电话发布的调度命令、口头通知等行车事宜，向行车调度员报告现场行车情况。

当车载无线设备不能接发信息、手机不能通话时，列车司机用车站发车端调度电话分机报告行车调度员及通话。

② 站间行车电话：车站行车值班员用数字电话机办理行车事宜。

③ 局部电话：车站行车值班员用数字电话与售标亭等部门直接通话。

④ 轨旁电话：上行、下行隧道一侧约150m间距及地面正线一侧约300m间距设轨旁电话机一台，供现场作业或救援联络用。

⑤ 公务电话：行车调度员、行车值班员用自动电话机与地铁内部各单位进行联系。

⑥ 行车无线调度电话：行车调度员用无线控制台与列车上设有车载无线电台的司机进行数据通信及通话；与手持BOSCH机的行车值班员进行通话；遇紧急情况对列车上乘客广播，以及通过行车调度员操作无线控制台使司机与司机通话，司机与行车值班员、运转值班员交流。

(2) 机电设备正常。

① 通风设备：主要指排风机、送风机、全新风机、事故冷却风机、空调新见机等。

② 制冷设备：主要指冷水机组、冷却水塔等。

③ 给排水设备：主要指水泵、废水泵、消防增压泵、雨淋阀等。

④ 车站其他设备：主要指低压配电设备、普通照明、应急照明、自动扶梯、卷帘门等。

2. 人员

所有与运营有关值班人员到岗，经检查，确认无任何异常情况。

3. 车站

车站按规定做好运营前的各项行车、客运准备工作，各类人员职责如下。

1) 车站值班员(或值班站长)

(1) 确认运营线路空闲、施工结束、线路出清、无防护，行车设备正常。

(2) 确认行车设备、备品齐全完好(站务人员必须检查正线上红闪灯等各种临时防护设施是否已经撤除，并按要求摆放好)。

(3) 相关人员到岗情况。

(4) 道岔功能正常，站台无异物侵入限界。

2) 信号楼调度员(或LOW操作员)

(1) 当日使用列车、备用列车安排情况(信号楼调度传真列车出场顺序表至OCC)。

(2) 设备正常情况。

(3) 人员到岗情况。

3) 派班员

司机配备以及就位情况。

4. 校对钟表时间

（1）确认当日《列车运行图》并核对时间的要求。根据运作命令的要求执行相应《列车运行图》；在每天运营前行车调度员用全呼功能，与车站值班员、信号楼调度、派班员核对当日《列车运行图》以及钟表时间，说明相关注意事项。

（2）行车值班员、运转值班员及有关运营人员必须在运营开始前及时主动与行车调度员校对以控制中心 ATS 钟点为准的钟表时间。

（3）列车司机应在出乘报到时向运转值班员校对钟表时间。

任务实施

1. 下发任务单，明确任务内容，学生课前按要求完成预习任务。
2. 教师先进行演示，学生分组讨论。
3. 学生自行理解行车组织原则。
4. 教师和各组长担当本次任务的他人评价工作，评判同学们的任务完成情况。

拓展知识

1. 城市轨道运营管理规章简介

规章制度是国家机关、社会团体、企事业单位等制定的有关行政管理、生产操作、学习和生产等方面的各种法规、章程规范、细则和制度的总称。

根据设备功能、设备技术状况、列车运行、设备检修、所在城市的地理气候环境等要素特征，制定详尽的运行安全规章制度，使系统各部门、各单位人人有章可循。如上海地铁公司的行车有关规章制度有如下内容。

1）行车组织规则

（1）《行车组织规则》的包含内容。

地铁《行车组织规则》是根据某线信号及有关设备系统运营使用功能和行车设备的配置及实际运营要求制订的。它是行车设备管理的基本法规。

介绍行车设备：主要包括车站设置原则，线路铺设要求，轨道、道岔及信号机的设置、列车自动控制系统、通信设备、供电设备、机电设备、车场等。

介绍行车闭塞法：主要包括自动闭塞法、移动闭塞法、电话闭塞法。

列车出入场的有关规定。

列车到发作业规定。

列车运行规定：主要包括列车运行方向的规定、列车运行方式。

列车折返作业的规定：主要包括列车折返方法、折返线的使用、渡线折返方法。

列车监控：主要包括车次号的设置及使用规定、列车运行等级的设置、集中站控制、行车调度命令的下达方法及内容。

非正常情况下行车组织：包括列车反方向运行规定、列车推进运行规定、列车牵引故障车的运行规定、隧道内线路积水时的行车规定、地面站迷雾的行车规定。

列车：列车救援准则、连挂作业规定。

车内调车作业要求。

运营准备及停营清场的规定：包括运营准备、停营清场要求。

车站、车场行车工作细则及行车调度工作规则的编审。

日常的养护维修、施工及工程车的开行。

其他：包括隧道照明、标志、行车日期的划分、电动列车司机值乘要求、事故救援队组织。

(2) 编制要求。

地铁是技术密集的客运交通系统，它具有高度集中、统一指挥、紧密联系和协同动作的特点。为使各部门、各单位、各工种协调地进行运输生产，更好地为运营服务，必须有一个统一的、科学的《行车组织规则》。

《行车组织规则》是地铁运营管理的基本法规。它规定了各部门和单位在从事运营生产过程中，必须遵守的基本原则、工作方法、作业程序和相互关系，因此，编制时必须使规程具有普遍性、全面性、原则性。

《行车组织规则》需要明确地铁运营工作人员的主要职责和必须具备的基本条件，并对工作流程作原则性说明。各部门、各单位制订的有关技术业务方面的规程、规则、细则和办法等都须符合《行车组织规则》。《行车组织规则》将随着地铁的不断发展、线路的不断延伸、信号管理模式的改变，不断充实和完善。《行车组织规则》解释权属批准颁发单位。

2) 《地铁行车事故处理规则》

它是安全生产方式在地铁运营过程中的具体体现，它具有明显的法律性质，是地铁运营的主要规章之一，是衡量城轨安全生产、处理行车事故的依据。

3) 各种专业的操作规程、安全规则

《控制中心手册》、《车站运作手册》、《司机手册》等规章制度对相关岗位的职责运营组织要求进行了描述。

《行车组织规则》是城市轨道交通技术管理的基本法规，是制定各种运输生产规章制度的基本依据，是我国地铁在多年的实践中，经过不断的探索和实践，总结正反两方面的经验教训和学习国外的先进经验逐步形成的，在内容上具有全面性、科学性、简明性和法律效力。各项运输生产规章制度是《行车组织规则》的展开和具体化，是执行和落实《行车组织规则》要求的保证。因此，铁路各部门、各单位制定的规程、规范、规则、细则、标准和办法等执行时，一切违反《行车组织规则》的规章制度都必须纠正和禁止。

2. 作业标准

1) 作业标准和标准化概念

作业标准是指和直接生产活动有关的作业项目或程序，在内容、顺序、质量、时限、工具、动作、态度等方面进行的统一规定。它是对生产作业人员具有约束的准则，其中有国家制定的国家标准。

标准化是在经济、科学技术及管理等社会实践中，对重复性事物和概念通过制定、发布和实施标准，达到统一，以获得最佳秩序和社会效益，这个完整的活动过程就是标准化。

2）作业标准化的作用

国家铁路的安全生产实验表明：要安全生产必须要标准化作业，只有标准化作业才能保证安全生产。

标准化作业是如何保证安全生产的？我们可以从两个方面进行理解。

首先车站安全是关于基本生产任务的安全，即列车运行、调车作业（或折返作业）和人身安全。安全生产活动正常表现，是人们按章办事的结果。与之相反，事故的发生是生产活动不正常的表现，是人们违章违纪的结果。实践证明，只要能够控制住车站两种特定的违章违纪，就能控制住安全生产的局面。所谓两种特定的违章违纪，即群体违章和系列违章。

违章违纪现象是时有发生的。尽管如此，并不是每发生一次违章就导致一个事故，多次违章并不一定发生事故。这就给职工一个误解，发生事故就是运气不好，这个运气不好就是我们所说的特定情况。一般讲群体违章是指当班有关人员在同一时间同一作业点上共同违章。系列违章是指一个人在独立完成一个工作过程时在连续的几个作业环节上连续违章。长期的安全生产实践证明，当这样两个违章出现时，事故极有可能发生。

其次，在现有条件下，指望彻底消灭违章违纪，恐怕很难办到，事实上只要我们有效地控制住群体违章和系列违章，就可以有效地把握住安全生产。那么，用什么手段才能控制住两种违章？具体办法很多，但最切实有效的就是标准化。标准化一旦在车站施行，即对生产的每个环节起作用，对职工的劳动发生约束作用，从而大大减少违章次数。此时，即使有违章现象发生，也只能是个别现象，完全不可能促成群体违章和系列违章。如果站在更高的层次上讲，标准化的贯彻为彻底消灭群体和系列违章违纪提供了现实性的有力保证。

3）标准化与规章的关系

有许多人认为规章制度即是标准化，也有人认为规章制度够多，标准化是多此一举。实际上，在车站工作中，规章制度是关于重复性事物的具体规定，标准化也是这种性质的规定，但两者并不相同，它们本质上是紧密联系、互为依据、互为补充的。以行车工作为例，作业遵循以《技规》、《行规》、《站细》为中心的规章制度，给整个行车工作做出了明确的规定。这些规定构成了行车的基本技术法规，是行车准则，那么完全按照这个准则去执行不就可以维持正常的生产秩序了？但实际上不能完全按这个准则去办。因此，必须推行标准化。作为标准，它有很多内容就直接来自于规章制度。但这决不是对规章条文的照搬，一般的规章所做的规定大多侧重某一环节的限制和某个环节的结果；而标准作业却侧重于一个完整的过程，其中包括怎样实现环节的限制和结果。两者的着眼点有所区别。规章制度的缺点在于没有指明什么时候怎么办，没有指明工序之间如何衔接、工种之间如何协调动作，互相配合，互相监督等问题。使用时必须经过大脑临时加工才能运用。而有些人员对规章不够熟悉，理解不深，或作业程序不了解，就极易出错，因而有必要实行作业标准化。标准化按现场作业的先后顺序和条件，以规章制度要求的结果为目的，对作业程序、质量要求等做出详细规定，并贯彻"自控、互控、他控"的现场控制管理。

技能提升

行车报表是指在列车运行及设备保养等活动中，行车人员及相关人员根据现场实际情况记录下来的原始资料。

1. 行车报表的种类

(1) 调度命令登记簿(图1.14)和调度命令(图1.15)。

(2) 车站生产日志(有的地铁公司称为《行车日志》)(图1.16)。

(3) 设备故障检修(施工)登记簿(图1.17)。

调度命令登记簿							年　月
日期	命　　令				复诵人姓名	接受命令人姓名	行调姓名	阅读刻(签名)
	发令时间	号码	受令处所	内容				

图1.14　调度命令登记簿

调　度　命　令			
		___年___月___日___时___分	
受令处所		命令号码	行调姓名
命令内容			
注：规格110mm*150mm		行车专用章___	行车值班员___

图1.15　调度命令

车站生产日志														
年 月 日 天气 行车值班员														
		接车					发车							
			时分		电话记录号码			时分			电话记录号码			
列车车次	接车股道	承认闭塞	发车站发车	本站到达		取消闭塞	承认闭塞	取消闭塞	请求闭塞	邻站承认闭塞	本站出发		到达接车站	开通区间	取消闭塞	承认闭塞	取消闭塞	记事
				规定	实际						规定	实际					

图 1.16 车站生产日志

施工检修作业登记簿											
		施工登记			承认施工手续			施工维修终止			
年月日	时分	施工或检查维修项目及其影响适用范围	施工负责人姓名	值班站长姓名	起止时间	值班站长姓名	施工负责人姓名	时分	实验人姓名	施工负责人姓名	值班站长姓名	备注

图 1.17 施工检修作业登记簿

2. 行车报表的填记要求

1) 共同要求

(1) 行车值班员应认真及时填写各类行车簿册，做到填记正确、无缺漏、无缩减。

(2) 填记字迹清晰，不得随意涂改。若确需修改，在错误处划一横线并加盖当班行车值班员印章（红色印泥）以示更改，并在边上填记正确的内容，注意不得用修正液。

(3) 所有需签名的地方均用钢笔或圆珠笔填写，不得使用印章。

(4) 交接班图章加盖清晰（蓝色印泥），在图章内相应空白处填好交接班行车值班员姓名、日期。图章与填记内容、图章与图章之间不得有空格。

2) 车站生产日志

(1) 填写标准。

贯彻"安全第一"原则，规范《车站生产日志》的填写，以准确反映值班员作业及列车运营的情况。

(2) 具体填写内容。

① 车次栏：非正点运行列车及总调度所发布调令临时加开列车、救援列车、施工车的车次号。

② 电话记录号码及收发时间栏、采用电话闭塞法行车时填写相邻车站及本站收发电话记录号码及承认/解除闭塞时分。

③ 邻站出发栏：邻站行车值班员所报开车时分。

④ 本站到达栏：列车到达本站时分。

⑤ 附注栏：变更计划、晚点、加开列车及相关其他非正常情况。

⑥ 交接班注意事项：填写本班作业安全情况，以及需提醒接班值班员注意的其他有关行车安全注意事项。

⑦ 设备备品交接事项：填写本站行车设备备品的使用及交接情况。

⑧ 其他：填写上级有关指示、通知及传达落实文件、卫生等事项。

⑨ 道岔擦拭情况。

道岔编号：填写本班所擦拭的道岔编号。

擦拭后试验情况：擦拭后检测情况填入此项。

(3) 填写要求及其他说明。

①《车站生产日志》由车站当班行车值班员填写。

②《车站生产日志》的填写字迹必须清晰、完整。

③ 道岔擦拭情况栏无岔站用斜划线划去；有岔站若未擦拭须说明原因。

④ 非正常运行的列车根据实际运行情况记入生产日志，不得随意涂改内容，禁止使用修正液。

⑤ 表头必须填写站名、日期、当班值班员姓名、有岔站还必须填写当班扳道员姓名。

⑥ 接班值班员签章栏由值班员按"三交三不交"原则确认清楚后签章。

⑦《车站生产日志》的填写必须符合 ISO 9002 质量体系认证的要求。

项目小结

城市轨道交通行车工作就是熟练使用相关设备，按相关规章制度，组织列车安全正点运行。当你在进行行车工作时，必须知道行车工作的对象，必须了解行车工作中基本元素，必须熟悉行车工作的基本原则。

本项目教学目的是引导学生了解行车工作的基本元素，对列车、车站(车厂)、调度指挥系统和行车组织原则等有一个较为全面认识，为后续学习准备坚实的理论知识。

习　　题

1. 填一填

(1) 从列车在运行中有无 ATP(列车自动防护系统)的安全防护角度来分，列车驾驶模式可分为：_____、_____、_____、_____。

(2) 城市轨道交通列车在双线_____运行，即上下行列车分别固定在右侧正线(上行列车走上行线，下行列车走下行线)上运行。列车在双线区段运行时，以_____单方向运行，这个方向称为双线正方向行车；反之称为反方向行车。

(3) 列车运行图是运用_____对列车运行时间、空间关系的图解表示，因而实际上它是对列车运行_____的图解。运营时刻表是行车组织工作的基础，它规定了运营线路的每个运营周期(一般为每天)的起止时间、高峰期起止时间、各次列车_____、列车在一个车站到达和出发(或通过)的时刻、_____、列车在车站的停站时分、折返站列车折返作业时间及电客车出入车厂的时刻。

(4) 城市轨道交通一般采用 ATC 系统，列车调度指挥的模式相对于铁路调度指挥而言，模式种类较多，有_____共4种。

(5) 国内某轨道公司某线的行车组织原则规定：①指挥列车在正线运行的_____只能由行调发布，列车司机必须严格遵照_____规定的时刻、按信号显示行车，并接受行调的指挥和命令。_____、工程车、救援列车、_____出入车辆段均按列车办理。②在 CBTC 正常情况下正线上司机凭_____行车，按运营时刻表和 PDI 显示时分掌握运行及停站时间。③在非 CBTC 情况下，正线司机凭地面信号或行调命令行车，司机应严格掌握进_____等特殊运行速度。

2. 答一答

(1) 什么是列车？车次有什么作用？如何编写？

(2) 列车驾驶模式有几种？各种模式在什么时候相互转换？

(3) 城市轨道轨道采用什么行车制？什么是正方向？什么是反方向？当某城市轨道列车需要反方向运行时，由谁决定？

(4) 列车运行图有什么作用？

(5) 调度指挥原则？

(6) 作业标准化的目的？

(7) 调度电话、无线电话用于行车工作联系，须使用标准用语。数字标准发音有什么规定？

实 训 题

(1) 你能够描绘出城市轨道行车工作的基本场所吗？

(2) 你能说出城市轨道运营的指挥系统吗？

项目 2 行车闭塞

教学目标

认识区间,理解行车闭塞;熟悉自动闭塞设备使用特点,能够组织列车在区间运行;熟悉准移动闭塞设备和移动闭塞设备使用特点,能够组织列车在区间运行;熟悉自动站间闭塞设备使用特点,能够组织列车在区间运行;熟悉电话闭塞特点,能够组织列车在区间运行。能够根据闭塞设备状态和列车情况,发给列车正确的行车凭证;能够熟练完成各种闭塞的办理,组织列车安全、正点在区间运行。

教学要求

	教学要求	知识要点	自测分数
职业技能	能够组织列车在自动闭塞区间运行	自动闭塞设备使用特点	
		列车行车凭证	
	能够组织列车在移动闭塞或准移动闭塞区间运行	设备使用特点	
		列车行车凭证	
	能够组织列车在自动站间闭塞区间运行	自动站间闭塞设备使用特点	
		列车行车凭证	
	熟悉电话闭塞办理,能够能够组织列车在区间运行	电话闭塞使用时机	
		电话闭塞办理程序	
		列车行车凭证	
职业素质	遵章守纪的工作态度		
	团结合作精神		

引例与学习情境

引例： 2010年9月27日14时37分，上海地铁10号线两列列车在豫园站至老西门站下行区间百米标176处发生追尾事故，295人到医院就诊检查，无人员死亡。经事故调查组认定，事故的直接原因是：地铁行车调度员在未准确定位故障区间内全部列车位置的情况下，违规发布电话闭塞命令；接车站值班员在未严格确认区间线路是否空闲的情况下，违规同意发车站的电话闭塞请求，导致地铁10号线1005号列车与1016号列车发生追尾碰撞，尾追事故救援现场如图2.1所示。上海地铁9.27事故再一次提醒地铁行车工作人员必须认真学习和执行列车区间运行管理方法，即行车闭塞法。

图2.1　9.27尾追事故救援现场

工作情境描述： 学生掌握闭塞设备的基本知识后，学习和掌握组织列车在区间运行的基本技能。在实训室，学生根据任务单进行分组，运用角色扮演，正确使用实训室闭塞设备，组织列车在区间运行。

项目描述

在演练场进行项目教学。

1. 人员安排

学生按车站数分组，每站设值班站长1人，站台站务员1人。

按照已经分好的组，行车调度员（由教师或学生临时担任）在调度中心，监控整条线路的行车情况，各站值班站长在各站站控室，通过显示屏监控本站列车运行情况，各站站台站务员位于站台，迎送列车。

2. 场地、工具准备

调度指挥演练室、车控室仿真设备、各种行车报表、联系电话、各种行车备品、各种行车凭证等。

3. 教学组织

（1）下发任务单。

（2）使用闭塞设备完成工作任务。

开通闭塞设备，引导学生认识，介绍设备使用的特点，并且通过现场实证，加深学生的理解；学生使用实验室仿真设备，组织列车在闭塞区段运行；学生使用实验室仿真设备，组织列车在闭塞故障区段运行。

（3）总结归纳，技能考核。

（4）进行评价。

通过本项目学习，学生能够达到的技能目标如下。

（1）能够组织列车在自动闭塞区间运行，正确发给列车行车凭证。根据设备情况决定组织列车运行的方法，在非正常自动闭塞时，能够填写绿色许可证；在部分设备故障时能够应急处理；当自动闭塞设备不能保证列车运行安全时应立即停止自动闭塞法行车。

（2）能够组织列车在准移动和移动闭塞区间运行，发给列车行车凭证，对于列车运行过程中发生的意外能够及时处理，组织列车安全运行。

（3）能够在适当时机使用自动站间闭塞，组织列车安全运行，发给列车正确的行车凭证。

（4）能够在适当时候使用电话闭塞，能够根据情况办理电话闭塞，能够填写路票并严格执行发凭根据。能够根据情况决定使用电话闭塞解除法，能够严格执行电话闭塞解除时机。

背景知识

1. 行车闭塞法种类

管理区间内列车运行的方法叫闭塞法。闭塞法一般采用时间间隔法和空间间隔法两种形式。

1) 区间行车组织的方法

区间行车组织的基本方法一般有以下两种。

（1）时间间隔法。

列车按照事先规定好的时间由车站发车，使前行列车和追踪列车之间必须保持一定时间间隔的行车方法，称为时间间隔法。这种行车方法因追踪列车不能确切地得到前行列车的运行状况，所以不能确保列车在区间的运行安全，在我国已不再使用该种闭塞方法。

（2）空间间隔法。

把线路划分为若干个段落（区间或分区），在每个段落内同时只准许一列列车运行，这样使前行列车和追踪列车之间必须保持一定距离的行车方法称为空间间隔法。这种行车方法能严格地把列车分隔在两个空间，可以有效地防止列车追尾事故的发生，确保列车运行安全。

2）实现行车闭塞的基本方法

闭塞就是用信号或凭证，保证列车按照空间间隔制运行的技术方法。从不同的角度划分，闭塞可以有不同的分类，总的说可分基本闭塞法和代用闭塞法两种类型。在同一线路上同一时间内应采用同一类型的闭塞方式。

（1）基本闭塞法。

自动闭塞就是根据列车运行及有关闭塞区间的状态自动变换信号显示，而司机凭信号行车的闭塞方法。其特征为：把站间区间划分为若干闭塞分区，有分区占用检查设备，可以凭通过信号机的显示行车，也可凭机车信号或列车运行控制的车载信号行车；站间能实现列车追踪；办理发车进路时自动办理闭塞手续，自动变换信号显示。

从保证列车运行而采取的技术手段来看，自动闭塞可分两大类：传统的自动闭塞和装备列车运行自动控制系统的自动闭塞。

传统的自动闭塞一般设地面通过信号机，装备有机车信号，用信号或凭证来实现列车按照空间间隔制运行。传统的自动闭塞通常称为自动闭塞，在此因为要与装备列车运行控制的自动闭塞区分，故冠以传统的自动闭塞之称。由于ATC的应用，相继出现准移动闭塞和移动闭塞。

自动站间闭塞就是在有区间占用检查的条件下，自动办理闭塞手续，列车凭信号显示发车后，出站信号机自动关闭。它是移动闭塞停用的后备闭塞方式。区间两端车站的出站信号机和轨道检查装置构成联锁关系，采用轨道检查装置自动检查区间空闲，列车以站间区间为间隔运行，通过办理发车进路和检查列车出清区间的方式，自动实现区间闭塞和区间开通。

（2）代用闭塞法——电话闭塞。

当基本闭塞设备发生故障或其他原因不能使用时，为维持列车运行，应采用代用闭塞法——电话闭塞。电话闭塞是由闭塞区间两端车站值班员利用站间行车电话以发出电话记录号码的方式办理闭塞的一种方法。

2. 行车凭证

行车凭证是指列车占用区间（闭塞分区）的许可。

1）行车凭证的分类

行车凭证有多种，按其使用时机可分为两大类。

（1）基本凭证——即按基本闭塞法行车时使用的凭证。自动闭塞基本凭证为开放的出站信号机及通过信号机显示的进行信号。

（2）书面凭证——当不能使用基本凭证的情况下所使用的行车凭证，如路票、绿色许可证、红色许可证、调度命令、车站值班员的命令等。

2）凭证的作用

全面了解行车凭证的作用是正确使用行车凭证的前提。行车凭证的作用主要有以下几方面。

（1）占用区间或闭塞分区的许可。这是凭证最主要的作用。

(2) 指示列车运行条件。有的凭证指示列车运行方向，如出站信号机及进路表示器的显示，路票上的反方向运行图章（两线或多线区间的线别章）；有的指明运行速度、到达地点、时间，如向封锁区间开行路用列车的调度命令；有的预告前方闭塞分区空闲与否，如自动闭塞区段的出站信号机和通过信号机的显示等。

(3) 提醒注意事项。如绿色许可证上的向未设出站信号机的线路上发出列车，提醒司机发车线路是非到发线，应引起注意，适当掌握速度；调度命令指明路用列车到达前方站还是返回本站，提示司机注意在站界标处的引导手信号或反向进站信号机的显示。

3. 自动闭塞的概念

自动闭塞是由运行的列车自动完成闭塞作用的一种行车闭塞方法。在自动闭塞区段，将一个站间区间划分为若干个闭塞分区，由装在每个闭塞分区始端的通过信号机进行防护（第一闭塞分区由出站信号机防护）；由于每个闭塞分区设有轨道电路（或计轴器），从而能反映出列车占用或线路发生断轨等情况；通过色灯信号机在列车占用或出清闭塞分区时，能自动转换显示，指示追踪列车运行条件，在列车运行过程中自动发挥闭塞作用，无需人工参加。因此，自动闭塞法能够使列车密度增加，提高通过能力，防护闭塞分区的通过信号机自动地显示停车信号，反映机车、车辆占用或钢轨折断情况，保证列车区间的运行安全。

4. 准移动闭塞的概念

准移动闭塞（也可称为半固定闭塞）是介于固定闭塞和移动闭塞之间的一种闭塞方式。它对前、后列车的定位方式是不同的。前行列车的定位仍沿用固定闭塞的方式，而后续列车的定位则采用连续的或称为移动的方式。准移动闭塞可解释为"预先设定列车的安全追踪间隔距离，根据前方目标状态设定列车的可行车距离和运行速度、介于固定闭塞和移动闭塞之间的一种闭塞方式"。

由于准移动闭塞同时采用移动和固定两种定位方式，所以它的速度控制模式，必然既具有无级（连续）的特点，又具有分级（台阶）的性质。若前行列车不动而后续列车前进时，其最大允许速度是连续变化的；而当前行列车前进，其尾部驶过固定区段的分界点时，后续列车的最大速度将按"台阶"跳跃上升，如图2.2所示。

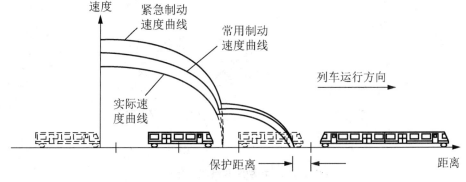

图 2.2　准移动闭塞连续速度曲线示意图

它通过采用报文式轨道电路辅之环线或应答器来判断分区占用并传输信息，信息量大；可以告知后续列车继续前行的距离，后续列车可根据这一距离合理地采取减速或制动，列车制动的起点可延伸至保证其安全制动的地点，从而可改善列车速度控制，缩小列车安全间隔，提高线路利用效率。但准移动闭塞中后续列车的最大目标制动点仍必须在先行列车占用分区的外方，因此它并没有完全突破轨道电路的限制。

5. 移动闭塞的概念

移动闭塞是相对于固定闭塞而言的。该系统没有固定的闭塞分区，其闭塞分区的长度随着线路条件的变化而变化，并随着先行列车的运行而移动，故称之为移动闭塞。

移动闭塞系统通常采用基于通信的列车控制（Communications-Based Train Control，简称CBTC）技术来实现。移动闭塞系统和CBTC系统从本质上讲是一致的，是从不同角度来命名该信号系统：前者是根据信号系统的制式命名，后者则是从系统所采用的技术手段来命名。

移动闭塞系统采用交叉感应环线或无线扩频等通信方式实现列车定位和车—地之间双向大信息量数据传输的信号系统，地面不划分固定的闭塞分区，列车定位方式也不同于采用轨道电路的系统，其列车定位精度高；线路上的前行列车经ATP/ATO车载设备将本车的实际位置，通过传输系统传送给轨旁的移动闭塞处理器，并将此信息经系统处理生成后续列车的运行权限，传送给后续列车的ATP/ATO车载设备；列车控制采用实时速度—距离模式曲线控制方式，追踪运行列车的停车点仅为一个距前行列车尾部预留一定的保护距离处；由于能按照列车性能自动调整列车运行间隔，追踪间隔距离由前后列车的关系和线路情况等动态确定。

6. 移动闭塞的工作原理

同方向列车运行时，通过定位技术来检测前行列车尾部与续行列车头部之间的距离，并比较两列车的运行速度，然后向续行列车车载设备传输检测数据及地面控制设备发出的限速命令，达到控制后行列车和先行列车之间保持一定距离的目的，如图2.3所示。在移动闭塞系统中，后续列车的速度曲线随着目标点的移动而实时计算，后续列车到先行列车的保护段后部之间的距离等于列车制动距离加上列车制动反应时间内驶过的距离。

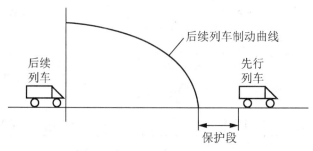

图2.3　移动闭塞原理示意图

移动闭塞与固定闭塞的根本区别在于闭塞分区的形成方法不同。移动闭塞系统是一种区间不分割、根据连续检测先行列车位置和速度进行列车运行间隔控制的列车安全系统。实际上该系统把先行列车的后部看作是假想的闭塞分区的分界点。移动闭塞分区的长度与位置均是不固定的,是随着前方目标点(前行列车)位置、后续列车的实际速度以及线路参数(如坡度)而不断改变的。相对过去的固定闭塞分区而言,这里的"闭塞分区"是移动的。

移动闭塞借助感应环线或无线通信的方式实现。早期的移动闭塞系统大部分采用基于感应环线的技术,即通过在轨间布置感应环线来定位列车和实现车载计算机和车辆控制中心之间的通信。而今,大多数先进的移动闭塞系统已采用无线通信系统实现各子系统间的通信。构成基于无线通信技术的移动闭塞。

无线移动闭塞系统的组成主要包括无线数据通信网、车载设备、区域控制器和控制中心等。其中,无线数据通信是移动闭塞实现的基础。通过可靠的无线数据通信网,列车将位置、车次、列车长度、实际速度、制动潜能和运行状况等信息以无线的方式发送给区域控制器;区域控制器追踪列车并通过无线传输方式向列车发送移动授权。车载设备包括无线电台、车载计算机和其他设备(如传感器、查询器等)。列车将采集到的数据(如机车信息、车辆信息、现场状况和位置信息等)通过无线数据通信网发送给区域控制器,以协助完成运行决策;同时对接收到的命令进行确认并执行。

移动闭塞具有如下特点:①线路没有固定划分的闭塞分区,列车间隔是动态的,并随前一列车的移动而移动;②列车间隔是按后续列车在当前速度下所需的制动距离,加上安全余量计算和控制的,确保不追尾;③制动的起点和终点是动态的,轨旁设备的数量与列车运行间隔关系不大;④可实现较小的列车运行间隔;⑤采用地—车双向传输,信息量大,易于实现无人驾驶。

7. 移动闭塞分区

移动闭塞的线路取消了物理层次上的闭塞分区划分,而是将线路分成了若干个通过数据库预先定义的线路单元,每一个单元长度为几米到十几米之间,移动闭塞分区即由一定数量的单元组成,单元的数目可随着列车的速度和位置而变化,分区长度也是动态变化的。

移动闭塞分区的长度与位置均不是固定的,是随前方目标点(前行列车)的位置、后续列车的实际速度以及线路参数的变化而不断改变,这个"闭塞分区"是移动的。

操作演示或动手实践

任务 2.1　铁路(三显示)自动闭塞

任务描述

组织列车在三显示自动闭塞区间运行。在自动闭塞设备正常时,能够发给列车正确行车凭证;当设备故障时,能够确定使用非正常自动闭塞,还是停止使用,能发给列车正确行车凭证。

任务 2.1.1　三显示自动闭塞设备使用特点

 任务单

以小组为单位讨论以下问题	讨论意见/操作心得
在实训室打开"三显示自动闭塞设备",进行发车操作	
自动闭塞区间出站信号开放条件	
指出自动闭塞区段车站控制台上第一、二离去和第一、二接近区段	

 知识准备

三显示自动闭塞设备使用特点如下。

(1) 自动闭塞区段的车站:控制台上有邻近车站的两个闭塞分区占用情况表示,即第一接近、第二接近和第一离去、第二离去。当列车进入第一接近或第二接近区段时,电铃发出短时间音响信号,接车表示灯亮灯,以提醒车站值班员注意,准备接车;出站信号机的开放受第一离去和第二离去分区占用的限制,车站值班员在开放出站信号机前,须确认第一离去和第二离去的空闲情况。

(2) 双线自动闭塞区段的车站发车时,出站信号机发给司机行车凭证。出站信号机开放条件为:①第一、二离去闭塞分区空闲;②发车进路准备妥当。对闭塞分区空闲的检查是由出站信号机开放来进行的,必须人工办理,但为了便于接车站做好接车准备,还应向接车站通报列车车次、出发时刻及有关注意事项。

(3) 在自动闭塞区段装有自动按钮的车站,若连续运行通过列车时,可以将进路开通正线并开放出站信号和进站信号机后,再把控制台上的自动按钮按下,则进站、出站信号机均纳入自动闭塞系统,其作用和和闭塞分区的通过信号机相同。

  任务实施

1. 下发任务单,明确任务内容,学生课前按要求完成预习任务。
2. 教师先进行演示实验操作,学生分组完成任务。
3. 学生自行总结设备使用特点。
4. 教师和各组长担当本次任务的他人评价工作,评判同学们的任务完成情况。

任务 2.1.2 列车进入(三显示)闭塞分区的行车凭证

  任务单

以小组为单位讨论以下问题	讨论意见/操作心得
自动闭塞正常时发给列车行车凭证、发给凭证根据	
当某车站出站信号机等故障时,发给列车行车凭证、发凭证根据	
根据列车运行情况和设备故障情况,填写绿色许可证	

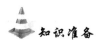 **知识准备**

1. 列车进入(三显示)闭塞分区的行车凭证

1) 正常情况

在三显示区间,行车凭证为出站或通过信号机的黄色灯光或绿色灯光,但客车及跟随客运列车后面通过的列车,为出站信号机的绿色灯光。(注意:铁路有客运列车和货物列车,前者速度较高,安全要求也高。)

为确保客运列车的安全,对客运列车及跟随客运列车后面在车站通过的列车,在出站信号机显示绿色灯光的条件下方准从车站出发或通过。

2) 非正常情况(表 2-1)

表 2-1　三显示自动闭塞区段特殊情况下的行车凭证及发给行车凭证的根据

列车出发情况	行车凭证	发给行车凭证的依据	附带条件
1. 出站信号机不能显示绿色灯光,仅能显示黄色灯光时,办理特快旅客列车通过	出站信号机的黄色灯光,发给司机绿色许可证(附件二)	监督器表示两个闭塞分区空闲,不表示时为接到列车到达邻站的通知或前次列车发出后不少于 10 min 的时间	

续表

列车出发情况	行车凭证	发给行车凭证的依据	附带条件
2.出站信号机故障时发出列车	绿色许可证（附件二）	1.监督器表示两个或第一个闭塞分区空闲（办理特快旅客列车通过必须两个闭塞分区空闲），不表示时为接到列车到达邻站的通知或前次列车发出后不少于10min的时间 2.确认道岔位置正确及进路空闲 3.单线须取得对方站确认区间内无迎面列车的电话记录	从监督器上不能确认第一个闭塞分区空闲时，发车人员须书面通知司机，以在瞭望距离内能随时停车的速度，最高不超过20km/h，运行到第一架通过信号机，按其显示的要求执行
3.由未设出站信号机的线路上发车			
4.超长列车头部越过出站信号机发车			
5.发车进路信号机发生故障时发出列车		确认道岔位置正确及进路空闲	列车到达次一信号机按其显示的要求执行
6.超长列车头部越过发车进路信号机发车			
7.自动闭塞作用良好，监督器故障时发出列车	出站信号机的绿色或黄色灯光		与邻站车站值班员及本站信号员联系

绿色许可证的格式如下。

```
                          许可证
1.在出站（进路）信号机故障，未设出站信号机，列车头部越过出站（进路）信号机的情况下，准许第
_____次列车由_____线上发车。
2.在出站信号机显示黄色灯光的状态下，准许_____次列车由_____线上发车。
                                    站（站印）车站值班员（签名）
                                         年  月  日填发
```

注：绿色纸，复写一式两份，司机一份，在根一份；

　　不用的字句抹消。

2.非正常的行车凭证发给

1）绿色许可证

绿色许可证是自动闭塞区段的特殊行车凭证，当出发列车不能或无法取得出站或发车进路信号机的正常显示时，发给列车绿色许可证，允许列车占用第一闭塞分区；列车进入第一闭塞分区以后的运行，仍按其运行前方通过信号机的显示要求执行。

2）使用时机

（1）出站信号机不能显示绿色灯光，只能显示黄色灯光时发出客运列车。

造成出站信号只能显示黄色灯光，不能显示绿色灯光的原因，有的是因二离区出现红光带，有的是出站信号机本身故障的原因。为确保列车的安全，《技规》明确规定，自动

闭塞分区发出列车的凭证是出站信号机的绿色灯光,所以当出站信号机只能显示黄灯的情况下,为避免司机在出站信号机的黄色灯光前停车(认为不具备发车条件),发给司机绿色许可证,等于向司机说明了发出客运列车的区间条件是符合规定的。

(2) 出站信号机故障停用时发出列车(包括发车进路上道岔区段、无岔区段及第一离去区段出现红光带不灭或电动道岔故障造成不能开放出站信号机)。

出站信号机故障停用(包括虽然出站信号机并未故障,但发车进路上的轨道电路出现红光带不灭或发车进路上的电动道岔故障,或第一离去轨道电路红光带不灭,都会造成出站信号机不能开放),就不能显示进行信号,也就是说失去了基本凭证,因此,必须用绿色许可证证来替代出站信号机,作为进入第一闭塞分区的许可。

(3) 未设出站信号机的线路上发出列车。

未设出站信号机的线路上,不可能会有自动闭塞法行车的基本凭证。所以,这种情况下也应使用绿色许可证发车。

(4) 列车头部越过出站信号机,使出站信号机不能开放时发出列车。

这种情况同样是出站信号机不能显示进行信号,因而要使用绿色许可证。但现场有一种情况应视情况区别对待,车站办理通过列车作业中,列车进站后,司机发现原来开放的出站信号机突然自行关闭(俗称跳信号,车站发现后未来得及补办),施行紧急制动后,如无其他人为原因,因原出站信号机是开放的,说明列车进入区间的条件和发车进路都是符合规定要求的,无需填发绿色许可证。但具体的处理,各公司有不同的规定办法,应按各公司具体规定办理。

3) 凭证的作用

绿色许可证是自动闭塞法行车时特有的书面凭证,按其他闭塞方法行车时,是不可能使用绿色许可证的。实际上,绿色许可证是按自动闭塞法行车时,在出站信号机不能正常显示的情况下,发给司机允许列车进入第一闭塞分区的许可,起到了替代出站信号机显示规定的进行信号的作用。

绿色许可证是按自动闭塞法行车时,列车进入第一闭塞分区的许可。应注意避免一种误解,发出列车必须确认第一、第二两个闭塞分区空闲。因为能否进入第二闭塞分区,司机还要看第一架通过信号机的显示,所以说绿色许可证只是列车进入第一闭塞分区的许可。

4) 发给凭证的依据

(1) 在这七种情况下仍坚持用"自动闭塞法行车"的原因。

由于车站设备原因,仅在于从车站进入第一闭塞分区不能按正常办理,而在其后的多个闭塞区间仍可按自动闭塞法行车。如果停自动闭塞改电话闭塞将使通过能力降低到原来30%~20%。

(2) 采用特殊措施依然可达到自动闭塞法行车的要求。

① 保证列车之间的空间间隔满足要求的方法,是严格发凭依据的执行。

监督器的使用——监督器表示一个或两个闭塞分区空闲。

监督器不表示时,接到到达邻站的通知;或前次列车出发后不少于10分钟的时间。

② 发车权由上下行方向线路规定。

5) 有关规定和注意事项

(1) 使用绿色许可证时，对车站通过的列车，除预告司机外，还应显示通过手信号。特别要注意的是，在出站信号机只能显示黄色灯光的情况下，对通过的客运列车，同样应显示通过手信号，不要误认为反正出站信号机处于开放状态，就可不显示通过手信号。

(2) 如一离去出现红光带，应发给司机以在瞭望距离内能随时停车最大不超过 20km/h 的速度运行到第一架通过信号机前，按其显示要求执行的调度命令。该命令对在本站通过的列车，准在后方站通过中传递，后方站来不及传递时应在本站停车交付；持该命令的列车到达前方站后，确知是电务故障时，对续行列车可不再发此命令。

(3) 填写绿色许可证，必须确认区间条件符合规定和发车进路准备妥当后方可进行。

 任务实施

1. 下发任务单，明确任务内容，学生课前按要求完成预习任务。
2. 教师先进行演示实验操作，学生分组完成任务。
3. 学生自行总结行车凭证使用规定及填写绿色许可证技巧。
4. 教师和各组长担当本次任务的他人评价工作，评判同学们的任务完成情况。

任务 2.1.3 设备故障或特殊列车运行时应急处理

 任务单

以小组为单位讨论以下问题	讨论意见/操作心得
当某列车运行过程中，司机发前方通过信号机显示停车信号，应如何处理？	
当自动闭塞电源突然停电时，调度员应如何组织区间列车运行？	
调度员接到报告，自动闭塞区间有两架通过信号机故障，现要发出某列车，应如何处理？	
无双向闭塞设备的双线区间反方向发车或改按单线行车时，调度员应如何处理？	
自动闭塞区间发出由区间返回的列车时，调度员应如何处理？	

 知识准备

1. 自动闭塞设备故障

1) 通过信号机故障时安全应急处理

(1) 自动闭塞区间遇一通过信号机显示停车信号（包括显示不明或灯光熄灭）时。

列车必须在该信号机前停车,并鸣笛一长声,通知运转车长。停车等候2分钟,该信号机仍未显示进行信号时,即以遇到阻碍能随时停车的速度继续运行,最高不超过20km/h,运行到次一个通过信号机,按其显示的要求运行;如果确认闭塞分区内有列车时,不得进入。

这里,应该注意的两个关键点:确认闭塞分区内有列车,则严禁进入;未到达次一通过信号机,严禁加速。

通过色灯信号机显示红色灯光的原因可能是:前方闭塞分区有列车或机车、车辆占用;钢轨折断、轨道电路短路。显示不明可能是天气不良造成或通过信号机发生故障。灯光熄灭可能是灯泡断丝或松动,也可能是临时断电。因此,列车进入前方闭塞分区有发生事故的可能性,也有不危及行车安全的可能。为不打乱运行秩序,除司机确认或通过无线电话联系得知前方闭塞分区有列车不能进入外,其他情况则应采取如上折中办法行车。

(2)装有连续式机车信号的列车,遇通过信号机灯光熄灭,而机车信号显示进行信号时,应按机车信号的显示运行。

(3)司机发现通过信号机故障时,应将信号机的号码通知前方站。车站应及时通知信号工区,迅速赶往修复。

2)自动闭塞电源突然停电

(1)自动闭塞电源停电,车站值班员应立即报告行车调度员,经两车站值班员确认区间状态后,若区间有一个列车时,则禁止其他列车进入区间,与列车司机联系无须在通过信号机显示停车信号前停车,进站按进站信号(或手信号机)进站。

(2)自动闭塞电源停电,车站值班员应立即报告行车调度员,经两车站值班员确认区间状态后,若区间有多个列车时,则用无线列车调度电话通知所有列车司机,命令所有列车禁止运行。由接车站车站值班员指挥列车运行,距离接车站最近的列车先按站车空间间隔行车。第一个列车进站后,再由其后的列车按站车空间间隔行车,至区间空闲。

2. 停用自动闭塞设备的情况

(1)基本闭塞设备发生故障(包括自动闭塞区间内两架及以上通过信号机故障或灯光熄灭)。两架及以上通过信号机发生故障或灯光熄灭,列车虽可按通过信号机故障时行车办法的有关规定运行,但势必造成列车在区间内一再停车,不仅会降低列车运行速度,而且会因此导致区间列车运行间距变小,危及行车安全;并且由于停车2min的规定,可导致同一区间内有两个列车的可能。

(2)无双向闭塞设备的双线区间反方向发车或改按单线行车时。一方面违反了上下行的规定,另一方面闭塞设备不能充分发挥其作用,无法保证列车间隔安全间隔。

(3)自动闭塞区间发出由区间返回的列车时。

发出上述列车,因基本闭塞设备不能满足这种列车运行安全的要求,故应停止使用基本闭塞法,改按电话闭塞法行车。因为发出由区间返回的列车和挂有由区间返回后部补机列车在该列车返回前或补机返回前,从控制台上无法保证闭塞分区腾空后不再向该区间发车。为防止该列车返回前再发出续行列车,必须停用自动闭塞改按电话闭塞行车,使用路票作为凭证。

任务实施

1. 下发任务单，明确任务内容，学生课前按要求完成预习任务。
2. 教师先进行演示实验操作，学生分组完成任务。
3. 学生自行总结突发意外处理规定，组织指挥列车方法。
4. 教师和各组长担当本次任务的他人评价工作，评判同学们的任务完成情况。

任务2.2 准移动闭塞

 任务描述

组织列车在准移动闭塞区间运行。在准移动闭塞设备正常时，能够发给列车正确的行车凭证；当设备故障时，能够组织列车运行，发给正确的行车凭证。

任务2.2.1 认识装有ATC系统的自动闭塞的使用特点

 任务单

以小组为单位讨论以下问题	讨论意见/操作心得
在实训室开通准移动闭塞设备，组织模拟列车运行	
准移动闭塞工作原理	
闭塞系统与轨道电路关系	
列车进路（道岔与信号）、发车表示器、速码及车次号之间的关系	

 知识准备

装有ATC系统的自动闭塞的使用特点如下。

1. 有闭塞分区无通过信号机

由于城市轨道交通的铁路和轻轨，不适于在隧道、路面或高架上设置通过信号机，在区间各个闭塞分区的入口处不设置地面通过信号机，而且绝大多数采用无绝缘轨道电路，也就是"闭塞分区"之间不设"绝缘节"，完全采用"电气绝缘"的办法加以分割，实际轨道电路都是采用不同的"频率"区分，其实钢轨并没有"隔断"。

2. 装有ATC的自动闭塞工作原理类似于自动闭塞

基于轨道电路的ATP系统是实现列车运行间隔控制的重要设备，其间隔控制的工作原理类似于自动闭塞，根据前行列车的位置，不断地调整后方各闭塞分区的出口速度，如

图 2.4 所示，自动闭塞系统由防护该闭塞分区的通过信号机显示，向司机提供不同的速度等级指令；而城市轨道系统的 ATP 系统取消了区间的通过信号机，将对应于多级速度的不同频率直接传递给列车信号，根据收到的速度命令，通过列车自动运行系统（ATO），自动调整列车运行速度，由于其轨道电路的长度远小于自动闭塞的闭塞分区长度，所以，基于轨道电路的 ATP 系统的两列列车之间的最小间隔，必须有一个轨道区段的防护距离，约 200m。

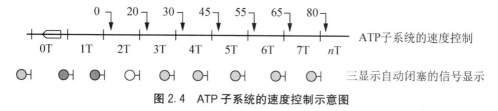

图 2.4 ATP 子系统的速度控制示意图

后续列车与先行列车的间隔距离和进路条件不同，其对应的闭塞分区限速也是不同的。如图 2.4 所示，先行列车在 0T 区段，1T 必须空闲；后续列车若在 2T，列车收到的限速应为 0km/h，该列车在闭塞分区 2T 的出口端，必须停车，并有 1T 闭塞分区作为安全保护距离；若 1T、2T 空闲，后续列车在 3T，那么后续列车接收到的是 20km/h 的速度命令，该列车由 3T 驶入 2T 时的速度为 20km/h；依此类推，运行于 nT 的后续列车，其接收到的速度命令为 80km/h 的信息，可见要使列车运行于最高速度 80km/h，则其前方必须至少空闲 7 个闭塞分区。当然根据线路情况，车辆性能、轨道电路特性等，应进行闭塞设计，划分合理的闭塞分区，从而产生 ATP 速度命令控制线，作为 ATP 速度命令选择的逻辑依据。

3. 轨道电路与闭塞系统的关系

ATC 系统有速度码系统和距离码系统两种。不论是速度码系统还是距离码系统，其轨道电路都被用作双重通道：当轨道电路区段上无车时，轨道电路发送的是轨道电路检测信号或检测码；当列车驶入轨道电路区段，立即转发速度信号或者有关数据电码。采用在传统轨道电路上叠加信息报文方法，把列车占用/空闲检测和 ATP 信息传输合二为一。当轨道电路发生故障时，ATP 系统接收到的速度码为零，装有的自动闭塞系统必须停止使用。

4. 采用"跳跃式"连续速度—距离曲线控制模式

上述两种列车控制模式均为基于轨道电路的列车控制系统。基于轨道电路的速度—距离曲线控制模式的 ATP/ATO 系统，采用"跳跃式"连续速度—距离曲线控制模式，"跳跃"方式按列车尾部依次出清各电气绝缘节时跳跃跟随。采用在传统轨道电路上叠加信息报文方法把列车占用、空闲检测和 ATP 信息传输合二为一，它们的追踪间隔和列车控制精度除取决于线路特性、停站时分、车辆参数外还与 ATP/ATO 系统及轨道电路的特性密切相关，如轨道电路的最大和最小长度、传输信息量的内容及大小、轨道电路分界点的位置等。

5. 列车进路(道岔与信号)、发车表示器、速码及车次号之间的关系

(1) 列车进路上的道岔与有关道岔防护信号机起联锁作用。
(2) 发车表示器与列车进路间无关系。
(3) 速码与列车进路间有无锁闭有关，速码与发车表示器间无关。
(4) 车次号与列车进路无关。
(5) 正常情况，列车进路自动排列、发车表示器自动显示、速码自动接收、列车车次号自动设置。

1. 下发任务单，明确任务内容，学生课前按要求完成预习任务。
2. 教师先进行演示实验操作，学生分组操作，体会设备使用特点。
3. 学生自行总结准移动闭塞工作特点与原理。
4. 教师和各组长担当本次任务的他人评价工作，评判同学们的任务完成情况。

任务 2.2.2 行车凭证

以小组为单位讨论以下问题	讨论意见/操作心得
准移动闭塞正常情况时，区间运行列车行车凭证是什么？发凭根据是什么？	
准移动闭塞区间运行列车收不到速度码时，处理方法有哪些？	

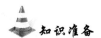

1. 列车行车凭证

正常情况下，列车行车凭证为列车收到的速度码，车站列车发车凭证为发车表示器显示的稳定白色灯光。

在这两个条件具备的情况下，司机立即按压ATO发车按钮，使列车进入空闲的闭塞分区。

列车在区间运行时，由闭塞分区进入闭塞分区的行车凭证为列车已收到的速码。列车在区间运行时，因受前行列车与本列列车间ATP运行安全自动保护，使列车自动停车，待列车收到速码后，仍以ATO方式继续运行。

发给行车凭证的根据如下。

(1) 保证列车正方向运行。
(2) ATP已保证本列车与前行列车之间安全空间间隔。采用ATC列车自动控制系统的自动闭塞法行车时，前后相邻列车之间的安全间隔由列车自动防护系统(ATP)自动实现。一般情况，ATP列车自动防护系统，前后相邻列车之间的安全间隔不得小于250m。

2. 列车区间运行

（1）在正常情况下，列车在区间以 ATO 方式运行。

（2）列车在区间运行 ATO 故障时，司机应立即停车，报告行车调度员后，由行车调度员发布调度命令后，改按 ATP 保护下的人工驾驶。列车的起动、运行和制动均由人工控制；ATP 系统随时对运行速度进行监督和防护；ATP 系统随时为列车司机提供适时的目标速度码。进入下一个区间后，如果能收到速码，则报告行车调度员，由行车调度员下令按 ATO 方式运行。行车调度员通知电务部门对该地段的轨旁设备进行检修。

（3）区间线路进行施工时，根据施工对行车工作的影响程度，对列车区间运行做出限速运行规定，此时采用限制的人工驾驶方式。首先，由行车调度员下达调度命令规定列车的限速，由司机在 ATP 上设置限速。列车的起动、运行和制动均由人工控制；ATP 系统随时对列车进行速度监督，最大允许速度不超过限制速度，否则 ATP 系统将实施紧急制动。列车运行过程中，ATP 地面设备、车载设备故障时，司机立即向行车调度员报告，由行车调度员下达调度命令，封锁区间，列车运行的安全由司机、列车调度员、车站值班员共同保证。

（4）列车在运行中收不到速码时，司机应立即停车，报告行车调度员，由行车调度员下达调度命令，行车调度员应命令该车切除车载 ATP，限速运行（遇防护信号机时，须按信号机显示要求执行）。采用非限制人工驾驶方式，列车行车安全由列车司机、列车调度和车站值班员共同保证，运行至前方站，再凭行车调度员命令运行至就近折返线车站清客，空线进折返线停放，退出运营。

（5）一个及其以上站间区间光带显示出现故障时的运行规定。

① 列车行车凭证为行车调度员下达的调度命令。

② 列车运行方式为不切除 ATP，以 close-in 限制的人工驾驶方式进行。

③ 该区段内只准一列车占用运行。

④ 行车调度员要做好重点监控指挥，确保安全。

因为一个及以上的站间区间光带显示出现故障，进入该区间的列车尽管车载 ATP 正常，但收不到速码，因此在该区段的行车不能取得行车凭证，为保证行车安全，必须由行车调度员发出调度命令，指明行车速度等。并且，为保证列车进入正常区间按正常速度运行，因此，不切除 ATP。列车的起动、运行和制动均由人工控制；ATP 系统随时对列车进行速度监督，最大允许速度不超过 20km/h，否则 ATP 系统将实施紧急制动，列车运行的安全由司机、列车调度员、车站值班员共同保证。列车与列车之间的安全空间间隔为一个站间区间。

列车在轨道电路故障区段运行方式如下。

如图 2.5 所示，故障区段在联锁监控区内，这种情况下信号机 S1 只能开放引导信号，然后司机按压 RM 按钮，RM 模式运行通过故障的轨道电路，再经过正常的轨道区段以后，RM 转为 SM 模式，列车以 SM 模式运行；再按压 ATO 按钮，列车以 ATO 模式运行。

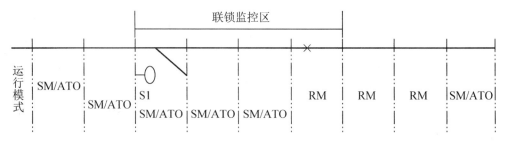

图 2.5 故障区段在联锁监控区内的运行

如图 2.6 所示，故障区段不在联锁监控区内，列车正常运行到故障区段前一个轨道区段的停车点处自动停车，司机按压 RM 按钮以后，以 RM 模式运行通过故障的轨道电路，再经过两个正常的轨道区段以后，RM 转为 SM 模式，列车以 SM 模式运行；按压 ATO 按钮，列车以 ATO 模式运行。

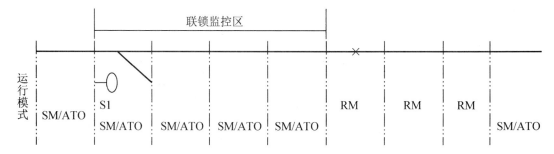

图 2.6 故障区段不在联锁监控区段的运行

任务实施

1. 下发任务单，明确任务内容，学生课前按要求完成预习任务。
2. 教师先进行演示实验操作，学生分组按工作单完成任务。
3. 学生自行总结准移动闭塞区间运行列车行车凭证。
4. 教师和各组长担当本次任务的他人评价工作，评判同学们的任务完成情况。

任务 2.3　移动闭塞

任务描述

组织列车在移动闭塞区间运行。在移动闭塞设备正常时，能够发给列车正确行车凭证；当设备故障时，能够组织列车运行。

任务 2.3.1　CBTC 移动闭塞使用特点

以小组为单位讨论以下问题	讨论意见/操作心得
操作使用 CBTC 模拟系统，组织模拟列车运行	
CBTC 移动闭塞系统使用特点	

1. CBTC 移动闭塞系统设计原理

基于 CBTC 的移动闭塞系统的主要设计原理是在维持系统安全性的同时，通过改良的位置分辨能力和移动授权更新率，来提供更大的运能，缩短列车间隔距离，系统的设计原则就是"目标距离"。车载控制器负责列车在轨旁区域控制器发出的移动授权（MAL）范围内安全移动。移动授权设置到列车前方障碍物处。车载控制器确保所有合适的出于安全方面的考虑都已包括在生成的速度曲线中。这些考虑包括：最不利情况下的停车距离，以及不确定的前方障碍物位置。

在移动闭塞系统中，车载控制器将根据报告的列车位置和不确定误差来计算在最不利情况下的列车位置；然后，车载控制器将列车视为后续列车的障碍物，为后续列车计算MAL，使后续列车尽可能靠近该车，与前车车尾间的安全间隔，是根据最高运行时速、制动曲线和列车在线路上的位置动态计算得出的。由于位置信号的分辨率高，后续列车可以按照该段线路的最高运行速度，在与最新验证的前车车尾位置保持安全制动距离的前提下，安全地靠近前车车尾"安全距离"是列车间的一个固定值，它是在后车预定的停车点与确认的前车尾部位置之间的距离。这个距离的取值考虑了存在一系列最不利情况，仍能保证安全间隔。

2. CBTC 移动闭塞系统系统功能

系统组成如图 2.7 所示。

区域控制器即区域的本地计算机，与联锁区一一对应，通过数据通信系统保持与控制区域内所有列车的安全信息通信。区域控制器根据来自列车的位置报告跟踪列车并对区域内列车发布移动授权，实施联锁。区域控制器采取 3 取 2 的检验冗余配置。

ATS 可实现与所有列车运行控制子系统的通信，负责执行各种功能，如确认、跟踪和显示列车等，它有人工和自动进路设置以及调整列车的运行以保证运行时间的功能。

车载控制器与列车一一对应，实现列车自动保护（ATP）和列车自动运行（ATO）的功能。车载控制器也采取 3 取 2 的冗余配置。车载应答器查询器和天线与地面的应答器（信标）进行列车定位，测速发电机用于测速和对列车定位进行校正。

司机显示提供司机与车载控制器及 ATS 的接口,显示的信息包括最大允许速度、当前速度、到站距离、列车运行模式及系统出错信息等。数据通信系统实现所有列车运行控制子系统间的通信,系统采用开放的国际标准。

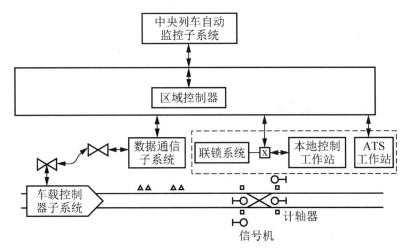

图 2.7　CBTC 移动闭塞系统设备

3. CBTC 移动闭塞系统使用特点

(1) 系统配置有信号机。

CBTC 运行模式下,正线室外信号机显示蓝色灯光,故障情况下自动显示相应灯光,故障恢复后,室外自动显示蓝色灯光。某一列车运行在降级模式,系统自动将降级列车前方的第一架信号机的蓝色灯光熄灭,点亮为相应灯光。

蓝色灯光:表示系统运行在 CBTC 自动模式下。

绿色灯光:表示进路所有道岔开通直向位置;准许列车按规定速度越过该架信号机。

黄色灯光:表示进路中至少有一组道岔开通侧向位置,准许列车按规定速度越过该架信号机。

红色灯光:禁止列车越过该架信号机。

红色灯光+黄色灯光:引导信号显示,准许列车以不大于 25km/h 速度越过该架信号机继续运行,并随时准备停车。

(2) CBTC 信号系统运行模式。

CBTC 信号系统运行模式分为 3 个级别:CBTC 模式、后备模式、完全后备模式。

其中 CBTC 模式为信号系统正常的运行模式,后备模式、完全后备模式为信号系统降级运行模式。

后备模式下的行车组织采用自动站间闭塞模式组织行车,始端信号机至终端信号机之间为一个闭塞区段。联锁设备能实现进路的自动或人工设置,信号机可以自动或人工开放。每一区段只允许一趟列车占用,行车凭证为轨旁信号机。

当 CBTC 系统与后备系统均发生故障时,导致部分区段联锁及相关信号设备功能失效,造成道岔无法显示与远程操作,由控制主任决定采用站间电话闭塞法组织行车。

（3）本系统支持非 CBTC 列车的运行。

非 CBTC 列车的运行以地面信号作为主体信号，其位置检测由辅助列车位置检测系统（计轴器）完成，位置信息传输给区域控制器，用于 CBTC 列车的移动授权计算。通常情况下，ATS 子系统自动执行功能，不需要人工参与。ATS 子系统监督并显示 CBTC 列车的位置以及被非 CBTC 列车占用的轨道区段；ATS 自动调节 CBTC 列车性能水平以及停站时间，以遵循时刻表；ATS 还提供了人工运行控制模式人工运行包括在车站扣车/取消扣车，建立解除速度限制，以及临时区间封锁取消。ATO 始终在 ATP 的监督下运行，系统的非安全列车自动运行和监控功能由 ATO 子系统完成。在列车运行过程中，ATO 子系统执行其规定功能，同时与 ATP 交换数据。ATO 使用固定储存在数据库中的车站和进路信息，执行程序站停。在人工 ATP 模式下，ATO 的功能会受到限制。

1. 下发任务单，明确任务内容，学生课前按要求完成预习任务。
2. 教师先进行演示实验操作，学生分组完成任务。
3. 学生自行总结移动闭塞设备使用特点。
4. 教师和各组长担当本次任务的他人评价工作，评判同学们的任务完成情况。

任务 2.3.2 行车凭证

以小组为单位讨论以下问题	讨论意见/操作心得
移动闭塞设备正常时，行车凭证及发凭根据	
车载或轨旁 ATP 故障时，应急处理方法	

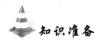

1. 行车凭证

（1）正常情况。

正常情况下，列车行车凭证为目标终点和速度码。在这两个条件具备的情况下，司机立即按压 ATO 发车按钮，使列车进入空闲的移动闭塞分区。

发给行车凭证的根据是：①列车运行前方空闲；②ATP 已保证本列车与前行列车之间的安全空间间隔。

（2）列车无速度码时，使用调度员终端发布调度命令，列车驾驶模式转换为 RM 模式运营至前方站恢复自动模式，若故障仍不能恢复，则组织列车运行至终点站退出运营。

2. 区间运行

1) 车载 ATO 设备故障

如果车载 ATO 设备发生故障,则无法实现列车运行的自动控制,不能达到自动驾驶条件下实现的根据 ATS 指令进行自动走行控制、站台精确停车、自动开关车门、列车自动折返以及自动调整运行等功能,不易达到规定的设计间隔和旅行速度。

该故障下的控制方式如下。

(1) 司机将驾驶模式转换为 SM 模式(ATP 监督下的人工驾驶模式),然后按转换后的驾驶模式运行。

(2) 调度员应尽早安排备用列车,在备用列车替换运营以前,故障车仍按 SM 模式继续载客运行。

2) 车载 ATP 设备故障

车载 ATP 故障或完全不能实现车—地信息通信时,移动闭塞系统只能给故障列车提供联锁进路防护功能。故障列车应采用 URM(非限制人工驾驶)模式依照地面信号机的显示和调度员指挥行车,该模式下列车的安全完全掌握在司机手里。由于移动闭塞系统采用专门的车—地双向通信设备作为列车的准确定位手段,列车的运行需要前车主动发送实时、准确的位置信息以确定自己的授权运行目标点,故某列车的车载 ATP 设备故障势必对后续列车的正常运行产生较大影响。因此,必须采取安全和切实有效的措施,以确保后续列车运行安全和尽快消除运营堵塞。可以采取如下的运行控制方式。

采取紧急制动并报警,司机将驾驶模式转换为 URM 模式,同时在中央调度员 MMI 上也应有报警提示信息。列车运行处理方法如下。

(1) 行调命令司机以 URM 模式(限速 40km/h)驾驶列车至前方站。

(2) 列车到达前方站(或在车站发生故障)还不能修复时,由行调命令司机和车站,并由车站值班员(或值班站长)上驾驶室添乘(员工车除外),沿途协助司机瞭望,行调命令司机以 URM 模式继续驾驶列车至前方终点站退出服务。

(3) URM 监控员须协助司机瞭望,监控速度表,列车按规定速度运行,不准超速;在有屏蔽门的车站,须协助司机开关屏蔽门。如遇到超速时,提醒司机控制速度,必要时,立即按压紧急停车按钮。

3) 轨旁 ATP 计算机完全故障

轨旁 ATP 计算机完全故障,则其控制范围内的列车不能接收到地面控制信息,列车不能以 ATO 模式运行。这时的后续控制程序一般如下。

(1) 故障区内的所有列车紧急停车,司机与行调和车站值班员通信,报告列车停车事件,并检查列车技术状态。

(2) 相邻轨旁 ATP 计算机对故障区边界进行防护。控制中心采用人工方式中止接近故障区的后续列车运行。

(3) 控制中心行调确认故障后,通知故障区所有的集中站和列车司机,在该故障区采用站间闭塞方式运行。

（4）司机得到中央命令后将驾驶模式转换为 RM，启动列车，依照地面信号机的显示及行调和车站值班员的无线通信驾驶指挥，将列车驾驶出故障区。

（5）出清故障区后，列车进行 ATP 的定位同步，以及与中央控制器的列车识别号身份验证。完成后列车自动转为 ATP 监督下的人工驾驶模式，司机可以手动恢复为 ATO 自动驾驶模式。

（6）故障区内的站台停车精度及开/关车门，屏蔽门由司机控制并确保安全。

（7）在故障恢复前故障区段按站间闭塞及 RM 驾驶模式维持列车运行。

1. 下发任务单，明确任务内容，学生课前按要求完成预习任务。
2. 教师先进行演示实验操作，学生分组完成任务。
3. 学生自行总结移动闭塞设备区间列车行车凭证。
4. 教师和各组长担当本次任务的他人评价工作，评判同学们的任务完成情况。

任务 2.4　自动站间闭塞

组织列车在自动站间闭塞区间运行。在自动站间闭塞设备正常时，能够发给列车正确的行车凭证。

任务 2.4.1　自动站间闭塞设备使用特点和使用时机

以小组为单位讨论以下问题	讨论意见/操作心得
自动站闭塞设备使用特点	
自动站间闭塞设备使用时机	

基于通信的列车控制技术（CBTC）目前主要有感应环线、无线扩频等传输方式。通常情况下，移动闭塞系统工作在 ATC 模式。当系统出现某些 ATC 模式无法处理的故障（如环线或多个扩频电台故障、区域控制单元故障等）时，系统就会出现大面积的瘫痪。另外，在日常运营和检修中，ATP 故障车、工程车、救援列车等无车载设备的车辆需在线路上运行，ATC 系统也不能识别这些无车载设备的"哑巴车"。为了解决同向列车间的安全空间间隔控制问题，人们使用站间自动闭塞设备。自动站间闭塞就是在有区间占用检查的条

件下,自动办理闭塞手续,列车凭信号显示发车后,出站信号机自动关闭的闭塞方法。自动站间闭塞的列车位置检测可通过计轴设备和轨道电路来实现,由于轨道电路受温度、湿度、道渣电阻的影响较大,轨旁设备多,后期维护量较大,而计轴设备可克服轨道电路的不足,其轨旁设备少,维护量小,具备检查长轨道区段的能力,因此,移动闭塞大多采用计轴设备作为降级模式的列车位置检测设备。

1. 计轴系统组成及工作原理

1) 计轴系统组成

整个计轴系统(图2.8)共分3个部分:计轴探头、电子连接箱(EAK)、计轴评估器。计轴探头沿线路安装在钢轨之上,其位置也是闭塞分区的分界点。利用电磁感应的原理,计轴探头可以探测到通过列车的轴数,并经 EAK 单元向计轴评估器报告。通常情况下,两个计轴探头可以确定1个闭塞分区。

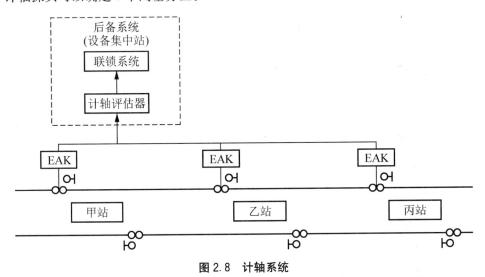

图2.8 计轴系统

计轴器是计轴子系统的核心部件,收集其控制范围内的计轴探头发来的所有信息。计轴评估器计算相邻两个计轴探头报告的轴数差就可以确定该闭塞分区是否空闲。

2) 计轴系统工作原理

在检测轨道区段的入口处和出口处,分别设置计轴器,每个点的传感器配有两套磁头,每套分别设置发送磁头和接收磁头;如图2.9所示,当列车驶入该轨道区段时,列车车轮抵达计轴器 A 的作用区域,传感器 A 将车轴脉冲经电子连接箱传送给室内计算机主机系统,由主机系统计算车轴数量,并根据两套磁头的作用时机,判别列车运行方向;同样,当列车车轮抵达计轴器 B 的作用区域,计轴器 B 将车轴脉冲经电子连接箱传送给室内计算机主机系统,由主机系统确定对轴数是累加计数还是递减计数。依据该轨道区段驶入点和驶出点所记录轴数的比较结果,确定该区段的占用(输入轴数大于输出轴数)或空闲状态(输入轴数等于输出轴数)。

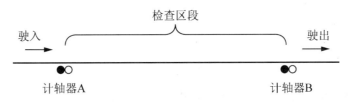

图 2.9 计轴基本原理图

当列车驶入轨道区段时，A 的计数结果为 N（列车轴数），此时 B 计数结果为零，所以根据轴数信息主机系统发出区段占用信息，控制该区段的轨道继电器落下；当列车驶离该轨道区段时，B 计数也为 N，经主机系统比较，与传感器 A 的计数结果一致，确认区段空闲，输出控制信息使该区段的轨道继电器吸起。根据列车占用轨道区段的状态不同，构成车站联锁和区间闭塞关系。

2. 自动站间闭塞设备使用特点

(1) 列车运行与闭塞系统。

① 当发车站办理发车进路时，自动构成闭塞状态。开放出站信号机，必须连续检查闭塞方式正确及区间空闲。

② 列车出发后，出站信号机自动关闭。闭塞解除前，发车站对该区间的出站信号机不能再次开放。列车到达接车站，经检查区间空闲后，自动解除闭塞。

③ 闭塞后，发车进路解锁前，不能解除闭塞；取消发车进路，发车进路解锁后，闭塞随之自动解除。

(2) 有区间占用检查设备；站间只准有一列车占用。

(3) 一般情况下计轴设备不参与正常运营。在正常运营中，计轴设备故障，将发出报警，但不影响正常的列车运行。如果根据设计要求或线路的特殊情况，需要将计轴设备作为一个子系统参与正常运营，这种情况下，计轴设备故障会影响列车的运行。中央调度员应将控制权下放到车站，由车站值班员确认故障区段是否被占用，然后将道岔强制转换到规定位置并锁闭，此时可以自动或手动办理进路，列车仍可以按正常自动驾驶模式运行。

(4) ATC 后通模式下，轨旁信号机一般为列车运行提供 3 种显示。当道岔开通直股，且进路空闲，显示绿灯；当道岔开通侧股，且空闲，显示黄灯；信号机内的计轴区段占用时，或道岔开通未预选定义的进路时显示红灯。

3. 使用站间自动闭塞时机

遇下列情况之一时，改按站间自动闭塞法行车。

(1) ATP 车载设备故障时。

(2) 未安装 ATP 车载设备的列车运行时。

(3) 需要超过 ATP 允许速度进行试验时。

(4) 列车受轨旁 ATP 设备故障影响，无法采用移动闭塞法行车时。

(5) 列车推进运行时。

(6) 列车推进救援时。

任务实施

1. 下发任务单，明确任务内容，学生课前按要求完成预习任务。
2. 教师先进行演示实验操作，学生分组完成任务。
3. 学生自行总结自动站间闭塞设备使用特点和时机。
4. 教师和各组长担当本次任务的他人评价工作，评判同学们的任务完成情况。

任务 2.4.2 行车凭证发给

 任务单

以小组为单位讨论以下问题	讨论意见/操作心得
组织列车在自动站闭塞区间运行	
自动站闭塞设备行车凭证及发凭根据	

 知识准备

1. 行车凭证

在自动站间闭塞正常时，行车凭证为信号机的进行信号。

如果所有的道岔都处在"正常"进路所要求的正确位置，则该区段信号机自动开放，显示"绿灯"；如果所有的道岔都处在"变更"进路所要求的正确位置，则该区段信号机自动显示"黄灯"。当道岔处于锁闭状态时，信号机才能显示开放的信号（绿灯或黄灯）。

信号机开放时，既保证在同一站间区间只有一个列车运行，同时又保证进路办理完成。发凭根据是：①站间区间空闲；②发车进路准备妥当。

2. 某轻轨公司自动站间闭塞设备使用

1）特点

后退模式下的运行是单方向的。列车必须在限制人工驾驶模式或非限制人工驾驶模式下运行。STC 子系统仅能为列车提供安全的联锁逻辑，在后退模式下不再具备 ATP、ATO、ATS 功能，只能通过计轴设备为行调人员和车站值班员提供列车占用状态显示。

2）功能

（1）进路与道岔控制。

由中央调度员或车站值班员设置人工进路，并将进路上有关道岔设置到所要求位置。

STC 根据中心 SMC（或处于局部后退模式的 VCC）的指令或 SMC 本地工作站控制指令转换道岔，并依据联锁条件设置信号机的显示。若接近计轴区段及道岔区段均空闲，则 STC 将信号机设置为红灯后，允许转换道岔。

如果 STC 收到道岔转换指令时接近计轴区段有车且道岔区段空闲，则 STC 控制信号机显示为"红灯"后 60 s 计时。计时结束,如道岔区段无车则 STC 开始转换道岔到规定的位置。

(2) 信号显示。

后退模式时,轨旁信号机平时点亮红灯。在人工办理了进路、联锁条件满足的情况下开放允许信号。在禁止信号"红灯"不能点亮的情况下,不允许开放任何允许信号。信号开放后,应实时检查其联锁条件(如道岔位置、锁闭状态、区段空闲、无敌对进路等)。非正常情况造成已开放的信号关闭,将有相应的报警指示,且在故障恢复后,只有人工介入才能重新开放此信号。

后退模式可以提供有限的几条进路。每架信号机有 1~2 条进路与其相关。如果只有一条,则该进路即为"正常"进路。所有信号机都有一条"正常"进路。有些信号机还有第二条"变更"进路。

在后退模式下,STC 根据区段占用状态和道岔位置等联锁条件来设置信号机的显示。因此,一旦调度员设置了人工进路,当列车占用了该进路计轴区段时,防护该进路的信号机将显示"红灯"。当列车出清该占用区段后,如果所有的道岔都处在"正常"进路所要求的正确位置,则该区段信号机自动开放,显示"绿灯";如果所有的道岔都处在"变更"进路所要求的正确位置,则该区段信号机自动显示"黄灯"。当道岔处于锁闭状态时,信号机才能显示开放的信号(绿灯或黄灯)。开放信号仅意味着列车能够安全停靠下一站台。

3) 自动站间闭塞相关规定

(1) 作业程序和要求。

① 站间自动闭塞时,控制权由中心办理,车站行车值班员应监护中心办理进路情况,并与行车调度员共同监护列车运行。

② 站间自动闭塞时,道岔扳动、排列进路、开闭信号由行车调度员操作。

③ 报点站车站行车值班员在列车到达、发出后及时向控制中心报点。

④ 列车在车站发出后,站台人员应监护列车运行情况,发现异常情况应及时汇报。

⑤ 列车在折返时,在折返线停稳后,司机应主动同行车调度员联系,行车调度员在得到司机的报告后,方可办理折返进路,司机在确认折返信号开放后,主动联系行车调度员,得到允许后方可动车。

⑥ 须取消进路时,行车调度员应先通知司机,在列车尚未启动时取消进路。

(2) 由 ATC 模式转入到全局后退模式的规定(注:全局后退模式采用自动站间闭塞)

① 转入到全局后退模式之前,行车调度员要与车站行车值班员、列车司机联系,共同确认列车位置。

② 所有在区间内的列车全部进入前方站台后,方可采用站间自动闭塞法组织行车。

③ 行车调度员要对列车司机、行车值班员发布全线转入全局后退模式,采用站间自动闭塞法组织行车的命令。

④ 如果在同一闭塞分区内有两列车,在转为全局后退模式时,要命令后车原地待命,待前车驶离该闭塞分区后,方可命令后车进入车站。

(3) 由全局后退模式转入到 ATC 模式的规定。

① 转入到 ATC 模式之前，行车调度员要与车站行车值班员、列车司机联系，共同确认列车位置。

② 所有 CUT—OUT 模式列车不能同时投入，各次列车要依次进行投入。

③ CUT—OUT 模式列车投入时，要确保前方投入点的区间空闲。

④ 投入成功的列车要在站台待命，待所有列车全部投入成功后，才能动车运行。

⑤ 行车调度员要对列车司机、行车值班员发布全线转入 ATC 模式，采用移动闭塞法组织行车的命令。

1. 下发任务单，明确任务内容，学生课前按要求完成预习任务。
2. 教师先进行演示实验操作，学生分组完成任务。
3. 学生自行总结自动站间闭塞行车凭证。
4. 教师和各组长担当本次任务的他人评价工作，评判同学们的任务完成情况。

任务 2.5 电话闭塞

组织列车在电话闭塞区间运行。能够办理双线区间第一列车和单线区间列车的电话闭塞；能够填写路票，并严格执行发凭根据；能够办理双线区间电话闭塞；能够办理电话闭塞解除。

任务 2.5.1 使用电话闭塞时机和变更方法

以小组为单位讨论以下问题	讨论意见/操作心得
使用电话闭的情况并说明为什么使用电话闭塞	
停止基本闭塞，使用电话闭塞的转换操作	

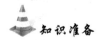

1. 电话闭塞的使用时机

(1) 基本闭塞设备故障，不能使用基本闭塞设备时。

① 自动闭塞设备发生故障或停电（包括区间内两架及其以上的通过信号机故障或灯光熄灭）时。自动闭塞设备发生故障，已经不能保证同向列车之间的空间间隔，或已不能正

常办理闭塞,故要停止使用,改按电话闭塞法行车。

两架及其以上通过信号机发生故障或灯光熄灭,列车虽然可按有关规定运行,但势必造成列车在区间内一再停车,不仅会降低列车运行速度,而且危及行车安全。所以,两架及其以上通过信号机故障或灯光熄灭时,视为自动闭塞设备故障,停止使用基本闭塞法,改用电话闭塞法行车。

② 移动闭塞设备发生故障,如果仅车载设备发生故障时,按站间自动闭塞法办理行车;设备集中站管辖范围内全部计轴设备故障时;未安装 ATP 车载及无线通信设备的施工列车遇出站信号机故障时,使用电话闭塞行车。

如果是 ATP 地面设备发生故障时,同向列车之间的距离间隔无法保证,因此,应停用移动闭塞设备,改按电话闭塞行车。

(2) 列车反方向发车或按单线行车时。

在双线区间,列车按右侧单方向行车,但在一条正线中断行车的特殊情况下,可组织反方向运行。双线区间反方向运行,由于反方向无闭塞设备控制,并且发车权的规定已经破坏,因此,应停止使用基本闭塞设备,改按电话闭塞法行车。

双线改按单线行车时,虽然正方向闭塞设备可以使用,但由于下方向和反方向闭塞方法不同,办理上容易产生错误,所以也要停止使用基本闭塞法,改用电话闭塞法行车。

(3) 因故发出由区间返回的列车时。

自动闭塞区间发出由区间返回的列车时,列车在区间反向运行,违反右侧单向行车的规则,并且基本闭塞设备无法控制发车站在列车未返回车站之前,再次向该区间发出列车。在移动闭塞区间,向区间发出由区间返回的列车时,列车在区间反向运行,违反右侧单向行车的规则,并且基本闭塞设备无法控制发车站在列车未返回车站之后,与后行列车之间的安全空间间隔。

(4) 当车厂和接轨站间的信号发生联锁故障时,采用电话闭塞法组织行车。

2. 使用或停止电话闭塞

1) 闭塞法的变更

由基本闭塞法改为电话闭塞法,称为变更闭塞法。由电话闭塞法变更为基本闭塞法时,称为恢复闭塞法。无论变更闭塞还是恢复闭塞,都必须"先确认区间空闲"后,再进行办理。

闭塞法的变更与恢复,应根据行车调度员的命令进行办理。遇到行车调度员电话不通时,闭塞法的变更或恢复应由该区间两端站的车站值班员确认区间空闲后,直接按电话记录办理。

2) 调度命令

采用站间电话闭塞法行车命令如下。

受令者:××站至××站,××站并交××驾驶员。

内容:"因××联锁设备故障,自发令时起,××站至××站间正线停止基本闭塞设备,采用站间电话闭塞法组织行车。"

**任务实施**

1. 下发任务单，明确任务内容，学生课前按要求完成预习任务。
2. 教师先进行演示实验操作，学生分组完成任务。
3. 学生自行总结使用电话闭塞情况并分析原因。
4. 教师和各组长担当本次任务的他人评价工作，评判同学们的任务完成情况。

任务2.5.2　电话闭塞办理

任务单

以小组为单位讨论以下问题	讨论意见/操作心得
填写行车凭证	
四人一组，两人扮演接车站值班员和站务员，另两人扮演发车站值班员和站务员，按程序进行演练	

知识准备

1. 占用区间的行车凭证

1) 行车凭证

采用电话闭塞行车时，列车占用区间的行车凭证，不论单线或双线均为路票。路票格式如下。

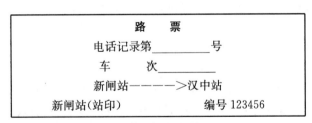

注：路票为预先印好区间(即站名)和编号的硬卡片(规格75mm×88mm)。

2) 填发路票的根据

(1) 单线或双线反方向发车时，须查明区间空闲，并取得接车站承认闭塞的电话记录号码后，方可填发路票。双线正方向发车时，根据到的前次发出的列车到达电话记录号码，填发路票。

(2) 发车进路准备妥当。双线正方向改按电话闭塞后，发出第一趟列车时，没有前次列车到达邻站的电话记录号码，因此，发车站应根据接车站发出的承认闭塞的电话记录号码。以后的列车，按前次列车到达的电话记录号码填发路票。

3）路票的填写

路票应由车站行车值班员（或值班站长）亲自填写，由助理值班员核对（无助理值班员时，由车站值班站长负责核对）。填写路票后，车站行车值班员应根据《行车日志》的记载进行认真检查；确认无误后加盖站印后，方可送交司机。

在未得到电话记录号码前不得预先填写路票。因特殊原因停止发车时，应及时收回已送交的路票。填写的路票字迹应清晰，不得涂改；当填写错误时，应在路票上划"×"注销，重新填写。

2. 电话记录号码

（1）电话记录是采用电话闭塞法行车时，区间两端站办理行车闭塞事项的记录。车站在发出电话记录的同时，还要编以号码，以明确办理的事项和责任，并将电话记录登记在《行车日志》内，作为办理电话闭塞手续的依据，因此不可遗漏。

电话记录号码使用规定如下。

① 以站（段）为单位，每满100个号循环一次。

② 相邻站（段）不能使用相同的号码。

③ 每个号码在本循环内只准使用一次，号码一经发出无论生效与否，不得重复使用。

④ 若100个号码一天内不够使用时，可循环使用。

（2）下列事项应发出电话记录号码，双方站均应在《行车日志》上登记。

① 承认闭塞。

② 列车到达。

③ 取消闭塞。

因为这些都是保证行车安全的关键事项，如不正确及时记录，车站值班员就无法确认区间空闲或占用，无法掌握和组织列车运行，一旦发生错误，后果严重，而且无法查考。所以，要一事一记，及时、准确地记在《电话记录登记簿》内。

《行车日志》是车站记载列车运行情况的原始资料，它可以记载列车到发时刻；记载列车运行实际情况，作为向行车调度员报告的资料；作为确认区间是否空闲的依据。

3. 电话闭塞解除

城市轨道交通中站间间距较小，车站线路较少，有的车站只有上下行正线。因此，办理电话闭塞过程中，有一些特殊处理。

电话闭塞的解除是在双线区间一个电话闭塞过程的完成、又一次电话闭塞开始的条件。在双线区间为了提高作业的效率，除第一列列车在发出时没有前次列车到达邻站电话记录号码外，其余列车按前次列车到达的电话记录号码填发路票。因此，在办理电话闭塞时，必须严格执行闭塞解除时机。

（1）按电话闭塞法行车，遇下列情况之一时采用电话电报记录号码承认闭塞，其余列车均实行电话闭塞解除法。

① 最初列车。

② 反方向运行的列车。

③ 跨调度区段运行的列车。

④ 进行站前折返的列车。

⑤ 车辆段与相邻车站间相互运行的列车。

(2) 电话闭塞解除的条件。

① 接车站接到发车通知向本站开来的列车已经到达本站，并已由本站出发，或已经进入折返线。

② 接车进路准备妥当。

发车站接到前次列车闭塞解除的通知，即是接车站对后一次列车闭塞的承认。

4．取消电话闭塞

1) 方法

(1) 闭塞办妥后，因故不能接车时，立即发出停车手信号进行防护，由提出一方发出电话记录号码，作为闭塞取消的依据。

(2) 如列车已经出发但接车站无法接车时，应派专人到进站方向站界附近，向驶近列车显示停车信号。列车由站间的途中退回发车站时，由发车站发出电话记录号码作为取消的依据。

(3) 使用时间间隔法行车时，自动取消。

2) 用语

请求取消×××次闭塞。

电话记录×××号，××分取消×××次闭塞。

5．列车运行

列车司机收到路票后，电动列车采用非限制人工模式驾驶，运行到接车站后，向接车站交付行车凭证路票。在运行过程中，在地面信号机显示停车信号时，必须停车，联系确认信号机故障后，方可通过信号机。

6．办理作业的规定

(1) 单线、双线反方向运行的列车或双线正方向运行的第一列车，发车站须向车站请求闭塞，在取得接车站承认、发车进路准备妥当后，方可填写路票。

(2) 双线正方向第二次及其后列车发车时，根据收到的前次发出列车在到达接车站发出电话记录号码，就完成下次列车闭塞，在发车进路准备妥当后，即可填发路票。

(3) 路票由车站值班员或值班站长填写，填写路票必须字迹工整。对于填写的路票。应根据《行车日志》的记录，进行认真检查，确认无误并加盖行车专用章后，方可送交司机，路票中的中间站名，司机到达时将站名画"×"

(4) 路票交接地点为司机所在驾驶室旁的站台上，路票交接必须由车站值班员或值班站长指定的行车人员负责。

(5) 闭塞区站在列车到达并由本站发出后，向行车调度员及相邻闭塞区车站通报发车车次和时分。

任务实施

1．下发任务单，明确任务内容，学生课前按要求完成预习任务。

2. 教师先进行演示实验操作,学生分组,按下面程序进行演练。

电话闭塞办理程序如下。

(1) 单线及双线区间第一列列车电话闭塞办理简要程序(表2-2)。

(2) 双线区间电话闭塞办理简要程序(表2-3)。

表2-2 单线及双线区间第一列列车电话闭塞办理简要程序

程序\车站	发车站	接车站
办理闭塞	1. 确认区间空闲,请求"××次闭塞"	
		2. 确认区间空闲及接车线可以接车,答:"电话记录×号×时×分,同意××次闭塞",同时填写《行车日志》
	3. 复诵并记入《行车日志》	
发车与接车	4. 确认发车进路准备妥当	
	5. 填写路票并进行自检及互检	
	6. 填写路票交给司机指示发车,通知接车站:"××次×时×分发车"并向行车调度员报点	
		7. 复诵并准备接车进路,开放信号
区间开通		8. 列车到达收回路票划"×"注销。向发车站办理区间开通手续"电话记录×号,××次×时×分到,区间开通",并记入《行车日志》,向行车调度员报点
	9. 复诵电话记录,并记入《行车日志》	

表2-3 双线区间电话闭塞办理简要程序

程序\车站	发车站	接车站
预计发车	1. 预计开车:"××次预计×时×分开"	
		2. 复诵"××次×时×分开"
	3. 办理进路并确认准备妥当	
	4. 根据前次发出列车到达接车站的电话记录号码填写路票,并进行自检及互检	

续表

程序 车站	发 车 站	接 车 站
发车与接车	5. 将路票交司机，指示发车	
	6. 通知接车站"××次×时×分开"并报行车调度员	
		7. 复诵："××次×点×分开"，准备进路开放信号
区间开通		8. 列车到达收回路票划"×"注销。通知发车站："电话记录×号，××次×时×分到，区间开通"，并记入《行车日志》，向行车调度员报点
	9. 复诵："电话记录×号××次×时×分到，区间开通"并记入《行车日志》	

按上面的程序进行模拟练习。

3. 学生自行总结办理电话闭塞、取消闭塞工作。

4. 教师和各组长担当本次任务的他人评价工作，评判同学们的任务完成情况。

拓展知识

1. 移动闭塞的基本要素

在移动闭塞技术中，闭塞分区仅仅是保证列车安全运行的逻辑间隔，与实际线路并无物理上的对应关系，因此，移动闭塞在设计和实现上与固定闭塞有比较大的区别。其中列车定位(Train Position)、安全距离(Safety Distance)和目标点(Target Point)是移动闭塞技术中最重要的3个概念，可以称为移动闭塞的3个基本要素。

1) 列车定位

列车定位是移动闭塞技术的基础。要实现闭塞分区的动态移动，首先必须实时、准确地掌握列车的位置信息，确定列车间的相对距离。系统不断地将该距离与所要求的运行间隔距离相比较，确定列车的安全运行速度。所以说，没有准确的列车定位，就没有移动闭塞。列车定位由地面设备和车载设备共同完成。

2) 安全距离

安全距离是后续追踪列车的命令停车点与其前方障碍物之间的一个固定距离。障碍物可以是确认了的前行列车尾部的位置或者无道岔表示(道岔故障)的道岔位置。该距离是基于列车安全制动模型计算得到的一个附加距离，它保证追踪列车在最不利条件下能够安全地停止在前行列车的后方不发生冲撞。所以，安全距离是移动闭塞系统中的关键，是整个系统设计的理论基础和安全依据。如图 2.10 所示，可以看出，安全距离是附加在列车常用制动距离上的一段安全富余量。列车行驶过程中，追踪列车和前行列车始终保持一个常用制动距离再加上一个安全距离的移动闭塞间隔,确保在最不利条件下,追踪列车和前行列车不发生碰撞。安全距离与线路状况、列车性能等因素有关。在系统设计阶段,通常规定了系统能使用的最小安全距离,同时在满足运营时间间隔的前提下,采用比理论计算值大的安全距离,提高系统运行的安全性。

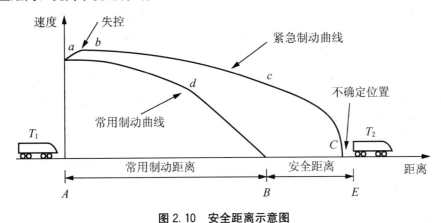

图 2.10　安全距离示意图

3) 目标点

列车只有获得了目标点,才能够向前移动。目标点通常是设在列车前方一定距离的某个位置点,一旦设定,即表明列车可以安全运行至该点,但不能超过该点。移动闭塞系统就是通过不断前移列车的目标点,引导列车在线路上安全运行。

2. 列车区间运行容易发生的事故

列车在区间运行时,一般容易发生以下两类事故。

(1) 正面冲突:同一线路,若两端车站同时向区间发车时,这两列车都没有发现,则迟早会在区间某一位置发生正面冲撞。发生这种事故的原因是两端车站没有解决好这两个车站中谁有发车权的问题。

(2) 尾追事故:两列车在区间同方向运行时,若后续列车运行的速度大于前行列车的速度,则后续列车就会在某一时刻追上前行列车,发生列车追尾事故。

如何避免发生以上两类事故,是行车闭塞法应解决的基本问题,可以将解决这两种事故的方法归纳如下。

(1) 如何处理发车权的取得和转让。

(2) 如何实现同向列车之间的安全间隔距离的保证。

3. 闭塞法工作原理

1) 发车权分配

闭塞过程是包括区间占用权力即发车权的取得、列车出发占用区间、列车由区间出清、区间重新空闲的全过程。在闭塞全过程中变更闭塞方式就会出现同一区间同一时间内使用两种闭塞法,将危及行车安全,酿成严重后果。

虽然区段条件不一,采用行车闭塞法也不尽相同,但采用行车闭塞法首要问题都是为了解决行车制度中的发车权问题。

在单线区间，区间两端站都有可能向该区间发出列车。为保证同一时间内，一个区间只有一个列车占用，发车站必须在确认区间空闲的条件下，取得相邻站同意接车的通知，并办理规定的闭塞手续，得到发车权后，方可向区间发出列车。

双线区间的行车，采用上、下行列车分别固定在上下行运行线上运行的办法。

双线下正方向运行时，有闭塞设备控制。发车权归发车站所有。发车站只要确认区间空闲，收到前次列车到达通知后，不必征得到达站的同意，即可发出双线正方向运行的列车。

双线反方向运行列车时，由于发车权为邻站所有，所以必须确认区间空闲，还须征得行车调度员的命令准许改变行车闭塞法，征得邻站同意接车，办理电话闭塞手续取得发车权后，方可发出反方向运行的列车。

2）保证空间安全间隔

电话闭塞的安全间隔为一个站间区间或一个线间区间。自动闭塞条件下的安全空间间隔为一个及其以上的闭塞分区。移动闭塞条件下的安全间隔为一个列车制动距离。

技能提升

1. 行车闭塞法变更作业

1）闭塞变更方法与规定

无论变更闭塞还是恢复闭塞，都必须"先确认区间空闲"后，再进行办理。

闭塞法的变更与恢复，应根据行车调度员的命令进行办理。遇到行车调度员电话不通时，闭塞法的变更或恢复应由该区间两端站的车站值班员确认区间空闲后，直接按电话记录办理。

2）变更过程中注意事项

由于不同的行车闭塞法之间无相互制约的关系及办理人员习惯上的影响，变更行车闭塞法时容易出现下列差错。

（1）不同闭塞法的混用。

不同的闭塞法性能不同，且相互之间无制约的关系，加上有关人员办理习惯上的影响，极易发生两种闭塞法混用的情况。无双向闭塞设备的双线区间反方向行车或改按单线行车时，该线路的正向方向自动闭塞设备良好，而该线反方向无自动闭塞设备，工作人员图省事，便使用基本闭塞法办理行车，另一方面使用电话闭塞法办理行车。无论正反两个方向都应该停用基本闭塞而改按电话闭塞。

（2）变更时机不当。

闭塞法是自请求列车占用区间到列车由区间出清开始、至区间开通为止的一个全过程。在列车自区间出清前，该闭塞法的一个闭塞过程还未完成，也说不上停止使用。如果在此时发布变更闭塞法的调度命令，实际上已构成两种闭塞法的同时存在。所以行车调度员发布变更闭塞法的调度命令，原则上应在列车已完整到达接车站。区间已出清，区间已开通行的情况下发布。特殊情况下，为减少延误时间而提前发布时，必须在命令中指明"××次列车到达××站后"变更。

(3) 受令对象不全。

变更闭塞法的调令，必须同时向该区间两端站车站值班员发布，不得只向一个车站发布而让其转告另一站。因为闭塞法是由区间两端车站值班员共同掌握使用的，变更闭塞法也必须由两端车站值班员共同变更。如果变更闭塞法的调度命令只发给一端站，实际上也构成一个区间两种闭塞法的同时存在。若两端车站值班员联系疏漏，极易造成向占用区间发车的险性事故。

(4) 调令传达不彻底。

受令人员应包括直接操纵闭塞设备、办理行车闭塞的有关区间两端值班员，接受行车凭证并操纵列车运行的司机以及担任监督列车安全运行责任的运转车长。在基本闭塞法临时停用而改用电话闭塞法行车时，如果仅给车站值班员和司机发布调令而未向运转车长传达，司机按电话闭塞法行车而运转车长仍按基本闭塞法条件下的规定监督列车运行理所当然地会判断为司机不顾停车信号误入区间，并立即使用紧急制动阀，从而造成行车事故，甚至会造成拉断车钩等重大事故。

2. 区间的状态与列车在封锁区间运行组织

1) 区间空闲、占用、封锁

(1) 区间空闲：区间未被列车、机车车辆占用，且相邻两站未办妥闭塞手续及出站调车手续时，称为区间空闲。

(2) 区间占用：区间被列车、机车车辆占用，或相邻两站已办妥闭塞手续及出站调车手续时，称为区间占用。

(3) 区间封锁：按照自动闭塞法、移动闭塞和电话闭塞法的规定，列车进入区间或闭塞分区前，对该区间或闭塞分区的状态有两个基本要求：一是该区间必须空闲，自动闭塞区间必须至少有一个闭塞分区（客运列车至少有两个闭塞分区）空闲；二是该区间内的线路、桥梁、隧道及涵洞等行车设备必须处在完好状态。二者缺一或遭到破坏，就要中断正常行车并按规定封锁该区间。

由于施工或区间发生事故等原因，根据调度命令，除指定列车外，禁止其他列车进入该区间，称为区间封锁。

2) 列车在封锁区间运行组织

(1) 区间封锁、开通的手续。

① 封锁区间：发生行车事故时由运转车长（无运转车长时为司机），施工时由施工领导人，将事由报告行车调度员，不可能时则报告最近车站的车站值班员，再转报行车调度员。行车调度员接到报告后，向该区间两端站车站值班员发布封锁区间的调度命令，方可组织事故抢救、抢修。需要施工封锁时，行车调度员接到请求后，按施工计划调整行车计划，向区间两端站车站值班员和施工领导人发布封锁区间施工的调度命令，方可配合施工。

② 开通区间：开通区间时，仍由上述现场有关人员将区间情况报告行车调度员，不可能时经就近车站车站值班员转报行车调度员。行车调度员查明区间确已空闲，达到确能

连续通行客、货列车条件,向区间两端站车站值班员(施工封锁时包括施工领导人)发布开通区间、恢复行车的调度命令。必要时还应发布限速运行的调度命令。

③ 封锁区间命令。受令者:××站、××站并交××驾驶员。内容:"自_____时起,至_____时止,段(站)发_____次至_____站(站外/折返线),_____站(站外/折返线)至_____站(站外/折返线)封闭,准_____次凭令进入封锁区间。_____次至_____站(站外/折返线)后,封锁区间自行解除。"

(2) 列车封锁区间运行。

① 列车进入封锁区间凭证为调度命令,列车在封锁区间内的运行不办理行车闭塞手续。

② 封锁区间的所有道岔应保持开通于列车运行方向,且不允许扳动。

3. 某城市轨道公司行车闭塞法相关规定

1) 移动闭塞

(1) 移动闭塞在 CBTC 模式下使用,系统可实现列车的移动追踪运行、间隔控制、超速防护、自动驾驶、精确定位停车、自动折返、按图排列进路、进路自动触发、自动按图调整、自动控制运行等级、车门/屏蔽门自动开关等功能。

(2) CBTC 模式下列车驾驶模式包括:ATO 模式、MCS 模式、EAM 模式。

(3) 列车凭车载信号的指示运行,地面信号不作为行车凭证(显示蓝灯)。

(4) 信号控制以 OCC 为主,必要时可以将控制权下放到集中站。

2) 自动闭塞

(1) 自动闭塞在联锁后备模式下使用,闭塞分区划分为各自信号机防护的进路区段,同方向一个闭塞分区内只允许一列车运行。

(2) 列车正常驾驶模式为 NRM,最高限速 60km/h,凭地面信号机显示运行。

(3) 信号机显示及意义如下。

一个绿灯:前方信号机防护的区间空闲以及本区间的防护区段空闲,且该区间道岔已锁闭并开通直向,准许列车按规定速度越过该架信号机,至下一架信号机前停车。

一个黄灯:前方信号机防护的区间空闲以及本区间的防护区段空闲,进路中至少有一组道岔开通侧向位置,准许列车按规定速度越过该架信号机,至下一架信号机前停车。

一个绿灯和一个黄灯:前方信号机防护的区间空闲,但本区间的防护区段占用,区间道岔已锁闭并开通直向,禁止越过。

一个红灯:前方信号机防护的区间占用,禁止越过。

(4) 特殊情况下,列车越过地面信号机的禁止信号必须得到行调批准,行调在批准列车越过地面禁止信号前必须会同车站值班员共同确认本信号机至前方信号机间线路空闲、道岔位置正确且锁闭。

(5) 全线各站记点,有需要时,行车调度员通知车站报点。

(6) 信号控制以 OCC 为主,必要时可以将控制权下放到集中站。

3) 电话闭塞法

（1）电话闭塞法为在移动闭塞、自动闭塞无法使用时的代用闭塞法，在联锁故障、大面积计轴故障或其他情况下采用。

（2）电话闭塞的闭塞区间为：以本站的出站信号机至前方站的出站信号机为一个闭塞区段（即一个区间加一条站线视为一个闭塞区段，简称区段）。

（3）同方向一个闭塞区段内只允许一列车运行。

（4）列车以路票作为占用闭塞区的凭证，路票在闭塞区车站交接。

（5）所有车站均为闭塞车站，由报点站向行调报点（报点站由行调指定），所有车站必须向邻站报点；单个或部分联锁区信号联锁系统故障时，故障车站及相邻车站均为闭塞车站，联锁故障两端站向行调报点，闭塞区间相邻车站之间报点。

（6）接车站确认发车站至本站及本站至本站的前方站无闭塞且线路区间、车站（本站、前方站）空闲，准备本站的接车进路后，方可同意闭塞。

（7）当无法通过设备确认道岔位置时，列车进路上的道岔必须人工现场办理，进路上道岔必须使用钩锁器锁定，折返道岔使用钩锁器只挂不锁。

（8）列车进出折返线或存车线时，按调车方式办理。进折返线时，车站准备好进路后，由值班站长亲自或指定人员显示"道岔开通"手信号通知司机。出折返线时，车站准备好进路后，先用手持台联系司机（手持台故障时，由现场人员口头通知），然后在指定地点显示"道岔开通"手信号。

（9）故障刚发生时迫停区间的列车，在确认停车位置到前方站出站信号机之间线路无列车占用且无道岔时，司机凭行调命令以 NRM 模式限速 25km/h 进站后待令；在确认停车位置到前方站出站信号机之间线路无列车占用但有道岔时，行调须在道岔人工钩锁后口头命令司机以 NRM 模式限速 25km/h 进站后待令，司机应加强瞭望和广播安抚乘客。

（10）电话闭塞法时，列车以 NRM 模式运行，每个闭塞区段首列车限速 25km/h，之后限速 45km/h 运行。

项目小结

列车在区间安全运行是城市轨道交通列车安全运行的重要组成部分，要保证列车安全运行必须严格按行车闭塞法规定，使用行车闭塞设备，正确发给列车行车凭证，组织列车在区间运行。

通过本项目的学习，要求学生能够组织列车在自动闭塞、准移动闭塞、移动闭塞、站间自动闭塞和电话闭塞区间运行。

（1）能够组织列车在自动闭塞区间运行，正确发给列车行车凭证。能够根据设备情况决定使用正常、非正常或停止使用自动闭塞设备。

（2）能够组织列车在准移动和移动闭塞区间运行，发给列车行车凭证，对于列车运行过程中发生的意外能够及时处理，组织列车安全运行。

（3）能够在适当时机使用自动站间闭塞，组织列车安全运行，发给列车正确行车凭证。

（4）能够在适当时候，使用电话闭塞，能够根据情况办理电话闭塞，能够填写路票并严格执行发凭根据。能够根据情况决定使用电话闭塞解除法，能够严格执行电话闭塞解除时机。

习　题

1. 填一填

（1）_____的方法叫闭塞法。闭塞法一般采用_____和_____两种形式。_____是指列车占用区间（闭塞分区）的许可。

（2）双线自动闭塞区段的车站发车时，出站信号机发给司机行车凭证。出站信号机开放条件为：①_____；②_____。

（3）在三显示自动闭塞区间，为出站或通过信号机的_____；绿色许可证是自动闭塞区段的_____，当出发列车不能或无法取得出站或发车进路信号机的正常显示时，发给列车司机，允许列车占用_____。

（4）在准移动闭塞正常情况下，列车行车凭证为列车收到的_____，车站列车发车凭证为_____。

（5）CBTC 信号系统运行模式分为 3 个级别：_____。其中 CBTC 模式为信号系统正常的运行模式，后备模式、完全后备模式为信号系统降级运行模式。当 CBTC 系统与后备系统均发生故障时，导致部分区段联锁及相关信号设备功能失效，造成道岔无法显示与远程操作，由控制主任决定采用_____组织行车。

（6）移动闭塞设备正常情况下，列车由车站进入闭塞分区的行车凭证，为_____。发给行车凭证的根据是：①_____；②_____已保证本列车与前行列车之间安全空间间隔。

（7）自动站间闭塞设备正常时，当发车站办理发车进路时，自动构成闭塞状态。开放出站信号机，必须连续检查闭塞方式正确及_____。列车出发后，出站信号机_____。闭塞解除前，发车站对该区间的出站信号机不能再次开放。列车到达接车站，经检查区间空闲后，自动_____。在自动站间闭塞正常时，行车凭证为信号机的_____。

（8）采用电话闭塞行车时，列车占用区间的行车凭证，不论单线或双线均为_____。填发路票的根据①_____。双线正方向发车时，根据到的前次发出的列车到达电话记录号码，填发路票。②_____。

（9）电话闭塞解除的条件①_____；②_____。

（10）_____或双线正方向运行的第一列车，发车站须向车站请求闭塞，在取得接车站承认、发车进路准备妥当后，方可填写路票。_____列车发车时，根据收到的前次发出列车在到达接车站发出电话记录号码，就完成下次列车闭塞，在发车进路准备妥当后，即可填发路票。

2. 答一答

(1) 简述行车凭证的作用。

(2) 简述移动闭塞的工作原理。

(3) 简述采用非正常自动闭塞法行车的原因。

(4) 简述自动闭塞区间遇一个通过信号显示停车信号(包括显示不明或灯光熄灭)时列车运行规定。

(5) 使用移动闭塞系统时,列车进路(道岔与信号)、发车表示器、速码及车次号之间的关系如何?

(6) 移动闭塞系统车载 ATP 设备故障时,行车应如何组织?

(7) 使用站间自动闭塞的时机是什么?

(8) 哪些事项应发出电话记录号码?

(9) 列车区间运行容易发生的事故有哪些?应如何解决?

(10) 区间有哪几种状态?

3. 综合填空题

某城市轨道交通区间配置无线 CBTC 系统和计轴自动站间闭塞后备设备,如图 2.11 所示。1060、1062、1064、1066 相隔十分钟,先后由乙站出发,甲乙区间运行时间为 5 分钟,1060 次 10:10 由车站出发,在 10:16 分得到报告甲乙区间 CBTC 轨旁设备故障,在 10:26 分计轴器报警,经确认计轴器故障,10:32 CBTC 轨旁设备修复。

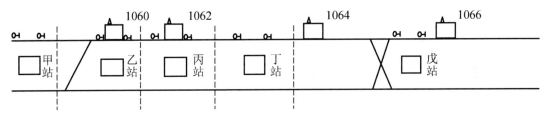

图 2.11 某城市轨道组成示意图

要求:将乙站列车出站凭证,发凭证的根据及附带条件填入表 2-4。

表 2-4 行车凭证与发凭证根据填写

车次	出站凭证	发凭证根据
1060	(1)	(2)
1062	(3)	(4)
1064	(5)	(6)

实 训 题

（1）请总结绿色许可、路票的可能种类，并在实验室中完成填写样张练习。
（2）四人一组，练习电话闭塞办理过程。

项目 3　车厂调车与试车工作

教学目标

熟悉车厂调车和试车的特点，熟悉车厂主要行车设备的使用方法，掌握车厂调车方法和调车计划编制方法，能够熟练按作业程序完成调车作业，能够熟练按作业程序完成车厂试车工作。

	教学要求	知识要点	自测分数
职业技能	熟悉车厂主要行车设备	车厂主要行车设备	
		熟悉主要行车设备操作	
	能够按作业程序完成调车工作	调车方法	
		编制调车作业计划	
		调车工作项目和规定	
		调车作业程序	
	能够按作业程序完成试车工作	熟悉车厂试车方法	
		试车工作规定	
		车厂试车工作程序	
职业素质	遵章守纪的工作态度		
	团结合作精神		

引例与学习情境

引例：2003年8月31日，赤沙车辆段(车辆段平面如图3.1所示)工程车运输作业，由车务部两名工程车司机驾驶机车G201挂平板车配合。8:00工程车在15B完成卸渣，司机使用对讲机通知信号值班员作业完毕，信号值班员询问将进哪一股道，司机说要进L29道。值班员立即解锁15B至牵26进路，排列牵26至走行线2道，再至转换轨2道的进路，并通知司机，司机没有认真确认。8:15分车列运行到W4号道岔前时，调车员确认进路不对，发出紧急停车信号，车体跳动，司机没有及时采取紧急制动，导致W4号道岔被挤，机后两节车辆脱轨。本次事故中，首先信号值班员盲目办理进路，其次调车员未能认真确认进路，最后司机不能按调车信号显示及时操作机车，最终导致行车事故。事故再次提醒地铁行车工作人员必须认真学习车厂调车知识和技能，严格执行相关规定。

图3.1 车辆段平面图

工作情境描述：学生认识车厂线路和站场等基本设备后，学习组织车厂调车和试车的基本技能。在实训室，根据任务单进行分组，运用角色扮演，学生使用实训室设备，组织调车工作和试车工作。

项目描述

在演练场进行项目教学。

1. 人员安排

学生按车厂数分组，安排每个车厂各配车厂调度员1人、行车值班员两人和调车员各1名。

按照已经分好的组，各车厂调度员、行车值班员在各车厂车控室，通过显示屏监控本站列车运行情况，通过控制台办理各种行车作业，调车员室外调车。

2. 场地、工具准备

车厂信号控制仿真演练室、各种行车报表、联系电话、各种行车备品、调车作业通知单等。

3. 教学组织

（1）下发任务单。

（2）使用实验室设备完成工作任务。

开通城市轨道车厂信号仿真设备，引导学生认识，介绍设备使用的特点，并且通过现场实证，加深学生的理解；引导学生掌握调车计划编制技能；组织学生使用实训室车厂仿真设备，进行调车和试车作业模拟演练。

（3）总结归纳，技能考核。

（4）组织评价。

本项目实操性强，通过本项目学习，要求学生能够熟练完成如下工作。

（1）能够正确操作车厂行车设备。

（2）能够编制调车作业计划。

（3）能够熟练准备和确认调车进路。

（4）能够根据调车工作特点确定调车车列速度。

（5）能够完成机车车辆停留和防溜措施。

（6）能够进行试车工作。

背 景 知 识

1. 车厂内主要行车工作

车厂行车工作一般有以下几种。

1) 调车作业

车厂内部的调车作业由电气集中联锁设备（或计算机联锁设备）保障进路安排，由车辆基地信号楼指挥调车作业。司机操纵机车完成调车作业。车厂调车作业的特点是作业量大和作业复杂，除列车折返调车外，其他各种类型的调车都有。

（1）列车解体与编组作业。

列车需要检修作业时必须进行解体、编组作业。

（2）列车取送车作业。

车厂与铁路车站通过联络线相通，城市轨道交通运营与生产所需物质可通过取送作业送达。

（3）转线作业。

车厂内有各种线路，列车在完成各种作业时必须进行转线作业。

2) 车厂试车作业

3) 车厂接发列车

2. 车厂行车工作原则和指挥机构

1) 组织原则

(1) 贯彻"安全第一"的生产方针，坚持高度集中、统一指挥的原则，与行车有关的单位主动配合，紧密联系，协同动作，安全、高效、有序运作车厂。

(2) 车厂内行车组织工作由车厂调度统一指挥，与行车相关岗位人员积极配合，严格遵守运作手册规定。

(3) 编入列车的车辆技术状态须良好，投入运用的客车须经检修调度签认方可投入使用。

(4) 车厂内行车、施工等作业应以接发列车优先，其他作业不得影响列车出入车厂。

(5) 办理列车出入车厂时，发生联锁设备故障或其他突发事件时，坚持"先通后复"的组织原则。

(6) 精心组织、灵活调度，结合车厂线路布局，合理运用股道，运用平行进路，提高行车效率，减少不必要的调车转线作业。

(7) 联锁设备正常时，应在邻站开车或车厂开车点提前20分钟停止影响列车出入厂进路的其他作业，准备接发车进路。

(8) 联锁系统故障人工准备接发列车进路时，停止调车作业，现场办理接发列车进路，使用钩锁器加锁进路上的对向道岔。

2) 行车指挥机构

车厂(或车辆段)行车组织指挥机构如图3.2所示。

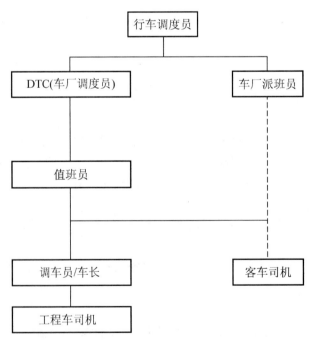

图3.2　车厂行车组织指挥机构

(1) 车厂调度员。

由持有地铁运营事业总部颁发的《岗位资格证(车厂调度)》，且具备上岗资格的人员担任，负责车厂的统筹管理，负责车厂内的行车组织、设备维修施工组织等。

(2) 车厂派班员。

由持有地铁运营事业总部颁发的《岗位资格证(车厂派班员)》，且具备上岗资格的人员担任；负责办理工程车、客车乘务员、屏蔽门操作员出/退勤作业，制定和组织实施乘务员的派班计划，及时汇报分部生产信息，准确统计相关台账等；负责发生突发事件时，调配好乘务员的派班。

(3) 乘务值班员(或车厂值班员)。

由持有地铁运营事业总部颁发的《岗位资格证(值班员)》，且具备上岗资格的人员担任；负责在信号控制室操作计算机与监督操作。信号控制室设置两名值班员，其中一名负责微机操作，排列进路、开放信号，实现计算机联锁设备的用途及功能的专职人员，称前台值班员；另一名负责接收计划、指挥并监督前台的操作的专职人员，称后台值班员。

(4) 调车员。

由持有地铁运营事业总部颁发的《司机驾驶证(工程车)》，且具备上岗资格的乘务员担任；负责车厂内调车作业的现场指挥，负责协调、组织参与调车作业人员及时完成调车任务，并监控调车作业按计划实施等。

(5) 车长。

由持有铁运营事业总部颁发的《司机驾驶证(工程车)》，且具备上岗资格的乘务员担任；负责工程车在正线运行的现场指挥，与施工/检修作业负责人沟通、落实作业要求及安全措施，并在推进运行时在前端负责引导工作等。

(6) 客车调车班。

由持有地铁运营事业总部颁发的《司机驾驶证》(电客车二级以上)，且具备上岗资格的乘务员担任；负责车厂内的客车转线、调试、车厂加开车、客车整备及救援列车的开行任务等。

3. 主要岗位工作职责

1) 车厂调度员

(1) 在车厂组长直接指导下，统筹兼顾，积极与单位协调，安全、高效组织车厂内的行车、施工作业，兑现各项作业计划。

(2) 工作中服从上级安排，自觉遵守和严格执行各项规章制度，坚决制止、举报违章行为和抵制违章指挥，发现安全隐患，及时汇报、妥善处理。

(3) 以身作则，指导、监督本调度班所有人员严格执行作业程序和规定，发现违章作业、违反"两纪一化"现象坚决指出并提出批评教育，带领本调度班人员出色完成车厂内各项作业计划。

(4) 认真学习业务知识，牢固掌握本岗位专业知识，积极参加业务培训及各项演练、技术比武。

(5) 认真带教，严格履行带教合同，并监控好带教学员按章操作，确保运作安全。

（6）根据《运营时刻表》、转轨作业计划单和车厂股道运用情况，科学合理编制接发列车计划、车厂内调车转线计划，并监督执行彻底。

（7）根据《施工、行车通告》及各施工补充计划，合理安排，办理请销点审批手续，严谨组织实施车厂施工作业及开行工程车配合作业。

（8）车厂内发生突发事件或设备故障时，负责立即报告，并组织按相应的应急预案及指引，冷静、及时、果断地进行处理，尽快恢复运营。

（9）由于特殊情况，接到需支援的通知后，积极承担任务并确保顺利完成。

2）乘务值班员

（1）在车厂组长直接指导下，当班车厂调度员的带领下，服从安排，自觉遵守和严格执行各项规章制度，坚决制止、举报违章行为和抵制违章指挥，发现安全隐患，及时汇报、妥善处理。

（2）认真学习业务知识，牢固掌握本岗位专业知识，积极参加业务培训及各项演练、技术比武。

（3）认真带教，严格履行带教合同，并监控好带教学员按章操作，确保运作安全。

（4）负责根据《运营时刻表》、调车作业单以及已办理请销点的施工作业，正确操作计算机，排列进路或设置施工防护等。

（5）发生突发事件或设备故障时，负责立即报告，并按相应的应急预案及指南的指引，冷静、及时、果断地进行处理，尽快恢复运营。

（6）负责做好车厂内行车、施工作业、故障记录等的登记工作。

操作演示或动手实践

任务3.1 车厂行车设备操作

任务描述

本次任务就是要求学生掌握基本行车设备的操作技能。

相关知识

1. 车厂信号及显示

（1）地铁信号设备是保证行车安全，提高运输效率，改善行车有关人员劳动条件的设备。信号是指示列车运行及调车工作的命令，有关行车人员必须严格执行。

（2）信号分为视觉信号和听觉信号。视觉信号的基本颜色有红色、蓝色、白色、黄色；听觉信号有口笛发出的音响和机车车辆、列车的鸣笛声。

(3) 信号机。

车厂内所有信号机设置在列车运行方向的右侧,按作业目的分为入厂信号机、出厂信号机、调车信号机。

① 入厂信号机。

作为列车入车厂的凭证,指示列车由转换轨开往车厂走行线、洗车线停车,采用三显示信号机,如图3.3所示,显示方式如下。

- 黄灯——允许列车入车厂。
- 红灯——禁止越过该信号机。
- 黄/红灯——引导信号,允许列车进车厂(黄、红灯位间设空灯位)。

② 复示信号机。

由于入厂信号机受地形、地物影响,达不到规定的显示距离,在该信号机前装设了复示信号机,表示入厂信号机开放状态。采用方形背板,其显示方式如下。

- 绿灯:表示入厂信号机在开放状态,允许越过该复示信号机,凭入厂信号机入厂。
- 无显示:表示入厂信号机在关闭状态,允许越过该复示信号机,须在入厂信号机前停车。

③ 出厂信号机。

指示列车由走行线开到信号机前停车,凭信号机开放占用转换轨,如图3.3所示。三显示信号机的显示方式如下。

- 黄灯——允许列车发车。
- 红灯——禁止越过该信号机。
- 月白灯——准许越过该信号机调车。

④ 调车信号机。

调车信号机指示调车机车车辆能否进入该信号机的防护区段或线路上进行调车作业。车厂内运用线、检修线和其他线均装设有调车信号机,如图3.4所示。

图3.3 入厂信号机

图3.4 调车信号机

调车信号机均为两显示，显示方式如下。

- 蓝灯——禁止越过该信号机调车。
- 月白灯——准许越过该信号机调车。

⑤ 停车线调车信号机显示方式。

- 红灯——禁止越过该信号机。
- 月白灯——准许越过该信号机调车。

⑥ 尽头式调车信号机。

矮柱尽头调车信号机设置于试车线尽头、运用库内尽头，均为单红显示，禁止越过该信号机。

2. 计算机联锁设备操作

（1）联锁是道岔、信号机、进路三者之间按照一定的程序和条件建立起来的，既互相联系，又互相制约的关系；为完成联锁关系而安装的信号设备称为联锁设备。正线信号系统与车厂微机联锁系统的联锁分界点为信号机。正线信号机在关闭的情况下，调车或列车不能越过，因作业需要，须取得行调同意和乘务值班员授权才能越过。

（2）车厂信号联锁设备。

① 车厂采用微机联锁，由信号楼操作控制。

② 车厂与联络站的信号接口，设有相互照查进路电路。即列车从车厂进入正线或正线列车进入车厂时，确认照查电路表示灯不亮才能开放进出车厂的信号。

（3）计算机联锁功能。

① 计算机联锁根据作业情况可办理列车进出车厂作业、调车转线作业、引导接车或总锁闭接车等。其功能可实现单独操纵道岔和单独锁闭道岔、取消、人解、信号机及道岔封锁和清封锁、破封检查等，操作方式为采用鼠标在屏幕上单击按钮进行操作，若办理进路的操作有误或挤岔、断丝时，在屏幕上将显示提示或语音报警等。

② 向被占用线路上排列列车进路时，信号机不能正常开放。

③ 能监督是否挤岔，并于挤岔的同时，使防护该进路的信号机自动关闭。被挤道岔未恢复前，有关信号机不能开放。

④ 在显示屏上应能监视线路与道岔区段是否被占用，进路开通及锁闭，复示地面信号机的显示状态。

⑤ 当道岔第一连接杆处的尖轨与基本轨间有 4mm 及以上间隙时，不能锁闭或开放信号机。

⑥ 车厂与下线联络站方面出入车厂设照查电路，并将轨道条件复示至车厂信号楼，当向转换轨排列出厂列车进路时需检查车站未往出入车厂线排列进路、轨道电路空闲及虚拟信号开放条件；向转换轨排列调车进路时只检查车站未往出入车厂线排列进路和轨道电路空闲条件。

任务 3.1.1 车厂信号设备基本操作

以小组为单位讨论以下问题	讨论意见/操作心得
操作每一功能按键	
办理调车和列车进路	
设置施工防护	

计算机联锁操作如下。

(1) 计算机联锁功能按键的用途、操作见表 3-1。

表 3-1 计算机显示屏上的功能按键的用途、操作

名称	用 途	操作步骤	单击按钮后有效时间范围	操作后现象
总定	将道岔转动到定位	用鼠标左键单击"总定"按钮后再单击道岔数字编号	14s	道岔数字编号变绿色
总反	将道岔转动到反位	用鼠标左键单击"总反"按钮后再单击道岔数字编号	14s	道岔数字编号变黄色
单锁	单独锁闭道岔	用鼠标左键单击"单锁"按钮后再单击道岔数字编号	14s	道岔上有圆圈(定位是绿色,反位是黄色)显示
单解	单独解锁道岔	用鼠标左键单击"单解"按钮后再单击道岔数字编号	14s	道岔显示正常
岔封	单独封闭施工道岔	用鼠标左键单击"岔封"按钮后再单击道岔数字编号	14s	道岔数字编号在红色方框内
岔解	单解施工封闭道岔	用鼠标左键单击"岔解"按钮后再单击道岔数字编号	14s	道岔数字编号显示正常
钮封	单独封锁信号机	用鼠标左键单击"钮封"按钮后再单击信号机数字编号	14s	信号机数字编号在黄色方框内
钮解	单独解锁信号机	用鼠标左键单击"钮解"按钮后再单击信号机数字编号	14s	信号机显示正常
取消	正常解锁后车没有接近的进路	用鼠标左键单击"取消"按钮后再单击信号机(列车进路)或信号机编号(调车进路)	14s	将原来的占用进路解锁为空闲进路

续表

名称	用途	操作步骤	单击按钮后有效时间范围	操作后现象
人解	解锁接近区段有红光带或使用	用鼠标左键单击"人解"按钮后，屏幕出现键盘框，输入888后按回车键再单击进路的始端信号按钮	14s	将原来的占用进路解锁为空闲进路
区解	解锁列车或车列经过进路、办理总取消或人工解锁后，如整条进路或部分区段未能解锁的进路	用鼠标左键单击"区解"按钮后，再单击进路的未能解锁的部分或相邻道岔区段，屏幕出现键盘框，输入888后按回车键	14s	将进路上无岔区的占用区段解锁为空闲
总锁	锁闭整个岔群的道岔不能转动	用鼠标左键单击"总锁"按钮后，屏幕出现键盘框，输入888后按回车键	14s	显示屏下方显示引导总锁闭 注：再单击一下总锁即复位
Sc引导	不能正常开放信号入厂信号	操作前确认道岔开通正确位置，用鼠标左键单击"Sc引导"按钮后，屏幕出现键盘框，输入888后按回车键	14s	操作完毕后进路显示引导接车进路
Sr引导	不能正常开放信号入厂信号	操作前确认道岔开通正确位置，用鼠标左键单击"Sr引导"按钮后，屏幕出现键盘框，输入888后按回车键	14s	操作完毕后进路显示引导接车进路
按钮隐含	用于隐含复示信号机	用鼠标左键单击即可，右键单击显示"按钮隐"按钮	立即	单击后复示信号隐含，再单击出现
清报警	清除报警	用鼠标左键单击即可，右键单击显示"清报警"按钮	立即	单击后报警声消除
文字隐含	用于隐含微机上的文字	用鼠标左键单击即可，右键单击显示"文字隐"按钮	立即	单击后计算机上的文字隐含，再单击出现
道岔名隐含	用于隐含道岔数字编号	用鼠标左键单击即可，右键单击显示"道岔名"按钮	立即	单击后道岔编号隐含，再单击出现
信号名隐含	用于隐含信号机数字编号	用鼠标左键单击即可，右键单击显示"信号名"按钮	立即	单击后信号机编号隐含，再单击出现
轨道名隐含	用于隐含轨道数字编号	用鼠标左键单击即可，右键单击显示"轨道名"按钮	立即	单击后轨道编号隐含，再单击出现

续表

名称	用途	操作步骤	单击按钮后有效时间范围	操作后现象
计数器	累计按钮使用的次数	用鼠标左键单击计数器即可	立即	显示按钮使用的次数
试车请求、允许试车	用于信号申请试车线调试	确认"试车请求"表示灯闪烁时,按下"允许试车"按钮即可	立即	操作后另一"允许试车"表示灯显示常亮状态
备机故障	备用计算机故障报警	用鼠标左键单击"备机故障"按钮后,屏幕出现键盘框,输入888后按回车键	立即	消除报警声音
控显切换	控制显示机转换	用鼠标左键单击"控显切换"按钮后,屏幕出现键盘框,输入888后按回车键	立即	A与B控制显示机进行交换
加电解	用于计算机停电后开启时需要单击进行电路解锁	用鼠标左键单击"加电解"按钮后,屏幕出现键盘框,输入888后按回车键	立即	计算机显示屏左下显示加电解文字
倒机解	用于联锁双机非监测机方式进行双机切换	用鼠标左键单击"倒机解"按钮后,屏幕出现键盘框,输入888后按回车键	立即	操作前提示"倒机锁闭"时全站道岔处于锁闭状态,操作后全站道岔解封

（2）开放列车进路的操作方式见表3-2。

表3-2　开放进路的操作方式

名称	用途	操作步骤	备注
列车进路	办理列车出入车厂	用鼠标左键单击计算机上股道对应的信号机按钮(始端),再用鼠标左键单击目的进路上信号机按钮(终端)。	1. 操作时必须做到"手指口呼,一人操作一人监控" 2. 排路时鼠标箭头必须沿着线路位置指到终点 3. 不操作设备时,鼠标箭头指向右屏左下角空白处
调车进路	办理车厂内转线作业	用鼠标左键单击计算机上股道对应的信号机数字编号(始端),再用鼠标左键单击目的进路上信号机数字编号(终端)	
引导信号（Sr、Sc）	办理相应的轨道电路出现红光带不能正常办理列车进路	将目的进路上道岔转换开通接车进路,确认进路正确,按压(Sr或Sc)引导按钮出现键盘框,输入888后按回车键,引导信号开放。在14秒内列车未占用该引导信号进路,引导信号自动关闭,需重新开放引导信号	

(3) 设置施工防护操作方式，见表 3-3。

表 3-3 设置施工防护操作方式

类	型	防护操作方式	备 注
施工的防护	道岔检修	道岔封闭和单独锁定	接到车厂调度通知认真核对《车厂施工登记本》和《车厂列车运行日志》，经确认后做好登记方可操作
	股道检修	信号机戴帽和道岔开通邻线并锁定	
停电的防护		信号机戴帽和道岔开通邻线并锁定	
车辆运行进路封锁		将运行线路开通后，两端信号机戴帽并锁定进路上的道岔(含侧向道岔)	

 任务实施

1. 下发任务单，明确任务内容，学生课前按要求完成预习任务。
2. 教师先进行演示操作，学生分组完成操作任务。
3. 学生自行总结设备操作经验。
4. 教师和各组长担当本次任务的他人评价工作，评判同学们的任务完成情况。

任务 3.1.2　道岔的保养和清扫

 任务单

以小组为单位讨论以下问题	讨论意见/操作心得
道岔保养制度	
清扫一次道岔	

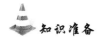 知识准备

1. 道岔的日常维护保养规定

（1）车站的道岔由行车调度值班员负责维护保养，当班值班员要对包干的道岔（正、反位）保养一次，遇雨、雪、冰冻天气应视情况及时上油。

（2）车站值班员擦拭道岔须经得行车调度员同意，控制台处于站控状态下道岔单锁，确认 bosch 机与行车调度员通话正常后，才可以离开车站控制室，擦拭工作在 30 分钟内完成，不得影响其他施工作业。

（3）擦拭完毕后，车站行车值班员应对站内所有道岔检测一次，确认后才可上交控制权，并在《道岔擦拭登记本》上做好记录，遇有异常情况及时向行车调度员、段调度员汇报，并及时报修。

（4）各车站要制定《道岔清扫制度》，道岔落实包干，每周至少上油一次，每半月擦

拭一次，分管行车的站长要不定期对道岔进行检查评比。

2. 道岔的擦拭制度及办理程序

1）道岔的擦拭规定

（1）道岔必须由专人定期擦拭，目的是保证道岔的正常使用。

（2）擦拭道岔，必须与行车调度员联系，办理车站的控制方式的转换后，由车站控制站内后，才能进行道岔的擦拭。

（3）道岔的擦拭时，车站的控制室要有专人监护，不准随意操纵道岔控制按钮，如需转换道岔，室内监护人员与现场擦拭人员应进行联系，说明道岔号码及定反位，现场擦拭人员离开道岔后，才能扳动道岔；擦拭道岔时，无关人员不得进入道岔区，以免误动和误伤。

（4）擦拭道岔人员在擦拭前，应准备好工具，一律穿绝缘鞋，携带防护用具和木楔。

（5）擦拭完毕，要认真清理现场，确认无妨碍列车运行和道岔转动的物品。

（6）试验完好，与行车调度员办理控制权上交手续，并填写《道岔擦拭登记簿》。

（7）清扫时间一般不超过30分钟。

2）道岔清扫保养程序。

道岔清扫保养程序见表3-4。

表3-4 道岔清扫保养程序

项　　目	扳　道　员	车行车值班员
1. 联系行车调度员		办理控制权的下放，实现站控
2. 确认道岔位置		定（反）位锁闭
3. 现场作业	（1）垫木 （2）铲油汀 （3）擦清滑板 （4）磨锈斑 （5）擦清滑板 （6）涂油 （7）清扫 （8）检查	
4. 确认道岔位置		
5. 试排		
6. 汇报		

任务实施

1. 下发任务单，明确任务内容，学生自己学习道岔管理和清扫制度。

2. 教师先进行演示操作，学生分组按作业程序清扫道岔练习。

3. 学生自行总结道岔清扫经验。

4. 教师和各组长担当本次任务的他人评价工作，评判同学们的任务完成情况。

任务 3.1.3 道岔扳动

任务单

使用实训室仿真车厂信号控制台和实物道岔。

以小组为单位讨论以下问题	讨论意见/操作心得
办理进路，观察道岔转换	
单独操纵，单独锁闭道岔	
进行一次人工扳动道岔	

知识准备

1. 电气集中操纵

电气集中（或计算机联锁）道岔、信号的操纵是按列车或调车运行方向，顺序按压进路的始端、终端按钮，道岔自动转换、锁闭进路，同时信号自动开放。操纵按钮时，严格执行"眼看、手指、口呼"制度。

眼看：看准应操纵的按钮。

手（笔）指：中、食指并拢成"剑指"，指向应确认的按钮。

口呼：规定用语，吐字清楚。

这一制度符合心理的科学规律。安全和注意密切相关，事故和不注意是孪生姐妹。心理学将注意分成两种：一种叫有意注意，一种叫无意注意。我们在会议室开会，大家要聚精会神地听领导讲话，"聚精会神"是通过自己的主观意志达到的，这叫有意注意。突然有人不小心把一个茶杯掉在地上，"叭"的一响，大家不约而同地把目光转向摔茶杯的方向，"目光转向"这是受外界刺激的影响，这叫无意注意。在接发列车作业环节中工作人员通过3个动作的过程达到自我控制的要求，这就是一种对有意注意的促进和加强。在三动作中"眼看"可谓主体，"手指"、"口呼"可使眼看这个有意注意的动作更稳定，更强化。人的生产活动在思维意识的指导下进行，而思维活动必有语言参加，它可能是有声的语言，也可能是无声的语言。离开语言的作用，思维难以进行。确认这项生产活动毫无例外地也要在思维意识的指导下进行。因此在眼看、手指的同时要伴有口呼，可以起到加强自我控制，提高确认质量的作用。

2. 道岔人工扳动

1）人工摇动道岔

集中联锁车站在停电或故障时，对内锁闭的电动转辙机需使用手摇把就地操纵道岔时，所使用的电动转辙机钥匙及手摇把是在固定地点存放的，并应进行编号。平时由电务信号工区加封，由车站值班员、扳道员或清扫员保管。遇电气集中联锁设备故障时，车站值班员应立即通知信号工区并在《行车设备检查登记簿》内登记，为保证不间断接发列车，应在车站值班员指示下，由扳道人员在现场手摇道岔(手摇转换道岔如图 3.5 所示)。手摇道岔时，应在《站细》(全称《车站行车工作细则》，以下简称同此)规定地点取来钥匙，将钥匙孔盖上的锁打开，使钥匙孔盖向下方转动，露出手摇把孔。将手摇把插入孔内，手摇转动 36~38 圈，听到"咔嚓"的声音后，即表示道岔已手摇到位，尖轨被锁闭。由于"咔嚓"的声音很小，加上现场声音嘈杂，必须注意观察，切不可未手摇到位即抽出手摇把。对应加锁的道岔，即使摇到位，听到"咔嚓"的声音，也必须加锁，以确保进路安全。

经过手摇的道岔，不能自动恢复集中操纵。转辙机底壳内的安全接点是非自复式的，由于抽出手摇把后安全接点亦不能接通，钥匙孔盖亦不能恢复原来的位置，电动转辙机还处于断电状态。即便恢复供电，该道岔的电动转辙机仍不能动作，使人工转换后的道岔不改变其开通方向，保证进路的正确。

电气集中设备恢复正常，停止手摇道岔，在接车时就在列车全部进入警冲标内方，发车时出发列车应整列出站，再由电务人员使用专用钥匙打开电动转辙机机盖，经确认设备处于正常状态，接通安全接点，钥匙孔盖恢复原来位置，手摇把插孔被覆盖，人工转换停止。此时，对电动转辙机及钥匙孔盖加锁，当道岔操纵电路恢复后，即列入集中操纵。

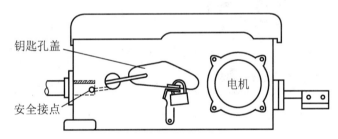

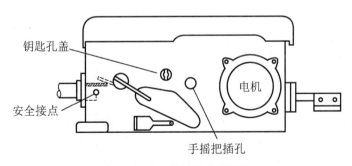

图 3.5 人工转换道岔示意图

2) 人工排列进路的作业程序

人工扳动道岔所使用工具如图 3.6 所示，其作业程序如下。

(1) 值班员和站务员两人携带有关备品：信号灯/旗、手摇把、道岔钥匙、端墙门钥匙、钩锁器、扳手、对讲机、无线调度电台、手电筒，着荧光衣、戴手套。

（2）下线路前得到行调允许，人工准备进路必须从距列车最远的道岔开始，从远到近依次排列。

（3）现场确认道岔，需要转向时应一人操作，一人防护、确认。操作者用工具按正确程序打开盖孔板（二号线需先切断电源），手摇道岔，准备好进路，另一人确认道岔位置正确后加锁。

（4）确认进路上各道岔的开通位置时，相互用对讲机联络，同时用手信号显示正确情况。

（5）当上（下）行线路的进路准备妥当并出清线路后，报告站控室（对讲机工作盲区可由行调中转），再准备下（上）行线路进路。

左侧由上至下依次为：钩锁器、手摇把、扳手、对讲机、盖孔板钥匙

右侧由上至下依次为：红闪灯、手套、荧光衣

图3.6 人工扳动道岔工具

（6）值班站长接到进路准备妥当、线路出清的汇报后，立即做好相应线路的接车或发车准备工作并报告行调。

（7）人工摇动道岔时须严格执行"六步曲"程序，执行互控、他控程序。

一看：看道岔开通位置是否正确，是否需要改变位置。

二开：切断电源（二号线），打开盖孔板及钩锁器的锁，拆下钩锁器。

三摇：摇道岔转向所需的位置，在听到"咔嚓"的落槽声后停止。

四确认：手指尖轨呼"尖轨密贴开通左（或右）位"并和另一人共同确认。

五加锁：另一人在确认道岔位置开通正确后，用钩锁器锁定道岔尖轨。

六汇报：向站控室汇报道岔开通位置。

3．道岔的单操单锁

在使用6502电气集中设备或使用国产计算机联锁的车厂，道岔可以在控制台上进行单操单锁。

1) 单操单锁道岔操作

单操道岔时，应按下道岔操纵按钮及道岔总定位或总反位按钮，使道岔转换，道岔需单锁闭时，按下设在单操道岔按钮下方的道岔单锁按钮，将该道岔单独锁闭，其按钮表示灯亮红灯。

2) 操作中的注意事项

(1) 单独操纵道岔比按进路行选动道岔具有优先权，而在选路过程中，如果单操进路正在选动的道岔，该道岔则根据单操转换，如须进行这种操作，应取消进路，否则单操结束后，道岔又根据原选进路位置转动。

(2) 在日常维修转辙机、更换配线、测试电缆后，应先进行道岔单独试验，以确认控制表示灯与现场道岔位置一致。

(3) 单独操纵和单独锁闭仅由车站控制中心不控制时，才能进行。在中心控制状态时，车站行车值班员严禁擅自进行道岔单独操纵及单独锁闭，以免干扰正常运行。

(4) 如果道岔被阻，不能转动到底，电路将自动切断供电，停止转动，如正在排列进路，车站值班员就将所排列进路取消，单独操纵道岔到原位。

1. 下发任务单，明确任务内容，学生自己预习道岔相关知识。
2. 教师先进行演示操作，学生分组按作业要求进行扳动道岔的练习。
3. 学生自行总结道岔扳动经验。
4. 教师和各组长担当本次任务的他人评价工作，评判同学们的任务完成情况。

任务3.2 调车方法和调车作业计划编制

在轨道交通调车时，能够根据情况选择正确的调车方法，能够根据设备和车组情况编制调车作业计划。

1. 调车概念

轨道运输过程中车辆的运行调移可分为两大类：凡是跨站点的运行为"列车运行工作"，属于路网层面的行车组织工作，其最小移动实体是"列车"，其中包括组织运行的工程车等非常规列车，对之赋予列车车次号，利用"列车运行图"组织运行；凡在车站范围内或超出该范围但未进入另一站的调移为"调车工作"，属于站点层面的行车组织工作，其最小移动实体可以是"车列"，也可以是细化后的"车组"、"车辆"等，通常以动车为动力，当然也包括单机调移，它们因不跨站点运行而无须冠以车次号，利用"调车作业通知单"组织调车工作。调车工作也可简称为"调车"。

2. 调车方法

城市轨道调车作业种类为平面调车。平面调车的作业方式分为以下两种。

1）推送调车

这是用机车将车辆调移至适当地点，停稳后再摘车的调车方式，其调车作业过程示意如图3.7所示。利用该方式调车，便于控制运行速度，作业安全。但车辆实现调移要发生推送和折返两个过程，因此消耗的作业时间长，效率较低。当不允许溜放作业时应采用推送调车方式，例如调移客车和禁溜车辆，向货场、专用线取送车，在特定线路上车列转线及车组连挂等，一般均采用本方式。

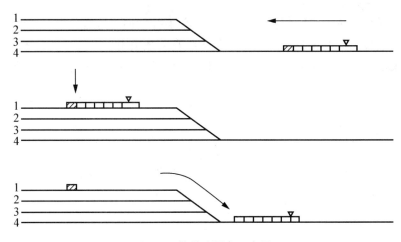

图3.7 推送法调车示意图

2）溜放调车

机车通常以推送车列的方式行进，在达到一定速度后按计划摘解的车组（车辆）脱离车列自行溜出的调车方式为溜放调车方式。为此，在车列行进时应相机摘钩，然后机车制动，以形成摘解车组与机带车列的速度差，即发生两者的脱离及车组溜出。为使溜出车组能溜至预定位置或实现安全连挂，由制动员对之施行手闸制动或铁鞋制动。其作业过程如图3.8所示。

正确把握车组的溜出速度是保证调车安全、提高调车效率的重要前提。溜出速度过低，车组不能溜至预定位置；速度过高，不仅使机车的往返牵推过程延长，而且也难以对溜出车组实现制动操作，产生安全隐患。车组溜出速度的大小主要取决于溜行距离、溜行阻力及车辆自身的溜行性能。因此，调车人员要熟悉有关的线路及车辆情况，应具有准确测距、测速的技能。

与推送调车方式相比，溜放调车方式的分解行程短，使用的调车程数少，可显著提高调车效率，在条件允许时均应采用之。

当机车推动车列加减速各一次，若同时溜出几个车组时，为多组溜放方式。此时，同批溜出的各车组借助自身的不同走行性能和利用手闸调速而形成溜放间隔，才能分别溜入预定的线路。多组溜放时机车速度的变化情况如图3.9所示。显然，用多组溜放方式分解车列，其调车程比一般溜放方式要少得多，调车效率更高，但需要有更好的调车技术。

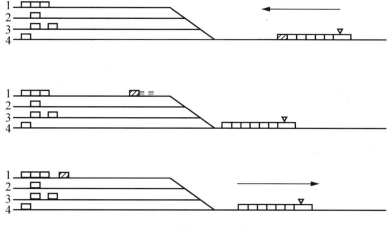

图3.8　溜放法调车示意图

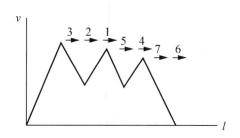

图3.9　多组溜放速度变化图

当机车加速和减速一次将车组溜出后，无论同批溜出的是单组还是多组，机车可拖动未分解车列反向回拉，以便进行后续溜放；若线路等作业条件允许，也可以不回拉，在原行进方向继续调整速度实现后续批次的溜放，这就是"连续溜放方式"。于是，对溜放调车，按一批溜放后是否回拉、每批溜放是单组多组以及在连续溜放过程中机车调速是否利用惯性惰行等，可以将这些状态组合成诸如单组溜放、连续（单组）溜放、多组溜放、连续多组溜放、惰力（连续）单组溜放和惰力（连续）多组溜放等多种细分的溜放调车方式。

因为城市轨道交通车辆具有许多精密仪器，所以一般不采用溜放法进行调车作业，只使用推送法进行调车作业。

3．衡量调车工作的指标

为科学组织调车工作、合理评价调车水平及客观体现作业人员的劳动贡献等，需要采用调车作业量和调车作业时间标准等衡量指标。由于调车工作的复杂性，在解编等量列车或车辆的条件下，不同车流构成、不同设备条件以及不同调车决策等都会造成调车作业量和调车作业时间的较大差别。引入"调车钩"和"调车程"的概念既有利于对调车作业量、调车作业时间等进行相对精确的计算，也便于描述调车作业过程。

1) 调车钩

调车作业计划是以调车钩为基本单位对作业做出安排的，故它又称为"钩计划"。若仅就钩计划的作业描述而言，调车钩是指机车连挂或摘解一组车辆的作业。于是钩计划只使用两类调车钩即可简明表达作业程序。一是连挂钩，又称"挂车钩"，表示机带车列中车辆数将增加；一是溜放钩，又称"摘车钩"，表示机带车列中车辆数将减少。由于钩计划中调车钩的种类少，便于统计，目前主要用这两种调车钩来计算调车作业量。实际上钩计划在简明表达调车作业的同时也省略了一些中间接续过程或作业过程差别，因而没有充分体现全部作业内容，据此计算的调车作业量也是粗略的。

2) 调车程

一个调车钩可分解为一个或几个调车程。调车程是指机车或机带车列（车辆）发生的一次有目的的调移，通常不改变运行方向。

调车程的目的在于体现相应调车钩必须完成的逐个步骤，指定步骤没有完成，则调车程设定的目的就没有达到，其中即使出现中停、倒行等运行状况的变化也不能视为新调车程发生。虽然调车程通常是不改变方向的调移，但不改变方向的调移却未必只属于一个调车程，因此调车程的实质在于体现调车作业的分步目的性，而不是其他。

调车程含有"距离"概念，有长短之分。在调移目的既定的条件下，调移车辆的多少显然也影响调车程的长度。借助于调车程可进一步表明调车作业量的大小，即调车作业量不仅与钩数有关，而且应考虑调车程的长短。

调车程还体现机车车辆在调移中的运行状态。在正常情况下这是一个从启动加速开始到减速停止告终的过程，其间按是否有定速、惰行等运行状态以及停止是在制动条件下还是在惰行条件下实现的等，可区分为不同的调车程类型，如加速－制动型、加速－惰行型、加速－惰行－制动型、加速－定速－制动型、加速－定速－惰行型以及加速－定速－惰行－制动型等。这些调车程类型依调车作业的性质和调车程长短对应出现，其类型划分可为更精确地估算调移时分、确定调车进度等提供帮助。

4. 列车编组

1) 编组形式

城市轨道交通车辆的编组形式受车型及运量的影响，而编组形式又影响到城市轨道交通工程的规模、车辆段的用地面积及设备容量等方面。按地下铁道设计规范、地下铁道设计年限分为近期和远期两类。考虑到客流量将逐年增加，地下铁道列车在近、远两期应采用不同的编组形式。

(1) 全动车编组。

全动车编组可以根据客流变化，灵活调整车辆编组辆数，而且具有整车性能不降低的优点，轴重均匀，全部可以采用电动制动，易于控制，反应快，机械磨损小。但是这种编组形式要求每辆车都有独立的牵引控制系统，轴重较大，电机总功率较大，耗电量增加，维修和保养工作量增加。

(2) 动拖车混合编组。

动拖车混合编组根据具体情况，适当地增加动车和拖车，电机功率利用率较高，设备集中，维修方便，维修工作量小。但车辆种类增加，动车轴重较大，拖车轴重较小，全列车重量分配不均匀。

(3) 单元车组编组。

所谓单元车组，是将几辆动车和拖车通过半永久式车钩固定连接成一个车组，根据客流量确定列车单元个数的多少。这种编组形式，可统一考虑设备布置，设备数量减少，设备能得到充分利用，重量分配均匀，维修工作量减少。由于列车由几个单元车组组成，可能造成乘载率过高或过低现象。

2) 编组规定

(1) 在列车中的机车和车辆的制动机，应全部加入列车的制动系统，具体规定如下。

① 客车：客车始发不准编挂空气制动系统故障的车辆，在运行途中发生制动系统临时故障时，允许切除一辆，到达终点站后退出服务或按《车辆故障处理指南》的要求处理。

② 工程列车：编入工程列车的车辆不准有关门车，如在运行途中自动制动机发生故障，报告行调并按其指示办理。

(2) 客车、工程列车应按规定的编挂条件进行编组。下列车辆禁止编入列车。

① 车体倾斜超过规定限度的。

② 曾经发生脱轨或冲撞事故，未经检查确认的。

③ 装载超出限界、长轨或集重货物时，不符合《工程车运输装载搬运安全控制规程》的。

④ 平板车装载货物违反装载和加固技术条件的。

⑤ 平板车未关闭侧板的。

⑥ 制动系统故障的车辆。

⑦ 未按规定维护保养或清洁的客车。

任务单

以小组为单位讨论以下问题	讨论意见/操作心得
编制编组和解体列车的调车作业计划各一份	

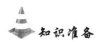
知识准备

1. 调车作业计划形式

调车作业计划以"调车作业通知单"的形式编制，其形式如下。在其上部给出通知单的编号、执行计划的调车，拟解编的车次（只对到发列车填）、列车所在股道（只对解体列车填）以及作业的规定开始终了时分等。在其下部给出计划编制人以及编制时间等。

调车作业单

编号：地运营记＊＊＊＊

机车(客车)号码_____ 班组_____ 第_____号

作业项目	作业时间	顺序号	股勾车道种数	安全事项及其他交代
		1		制动系统是否正常：[□是，□否]
		2		悬挂系统是否正常：[□是，□否]
		3		接触网设备是否正常：[□是，□否]
		4		线路、道岔是否正常：[□是，□否]
		5		信号设备是否正常：[□是，□否]
				特殊运行速度限制：km/h 以内
		6		调试时驾驶模式：
				存车情况：
		7		其他事项

车厂调度员：_____

年 月 日

调车员/值班员：_____ 确认时间：_____ 注销时间：_____

司机/信号员：_____ 确认时间：_____ 注销时间：_____

注：①《调车作业单》一式四联，第一联交调车员，第二联交司机，第三联交车厂值班员，第四联为存根；

② 调车员、司机、值班员确认作业内容、安全事项清楚后签名；

③ 确认、注销时间填写具体时分，调车员或司机在第四联填写确认、注销时间；

④ 填写安全事项及其他交代栏时，需要提醒司机的事项在相应"□"内画"√"。如果"√"否，需要注明具体问题。存车情况需要标画铁鞋/木鞋具体位置。

2. 调车作业计划编制

为了说明调车作业计划编制的方法，在此用举例方法来说明。

例1，设某车列 A－B－C－C－B－A 分解，A 车存于 1 股道，B 车存于 2 股道，C 车存于 3 股道。开始调车前存于 4 股道，如图 3.10 所示。试编制调车作业计划。

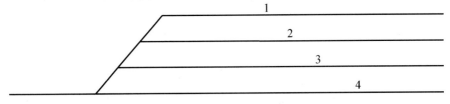

图 3.10 调车场平面示意图

其调车作业计划见表 3-5。

表 3-5 调车作业计划

作业内容			
股 道	摘/挂	辆 数	备 注
4	+	6	
1	−	1	
2	−	1	
3	−	2	
2	−	1	
1	−	1	

例2，A车存于1股道，B车存于2股道，C车存于3股道。开始调车前存于4股道。现要编组车列A—B—C—C—B—A，然后停于4股道。试编制调车作业计划，见表3-6。

表 3-6 调车作业计划

作业内容			
股 道	摘/挂	辆 数	备 注
1	+	1	
2	+	1	
3	+	2	
2	+	1	
1	+	1	
4	−	6	

任务实施

1. 下发任务单，明确任务内容，学生自己预习调车作业计划相关知识。
2. 教师先进行演示操作，学生分组按作业要求进行编制调车作业计划的练习。
3. 学生自行总结编制经验。
4. 教师和各组长担当本次任务的他人评价工作，评判同学们的任务完成情况。

任务3.3 调车作业

任务描述

能够根据调车作业计划，进行调车作业。首先，能够正确完成基本调车项目。最后，能够顺利在演练场完成调车作业程序。

相关知识

1. 调车指挥

（1）车辆段调车工作由车场调度员统一领导，调车作业人员必须按本标准和调车作业计划单执行。

（2）车场调度员应根据车辆、线路、设备检修计划和现场作业情况，合理、科学、正确地编制调车作业计划，组织调车人员安全、及时地完成调车任务。

（3）调车作业由调车员单一指挥。根据调车作业计划单，正确、及时地显示信号，指挥调车机运行，并注意行车安全。

（4）调车司机必须根据调车员的信号准确、平稳地操纵机车，时刻注意确认信号，不间断进行瞭望，正确、及时地执行信号显示要求，负责调车作业安全。

2. 遇下列情况禁止调车

（1）设备或障碍物侵入线路设备限界。

（2）禁止提活钩，溜放调车作业。

（3）客车转向架液压减震器被拆除并且空气弹簧无气。

（4）禁止两组车组或列车同时在同一条股道上相对移动。

（5）机车车辆制动系统故障影响到行车安全。

（6）有维修人员正在机车车辆上作业影响行车或机车车辆两端车钩处挂有"禁止动车"警示牌。

（7）机车车辆底部悬挂装置脱落。

（8）客车停放股道接触网挂有接地线。

（9）货物装载、加固不符合相关规定。

（10）其他情况影响到调车作业安全。

3. 调车安全

（1）在带电区段调车作业时，严禁攀登机车车辆或装载货物顶上，严禁碰触接触轨。

（2）任何人所携带的物体（包括长杆、扶梯等）与接触网/轨带电部位需保持1米以上的距离。

（3）上下车时，须选好地点停车，注意地面障碍物、接触轨、感应板。

（4）在机车、车辆移动中，禁止下列行为。

① 在平板车的侧板或端板、支架上坐立。

② 站在车梯上探身过远。

③ 在装载易于窜动货物的车辆间和货物空隙间站立或坐卧。

④ 骑坐车帮，跨越车辆。

⑤ 进入线路内摘管或调整钩位。

⑥ 严禁在机车前后端坐立。

（5）作业中严禁吸烟，班前禁止饮酒。

（6）处理机车、车辆作业时。

① 摘车时，应执行一关（关折角塞门）、二摘（摘风管）、三提钩的作业程序。

② 摘接风管、调整钩位、处理钩销时，应等待车辆、车列停妥，并向司机显示防护信号。

③ 调整钩位、处理钩销时，不要探身到两钩之间。

④ 使用折叠式手闸，须在停车时竖起闸杆，确认方套落下，月牙板关好，插销上好后方可使用。注意检查手闸链条良好。

（7）行走线路规定。

① 调车员应走两线路之间显示信号，并注意邻线的机车车辆。严禁在道心、感应板、枕木头上行走，在有接触轨的线路必须远离接触轨的一边行走，禁止脚踏钢轨面、道岔连接杆、尖轨、接触轨等。

② 横越线路时，应一站、二看、三通过，注意左右机车车辆的动态及脚下有无障碍物。

③ 横越停有机车车辆的线路时，先确认机车车辆暂无移动，然后在该机车车辆较远处通过。严禁在运行中的机车车辆前面抢越。

④ 不准在钢轨上、车底下、枕木头、道心里坐卧或站立，不准跨越地沟。

（8）个人防护用品使用规定。

① 个人防护用品必须专人专用，妥善保管。绝缘靴应定期检测，如发现不符合使用要求应及时更换。

② 进入试车线及出入段线轨行区的人员必须穿绝缘鞋，高度树立"无电当有电"的观念，确保个人人身安全。

任务 3.3.1　调车作业前的准备

以小组为单位讨论以下问题	讨论意见/操作心得
模拟练习调车计划的布置与传达	
进行一次调车作业前准备工作	

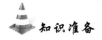

调车作业计划及准备工作

车厂调度员应根据车辆、线路、设备检修计划和现场作业情况，合理、科学、正确地编制调车作业计划，组织调车人员安全、及时地完成调车任务。

调车作业计划是调车作业的依据，因此，做好调车作业计划的布置、交接、传达及准备工作，是安全、正确、及时地完成调车任务的重要保证。

(1) 编制调车作业计划资料来源。

① 车辆部检修调度提供的车辆检修、调试计划及签认的临时维修计划。

② 开行工程车计划。

③ 设备主办部门的计划，接轨站到达车辆的预报。

④ 物资部的车辆装卸情况。

⑤ 维调提供的维修工程部、承建商动车计划。

⑥ 车辆部设备车间扣修计划和工程车故障报活单。

⑦ 其他。

(2) 车厂调度员应亲自编制调车计划单并制定安全防范措施及注意事项，向调车员交递书面计划及《机车、车辆动车需求计划单》和《调试、试验作业任务书》。调车员应根据调车单亲自向司机交递和传达。作业完毕后及时收回《机车、车辆动车需求计划单》和《调试、试验作业任务书》。

(3) 车厂调度员向乘务值班员、司机、调车员传达计划时，接受计划的人员须认真复诵，确保清楚无误地掌握计划。

(4) 各接计划人员接完计划后，需准确向本班人员传达，以确保计划执行到位和充分发挥互控作用。

(5) 调车计划布置和传达。

车厂调度员编制《调车计划单》时，需考虑周全，避免作业执行过程中变更计划，一旦需变更计划时，变更作业不超过三钩，可以口头方式布置，但须停车传达；接受变更计划的有关人员应复诵，车厂调度须确认其复诵无误；变更作业超过三钩时，须收回原计划，重新出具书面计划，以确保计划准确。

当一批作业(指一张调车作业通知单)不超过三钩时，允许以口头方式布置。由于口头布置没有书面依据，为确保作业人员之间协调一致，确保作业安全，有关人员必须复诵。变更计划主要指变更股道、辆数、作业方法及取送作业的区域或线路。随意变更计划，既不安全也影响效率。但调车作业涉及的因素较多，且多为活的因素，产生计划变更是难免的。如何正确了解和掌握情况，增强预见性，不变更或少变更计划，这是对调车领导人的一项重要要求。变更计划应用书面方式重新按规定程序下达。对于一批作业(指一张调车作业通知单)变更股道不超过三钩时，允许以口头方式布置，但必须停车传达，有关人员复诵。变更股道超过三钩时，应重新填写调车作业通知单。仅变更作业方法或辆数时，不受口头传达三钩的限制，可不停车传达，但调车指挥人必须向有关人员传达清楚。

(6) 调车作业前的准备。

① 调车作业前，调车员应充分做好准备(按规定着装、佩戴防护用品，确认无线对讲机良好)，并认真检查调车组其他人员准备情况。

② 对线路进行检查，确认进路、车辆底下和上部无障碍物。

③ 对车辆进行检查，内容包括车辆防溜措施情况、是否进行技术作业、是否有侵限物搭靠、装载加固是否良好、是否插有防护红牌(红灯)。

任务实施

1. 下发任务单，明确任务内容，学生自己预习调车准备工作相关知识。
2. 教师先进行演示操作，学生分组，按角色扮演，完成调车准备工作的练习。
3. 学生自行总结调车工作准备内容经验。
4. 教师和各组长担当本次任务的他人评价工作，评判同学们的任务完成情况。

任务 3.3.2　调车进路准备、确认与信号显示

任务单

以小组为单位讨论以下问题	讨论意见/操作心得
在仿真控制台上，办理调车进路	
在学校线路轨道实训场，运用角色扮演，练习"要道还道"	
练习手信号显示	

知识准备

1. 调车进路准备与确认

进路是车站内或车厂内列车或调车车列由一点运行至另一点的全部路径。调车用的进路称为调车进路。进路要求其包括的道岔必须处在规定位置。调车进路包括短调车进路和长调车进路。短调车进路指从开始调车信号机开始，到下一架阻挡信号机为止的一个单元调车进路。长调车进路则由两个以上的单元调车进路组成。

1) 信号设备正常时进路准备

进路的准备是由操作值班员按调车作业通知单进行的，进路布置妥当后调车信号开放。集中联锁车站的准备可以分段进行，但要注意先远后近，切不可以由近及远，以免造成调车人员看到调车信号开放而动车，造成行车事故。

2) 无联锁线路的调车进路办理应该执行要道还道制

要道还道是非电气集中或非计算机联锁控制的调车进路上，调车人员间联系、办理、确认调车进路是否准备妥当，而采用相互监督、人工联锁、区域联防、互相检查的一种人工互控制度。

其作业方法是：要道由近而远，还道由远而近。在要道还道时，应统一为"进×道要×道"、"出×道要×道"。

要道还道分为两方，要道方和还道方。两方的划分有两种情况：一种情况是以司机、调车长为一方，以扳道员为另一方，来确认进路是否准备妥当、正确；另一种情况是，当调车进路上配有两名以上扳道员时，相互检查、确认调车进路是否正确。

要道还道的程序，常见有以下几种。

(1) 调车机司机或调车组与扳道人员间的要道还道程序。

要道：单机或机车牵引车辆运行时，由司机鸣笛二短一长声"要道"；推进车辆运行时，由车列前端的调车组人员以手信号显示或用口笛鸣示股道号码信号"要道"。

扳道：将进路上的有关道岔扳到指定的位置。

还道：调车进路上的检查确认进路是否准备妥当，确认进路准备妥当后，向要道人员先显示股道号码信号，再显示道岔开通信号"还道"。

回示：要道人员接到还道信号，调车组人员复示还道人员的道岔开通手信号或口笛鸣示一短一长声"回示"，司机鸣示一短声"回示"。

(2) 扳道人员之间的要道还道程序。

要道：靠近机车车辆方面的扳道人员由近而远地向进路上相邻的扳道人员显示股道号码信号"要道"。由车列前端的调车组人员以手信号显示或用口笛鸣示股道号码信号"要道"。

扳道：将进路上的有关道岔扳到指定的位置。

还道：调车进路上的检查确认进路是否准备妥当，确认进路准备妥当后，向要道人员先显示股道号码信号，再显示道岔开通信号"还道"。

回示：要道人员接到还道信号，复示还道人员的道岔开通手信号或口笛鸣示一短一长声"回示"。

(3) 使用无线调车电话时要道还道程序。

要道：单机或机车牵引车辆运行时，由司机向扳道人员要道时，司机呼喊"××，我是司机，进（出）×道"；扳道人员收到要道通话后，应答："进（出）×道，×号明白"。

推进车辆运行时，由车列前端的调车组人员向扳道人员要道时，司机呼喊"××，我是调车长，开通×道"；扳道人员收到要道通话后，应答："开通×道，×号明白"。

扳道：将进路上的有关道岔扳到指定的位置。

还道：扳道员检查确认进路是否准备妥当，确认进路准备妥当后。向要道人员呼喊"××，我是×号，×道开通"。

回示：司机听到调车长、扳道人员的还道通话后，应答："×道开通，司机明白"。

3) 进路部分信号设备故障时

能够使用的设备尽量使用，联锁设备良好的道岔可用单独操纵、单独锁闭的方法，其他电气故障的道岔用人工扳动、人工加锁。在办理进路过程中，要严格执行要道还道制度。

4) 确认进路

牵引车辆运行时，前方进路的确认由司机负责；推进车辆运行时，前方进路的确认由调车指挥人负责，调车指挥人确认前方的进路有困难时，可指派调车组其他人员确认。

5) 相关安全措施

(1) 线路两旁堆放货物（含设备、工器具）的规定。

线路两旁堆放货物，距钢轨头部外侧不得少于1.5m。货物站台上堆放货物，距站台边缘不得少于1m。货物应堆放稳固，防止倒塌。不足上述距离时，不得进行调车作业。

为保证调车作业的安全,制订了上述规定。从图3.11中可看出:由线路中心线起算,1/2轨距:1 435÷2=718(mm);又50(43)kg钢轨头部宽度为70mm。所以,线路中心线至钢轨头部外侧的距离为:718+70=788(mm)。机车车辆限界自线路中心计算为1 700mm。机车车辆占去钢轨头部外侧的尺寸为:1 700-788=912(mm)。堆放货物距钢轨头部外侧的间距为1 500mm,则货物与车辆间的距离为1 500-912=588(mm)。这一距离是调车人员走行与显示信号所必要的空间。在一般情况下,一个人的身宽为0.5m,再加上机车车辆进出线路时的摇摆量,588mm的间隔距离是保证调车人员安全通行的最低要求。

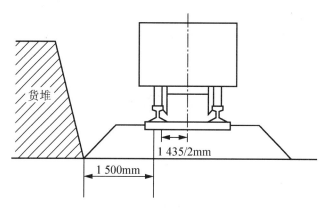

图3.11 线路两旁堆放货物的规定

此外,站台上堆放货物时,亦应考虑调车人员等机具的作业条件,距站台边缘不得少于1m。货物应堆放稳固,防止倒塌。靠近线路两旁堆放为维修线路用的材料、机具等,不得侵入建筑接近限界。

(2)往检查线、吹扫线、喷漆线、静调线取送车辆作业时,由检修调度在提交《电客车转轨计划单》前组织确认具备行车条件,同意进入后通知车厂调度,车厂调度方可安排取、送车。

2. 信号的显示与确认

1)信号的显示与确认

调车作业时,调车员应在调车正面正确及时地显示信号,司机应认真地、不间断确认信号,并鸣笛回示。没有鸣笛回示时,调车员应立即显示停车信号。信号机熄灭(或瞬间熄灭)、显示错误或不清,司机应立即停车。

调车作业中,信号是调车组机车乘务组、扳道组、信号员等有关调车人员之间作业联系的纽带。在调车作业时,调车人员必须正确及时地显示信号。调车信号,应按规定方式显示,并做到横平竖直、灯正、圈圆、站立位置适当,显示及时、准确、清晰。

调车信号机故障开放不了信号时,机车、车辆需越过关闭的信号机时,调车员得到车厂值班员通知,确认进路开通后方可领车越过该信号机。

机车乘务人员要认真确认信号,并鸣笛回示。没有看到调车指挥人的起动信号,不准动车。无扳道员和信号机时,调车指挥人确认道岔开通正确后向司机显示起动信号。

调车信号机开放后，需要取消时，车厂值班员应通知司机及调车员，并得到应答确认列车停车或未动车后方可关闭信号机。

2) 手信号规定

(1) 手信号根据作业的性质分为列车手信号、调车手信号、联系用的手信号。手信号机动灵活地指挥列车运行和调车作业，起着命令的作用，有关行车人员应严格执行。

(2) 手持信号旗的规定

在显示手信号时，凡昼间持有手信号旗的人员，应将手信号旗拢起，左手持红旗，右手持绿旗，不持信号旗的人员徒手按规定显示信号。

(3) 显示手信号的要求

位置适当。做到看前顾后，指挥人既可看清前方（如进路、停留车位置或前方他人显示的信号等）又使后方司机能看清指挥人所显示的信号。

动作及时。显示信号要及时，掌握好每一个动作的变化的时间。

姿势端正。显示信号做到横平竖直、灯正圈圆、角度准确、姿势端正、显示标准、符合规定。

旗洁灯明。手信号旗要保持清洁完整，颜色鲜艳；手信号灯要保持灯光明亮。

(4) 列车运行时的手信号见表3-7。

表3-7 列车手信号

序号	手信号类别	显示方式	
		昼 间	夜 间
1	停车信号：要求列车停车	展开的红色信号旗，无红色信号旗时，两臂高举头上，向两侧急剧摇动	红色灯光，无红色灯光时，用白色灯光上下急剧摇动
2	紧急停车信号：要求司机紧急停车	展开红旗下压数次，无信号旗时，两臂高举头上，向两侧急剧摇动	红色灯光下压数次，无红色灯光时，用白色灯上下急剧摇动
3	减速信号：要求列车降低速度运行	展开的黄色信号旗，无黄色信号旗时，用绿色信号旗下压数次	黄色信号灯光，无黄色灯光时，用白色或绿色灯光下压数次
4	发车信号：要求司机发车	展开的绿色信号旗上弧线向列车方面作圆形转动	绿色灯光上弧线向列车方面作圆形转动
5	通过手信号：准许列车由车站通过	展开的绿色信号旗	绿色灯光
6	引导信号：准许列车进入车站或车厂	展开黄色信号旗高举头上左右摇动	黄色灯光高举头上左右摇动
7	降弓信号	左臂垂直高举，右臂前伸并左右水平重复摇动	白色灯光上下左右重复摇动
8	升弓信号	左臂垂直高举，右臂前伸上下重复摇动	白色灯光作圆形转动

续表

序号	手信号 类别	显示方式 昼间	显示方式 夜间
9	好了信号：进路开通、某项作业完成的显示	用拢起信号旗作圆形转动	白色灯光作圆形转动
10	降靴信号	左臂向右下斜45°手掌搭右大腿，右臂前伸并左右水平重复摇动	白色灯光在下方（膝盖部位）左右重复摇动
11	升靴信号	左臂向右下斜45°手掌搭右大腿，右臂前伸上下重复摇动	白色灯光上下重复小动（下不过膝盖上不过腰）

(5) 调车手信号见表3-8。

表3-8 调车手信号

序号	调车手信号 类别	显示方式 昼间	显示方式 夜间
1	停车信号	展开的红色信号旗	红色灯光
2	减速信号	展开的绿色信号旗下压数次	绿色灯光下压数次
3	指挥列车或车辆向显示人方向来的信号	展开的绿色信号旗在下方左右摇动	绿色灯光在下方左右摇动
4	指挥列车或车辆向显示人方向稍行移动的信号（包括连挂）	左手拢起红色信号旗直立平举，右手展开的绿色信号旗在下方左右小摆动	绿色灯光下压数次后，再左右小动
5	指挥列车或车辆向显示人反方向去的信号	展开的绿色信号旗上、下摇动	绿色灯光上下摇动
6	指挥列车或车辆向显示人反方向稍行移动的信号（包括连挂）	左手拢起红色信号旗直立平举，右手展开的绿色信号旗在下方上、下小动	绿色灯光平举上下小动

(6) 股道号码信号：要道或回示股道开通号码，见表3-9。

表3-9 股道号码信号

序号	股道	昼间显示方式	夜间显示方式
1	一道	两臂左右平伸	白色灯光左右摇动
2	二道	右臂向上直伸，左臂下垂	白色灯光左右摇动后，从左下方向右上方高举
3	三道	两臂向上直伸	白色灯光上下摇动
4	四道	右臂向右上方，左臂向左下方各斜伸45°角	白色灯光高举头上左右小动

续表

序号	股道	昼间显示方式	夜间显示方式
5	五道	两臂交叉于头上	白色灯光作圆形转动
6	六道	左臂向左下方，右臂向右下方各斜45°角	白色灯光作圆形转动后，再左右摇动
7	七道	右臂向上直伸，左臂向左平伸	白色灯光作圆形转动后，再从左下方向右上方高举
8	八道	右臂向右平伸，左臂下垂	白色灯光作圆形转动后，再上下摇动
9	九道	右臂向右平伸，左臂向右下斜45°角	白色灯光作圆形转动后，再高举头上左右小动
10	十道	左臂向左上方，右臂向右上方各斜45°角	白色灯光左右摇动后，再上下摇动作成十字形
11	十一至十六道	须先显示十道股道号码，再显示所要股道号码的个位数信号	

(7) 联系手信号。

联系手信号用于办理列车运行和调车工作，有关行车人员不能用口头或通信设备彼此联系时使用。显示联系手信号时，应将手信号旗拢起，不持信号旗的人员徒手按规定方式显示信号。

连结信号：表示连挂作业。昼间，两臂高举头上，使拢起的手信号旗杆成水平末端相接；夜间，红、绿色灯光(无绿色灯光人员用白色灯光)交互显示数次。

三、二、一车距离信号：表示推进车辆的前端距被连挂车辆或停车信号标志的距离。昼间，展开的绿色信号旗单臂平伸，夜间，绿色灯光，在距停留车或停车位置标、一度停车标等信号标志三车(约66m)时，连续下压三次，二车(约44m)时连续下压两次，一车(约22m)时下压一次(注：不同的城市轨道公司车辆长度不同，因此规定也不完全相同)。

取消信号：通知将前发信号取消。昼间，拢起的手信号旗，两臂于前下方交叉后，急向左右摇动数次；夜间，红色灯光作圆形转动后，上下摇动。

要求司机鸣笛信号：调车作业中要求司机鸣笛。昼间，直立的手信号旗或单臂弯曲上下急剧小动；夜间，绿色或白色灯光上下急剧小动。

要求再度显示信号：前发信号不明，要求重新显示。昼间，拢起的手信号旗右臂向右上方上下摇动；夜间，红色灯光上下摇动。

(8) 徒手信号。

徒手信号见表3-10。

3. 听觉信号

听觉信号的音响间隔长声为2s，短声为0.5s，间隔为1s。重复鸣示时，须间隔5s以上。

听觉信号的表示方法是用不同的鸣示符号表示信号的意义，如口笛和客车、机车的鸣笛声，具体表示方式见表3-11和表3-12。

表 3－10　徒手信号

序号	徒手信号类别	显示方式
1	紧急停车信号（含停车信号）	两手臂高举头上，向两侧急剧摇动
2	三、二、一车信号	单臂平伸后，小臂竖直往外下压，三次为三车，两次为二车，一次为一车
3	连挂信号	握紧两拳头高举上，拳心向里，两拳相碰数次
4	单臂停车信号	单臂伸直上斜45度，小臂下压数次
5	试拉信号	左手高举直伸，右手向下斜，小臂上下摇动（当列车刚起动马上给停车信号）
6	向显示人方向稍行移动	左手高举直伸，右手平伸小臂左右摇动
7	向显示人反方向稍行移动	左手高举直伸，右手向下斜，小臂上下摇动
8	单臂推进信号	单臂高举头上左右摇动
9	好了信号	单臂向列车运行方向上弧圈作圆作转动

表 3－11　口笛鸣示方式

序号	用途及时机		鸣 示 方 式	
1	发车、指示机车向显示人反方向移动		一长声	—
2	指示机车向显示人方向移动		一短一长声	· —
3	指示发车		一长一短声	— ·
4	试验制动机减压		一短声	·
5	试验制动机缓解		二短声	· ·
6	试验制动机完了及安全信号		一短一长二短声	· — · ·
7	三、二、一车距离信号	三车	三短声	· · ·
		二车	二短声	· ·
		一车	一短声	·
8	连结		一长一短一长声	— · —
9	停车		连续短声	· · · · · ·
10	要求司机鸣笛		二长三短声	— — · · ·
11	试拉		一短声	·
12	减速		连续两短声	· · · ·
13	取消		二长一短声	— — ·
14	再显示		二长二短声	— — · ·
15	列车接近通报信号	上行	二长声	— —
		下行	一长声	—

表 3-12 机车、客车鸣笛鸣示方式

序号	名 称	鸣示方式	使用时机
1	起动注意信号	一长声 —	① 调试列车在正线或工程车起动及机车车辆前进时 ② 客车接近没有屏蔽门的车站、工程车及调试列车接近车站,工程车进出隧道口前、施工地点,列车看到黄色手信号、引导手信号时,天气不良时 ③ 客车在检修及整备中,准备降下或升起集电弓
2	退行信号	二长声 — —	客车、机车车辆、单机开始退行
3	召集信号	三长声 — — —	要求防护人员撤回时
4	警报信号	一长三短声 — •••	① 发现线路有危及行车安全的不良处所时 ② 列车发生重大、大事故及其他需要救援情况时
5	试验自动制动机复示信号	一短声 •	① 试验制动机开始减压时 ② 接到试验制动结束的手信号,回答试风人员时 ③ 调车作业中,表示已接受调车员所发出的信号时
6	缓解信号	二短声 ••	试验制动机缓解时
7	紧急停车信号	连续短声 ••••••	司机发现邻线发生障碍,向邻线上运行的列车发出紧急停车信号时,邻线列车司机听到后,应立即紧急停车

注:下列 3 种情况,使用无线对讲机联系。
- 双机重联或首尾机车在起动前。
- 在区间停车后,继续运行时,通知车长。
- 列车在区间内停车后,不能立即运行,通知车长时。

任务实施

1. 下发任务单,明确任务内容,学生自己预习进路相关知识。
2. 教师先进行演示操作,学生分组按作业要求进行准备进路和显示信号的练习。
3. 学生自行总结进路准备和显示信号经验。
4. 教师和各组长担当本次任务的他人评价工作,评判同学们的任务完成情况。

任务 3.3.3 调车速度

任务单

以小组为单位讨论以下问题	讨论意见/操作心得
根据调车车列运动情况确定车列运行速度	

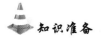 **知识准备**

调车作业要做到安全、迅速、准确,掌握调车速度是关键。进行调车作业的司机,必须严格按照有关规章和规定的限制速度和调车指挥人的信号操纵机车,在任何情况下,不准超速作业。调车指挥人除了注意观速、观距,及时准确地显示信号外,还要准确掌握速度,不准超过规定,若发现司机超速危及安全时,必须显示停车信号。

调车速度是根据调车作业的特点,调车时所经过线路、道岔的允许速度,调动特殊构造的车辆或装载特殊货物车辆的要求,为保证调动车列运行中的安全规定的。作业中还应根据带车多少、制动力大小以及距离远近等,由司机和调车指挥人员共同掌握。

(1)调车作业时,无论是调车机车为动力的调动车辆,还是调动电动客车,均须在整列通风制动良好的条件下进行。在空线上调车,应遵守曲线半径、道岔型号、走向等速度限制,在天气不良或地形影响,瞭望条件不良时,还应适当降低速度。

(2)接近被连挂的车辆时,速度不得超过3km/h。这是一种安全连挂速度,不致损坏车辆。

(3)在调车作业时,严格控制速度,按信号及行车标志牌行车。在尽头线上调车时,距线路终端应有10米安全距离,遇特殊情况应接近小于10米时,调车员与司机联系,严格控制速度,并随时做好停车准备。调车速度可参考表3-13。

表3-13 调车速度表

序号	项 目	速度/(km/h)	说 明
1	空线牵引运行	25	
2	空线推进运行	15	
3	调动装载超限货物的车辆时	10	
4	在尽头线调车时	10	
5	在维修线调车时	10	
6	在运用库内停车线调车时	10	
7	货物线上对位时	5	
8	接近被连挂车辆三、二、一车时	10、5、3	
9	接近被连挂车辆时	3	

 任务实施

1. 下发任务单,明确任务内容,学生自己预习调车速度相关知识。
2. 教师先进行讲解,学生分组学习调车速度。
3. 学生自行总结调车速度。
4. 教师和各组长担当本次任务的他人评价工作,评判同学们的任务完成情况。

任务 3.3.4 车辆连挂和摘挂

 任务单

以小组为单位讨论以下问题	讨论意见/操作心得
显示三、二、一车信号	
模拟练习车辆连挂的过程	
模拟练习车辆摘的过程	

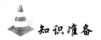 知识准备

1. 车辆连挂

（1）连挂车辆，调车员应显示连挂信号和距离信号三、二、一车（三车约 66m，二车约 44m，一车约 22m）。没有显示连挂信号和距离信号不准挂车。没有司机回示，应立即显示停车信号。

连挂车辆时，调车员要显示"三、二、一"车距离信号和连挂信号，没有显示与停留车距离信号和连挂信号不准挂车。"三、二、一"车距离信号的显示方法如下。

① 在与被连挂车辆的距离三车时，昼间调车指挥人展开绿色信号旗，单臂平伸，夜间用绿色灯光，连续下压三次，距离二车时下压二次，距离一车时下压一次。

② 如果连挂车辆与被连挂车辆的距离不足三车时，则显示"二、一"车距离信号；不足二车时显示"一车"信号，若不足一车时，仅显示连挂信号。

③ 为了避免司机误认，当调车指挥人在距离停留车不足三车时，不再显示减速信号，只显示距离信号。

（2）机车、车组接近被连挂车辆不少于 1m 时一度停车，确认车钩位置正确后再连挂。

（3）单机连挂车辆，不须显示距离信号，但在距存放车辆不少 1m 时，应一度停车，凭调车员手信号挂车。

（4）确认连挂好后，进行试拉，试拉好后连接风管（特殊情况经车厂调度同意）。

2. 摘挂车辆作业

（1）摘车时，应执行一关前、二关后、三摘制动软管、四提钩的作业程序。

即先关闭靠机车方面的折角塞门，后关闭靠列车尾部的折角塞门，切断列车制动主管内压缩空气的通路，然后摘开制动软管，再提开车钩。

（2）摘解制动软管、调整钩位、处理钩销时，应等待车辆、车列停妥，并得到调车指挥人的回示，昼间由调车指挥人显示停车信号后，方准进行。

（3）调整钩位、处理钩销时，不要探身到两钩之间。

(4) 使用折叠式手闸，须在停车时竖起闸杆，确认方套落下，月牙板关好，插销上好后方可使用。注意检查手闸链条良好。

任务实施

1. 下发任务单，明确任务内容，学生自己预习车辆摘挂相关知识。
2. 教师先进行演示操作，学生分组按作业要求进行车辆连摘的模拟练习。
3. 学生自行总结车辆连挂和摘挂经验。
4. 教师和各组长担当本次任务的他人评价工作，评判同学们的任务完成情况。

任务 3.3.5　车辆停留及防溜措施

任务单

以小组为单位讨论以下问题	讨论意见/操作心得
车辆停留位置	
对车辆进行防溜	

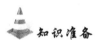知识准备

1. 车辆停放地点

（1）机车车辆进入车库后，须对标停车，确保整列机车车辆停放于股道内。不得压住平交道口、尾部信号机。

（2）停车客车受电弓不能处在分段绝缘器位置，防止区域窜电。

（3）回厂客车进入走行线、洗车线在停车收靴（转换受电模式）标处对标停车，转换受电模式完毕报乘务值班员并接受下一步作业计划。

（4）机车车辆必须停在线路警冲标内方，禁止停留车压标，特殊情况下，必须停于外方时，应及时报告车场调度。邻线有车压标，严禁动车。

（5）牵出线、试车线、咽喉道岔区禁止停放机车车辆，其他线路存放车辆时，应经车厂调度员同意方可占用。

（6）工程车、轨道车停放在带电区时，应在车顶扶梯处挂"高压电，禁止爬上"标志牌。

2. 车辆防溜及安全措施

（1）平车及机车停放在线路上不再调车时，应连挂在一起，并须拧紧两端手制动机，必要时放置铁鞋。因装卸设备不能连挂在一起时，应分组做好防溜，中间车组拧紧手制动机，两端放置铁鞋。

（2）停放机车车辆、电客车需设置防溜时，原则上自身有停放制动力的，使用自身制

动防溜，由于不能施加停车制动或手闸，需设置铁鞋(木鞋)防溜的，按以下规定执行。

① 由于检修作业需要，由检修人员负责设置和撤除铁鞋或木鞋；由于调车转线作业需要，由调车员负责设置和撤除铁鞋。

② 铁鞋统一放置于股道南侧，鞋尖相对设置于机车车辆两端第一轮对下。

(3) 机车车辆停放在股道时，乘务值班员必须在该线路两端信号机按钮上戴帽做好防护，在《车厂线路占用登记表》上做好记录和交接。信号楼在办理交接班时，应把"无占用表示的机车车辆"作为重点内容进行交接。接班后，乘务值班员应第一时间与调度员进行核对。

(4) 移车台、架车机、洗车机、不落轮镟床等设备非运用或检修时，应固定在定位状态，不准侵入机车车辆限界。进行设备检修时，按照本标准中设备检修作业有关规定执行。设备处于工作状态，应封锁相应股道。

(5) 调车作业，应做到摘车时先做好防溜(电客车应恢复气制动和停车制动，工程车拧紧手制动机，必要时放置铁鞋)后，再摘车；连挂时，挂妥后再撤除防溜措施。

(6) 铁鞋应统一放置于调车线路的规定位置。

(7) 撤除防溜后，铁鞋应及时放归原位。

(8) 铁鞋使用情况、存放地点铁鞋数量应在交接班时交接清楚。

任务实施

1. 下发任务单，明确任务内容，学生自己预习车辆停留相关知识。

2. 教师先进行演示操作，学生分组按作业要求，模仿现场，进行车辆停留与防溜的练习。

3. 学生自行总结经验。

4. 教师和各组长担当本次任务的他人评价工作，评判同学们的任务完成情况。

任务3.3.6　典型调车作业综合演练

任务单

以小组为单位讨论以下问题	讨论意见/操作心得
学生角色扮演，练习联锁设备正常时调车作业程序	
学生角色扮演，练习调车转线作业程序	
学生角色扮演，练习工程车连挂客车转线作业流程	

知识准备

1. 联锁设备正常时调车作业程序见表3-14。

2. 调车转线作业程序见表3-15。

3. 工程车连挂客车转线作业流程见表3-16。

表3-14 联锁设备正常时调车作业程序

项目	调车作业程序说明		
	车厂调度员	信号操作员	调车指挥人
接收计划	1. 接收调车申请，确认机车车辆停留位置计划与实际相符，编制调车计划及安全注意事项		
布置计划	1. 确认计划正确可行，向信号操作员、调车指挥人布置计划，传达重点注意事项	2. 接收调车计划后，认真阅读和正确理解调车计划内容。了解现场具体情况	3. 接收调车计划后，认真阅读和正确理解调车计划内容
调车作业	2. 接到司机整备作业完毕请求进路后，指示调度员2："开放××道往××道的调车信号" 4. 听取调度员2复诵无误后命令"执行"	3. 复诵"开放××道往××道的调车信号" 5. 听到"执行"后，核对调车计划无误后开始操作	1. 准备完毕后按计划呼叫信号楼"××（次、号），请求×道进路"
	7. 通过显示屏监督调度员2操作，确认信号开放正确后回答："好" 8. 呼叫调车指挥人"××（次、号），×道进路准备好"	6. 开放调车信号时，用鼠标指、口呼"××道"，点压始端信号机按钮；"××道"，点压终端信号机按钮。确认光带、信号显示正确后，报告"××道往××道信号好"	9. 复诵"×道进路准备好，××（次、号）明白"
	11. 打勾（在计划第1、2勾右边打一勾），并记录计划的开始时间	12. 打勾（在计划1、2右边打一勾），并记录计划的开始时间	10. 按计划进行作业
	14. 密切注视显示屏，监督列车、机车车辆运行动态。听从调车指挥作业完的汇报，将该勾计划用横线划掉	15. 密切注视显示屏，监督列车、机车车辆运行动态，将该钩计划用横线划掉	13. 一钩作业完毕及时汇报信号楼，并申请下钩计划进路
	16. 按上述步骤，根据调车指挥人申请和作业计划布置下一钩进路。	17. 按上述步骤准备下钩进路	18. 重复以上步骤
注意事项	1. 车厂调度员应认真确认机车车辆的具体位置，通过显示屏确认机车车辆的位置与司机呼叫的位置相符后，再排列进路 2. 车厂调度员负责车辆段行车指挥工作，加强监督机车车辆动态，如有两列车或机车车辆运行有交叉时，提前通知扣停列车、机车车辆，要求司机/调车员提前减速停车 3. 车辆段内所有作业，信号操作员发现或接到行车设备或与作业有关的设备发生故障或异常影响到行车安全或作业的正常进行时，应立即通知司机停车待令，等到故障或异常排除后，确认不影响行车安全的前提下，通知司机确认现场情况正常后方可动车		

表 3-15 调车转线作业程序

车厂调度	信号楼		客车司机	备 注
	后台值班员	前台值班员		
1. 检修调度根据转线需要填写《车辆转轨单》并向车厂调度申请				
2. 接到通知后进行核对无误后,编制转线计划,传达给信号楼和司机	3. 接到计划后进行核对,无误后向前台传达	4. 对后台值班员传达的计划进行核对、签名	5. 接到车厂调度的计划核对无误签名确认,准备检车	调车计划单先向信号楼传达,再派给司机
	7. 接到司机汇报复诵:"××车××道准备作业,信号楼明白"	8. 监听后台值班员与司机的联控	6. 现场准备车辆前报:"信号楼,××车××道准备作业"	司机发现车辆没气升弓时,联系车厂调度通知检修调度派人到现场处理
	10. 接到司机汇报后复诵:"××车××道准备完毕,信号楼明白"。根据计划指挥前台:"开放××车××道往××道调车信号"	11. 接到后台指令,根据调车作业单并复诵:"开放××车××道往××道调车信号"	9. 准备完毕报:"信号楼,××车××道准备完毕",并报:执行××号计划	原则上使用专用股道进行转线作业
	12. 确认前台复诵无误后命令"执行"	13. 听到"执行"后,核对计划无误后开始操作		
	15. 收到前台报告确认调车信号已开放,通知司机:"××车××道往××道调车信号好,可以动车"	14. 密切注视显示屏情况,确认信号开放报后台:"××车××道往××道调车信号好"	16. 听取信号楼的指令后复诵:"××车××道往××道的调车信号好,司机明白"	
	18. 接到司机汇报后复诵:"××车××道换端完毕,信号楼明白"。根据计划指挥前台:"开放××车××道往×道调车信号"	19. 接到后台指令,根据调车作业单并复诵:"开放××车××道往××道调车信号"	17. 客车到达走行线报对标停稳,换端完毕后报信号楼	

续表

车厂调度	信号楼		客车司机	备 注
	后台值班员	前台值班员		
	20. 确认前台复诵无误后命令"执行"	21. 听到"执行"后，核对计划无误后开始操作		操作设备时"手指口呼，一人操作，一人监控"
	23. 收到前台报告确认调车信号已开放，通知司机："××车××道往××道调车信号好，可以动车"	22. 密切注视显示屏情况，确认信号开放报后台："××车××道往××道调车信号好"	24. 听取信号楼的指令后复诵："××车××道往××道调车信号好，可以动车，司机明白"	如计划单还有作业需要调车时，按18~24点循环执行
28. 接到信号楼的通知后，填写《调车作业单》的回执交给检修调度	26. 听到汇报后复诵：××车××道停稳，已做好防溜，信号楼明白"并做好记录报车厂调度	27. 确认作业完毕做好记录	25. 到达停稳报："信号楼，××车××道停稳，已做好防溜"	

表3-16 工程车连挂客车转线作业流程

车厂调度	信号楼		客车司机	备 注
	后台值班员	前台值班员		
1. 设备调度(检修调度)填写《车辆中心分部工程车定期检修扣/交车联系单》或《车辆转轨单》向车厂调度申请				
2. 接到通知后进行核对无误后，编制转线计划，传达给信号楼和司机	3. 接到计划后进行核对，无误后向前台传达	4. 对后台值班员传达的计划进行核对、签名	5. 接到车厂调度的计划核对无误签名确认，准备检车	(1) 调车计划单先向信号楼传达，再派给司机 (2) 调车员先到车厂调度室领取计划单再回工程车库向司机传达，确认清楚方可动车
	7. 接到司机汇报并复诵	8. 监听后台值班员与司机的联控	6. 现场准备检车作业并报信号楼	操作设备时"手指口呼，一人操作，一人监控"

续表

车厂调度	信号楼		客车司机	备　注
	后台值班员	前台值班员		
	10. 接到司机汇报后复诵,指挥前台值班员分段排列工程车库××道往18G、往D2信号机调车进路	11. 监听后台值班员与司机的联控;接到后台指令,根据调车作业单并复诵后,分段排列工程车库××道往18G、往D2信号机调车进路	9. 现场检车完毕再报信号楼	原则上不占用转换轨调车(需要占用转换轨调车时,优先使用转换轨Ⅱ道进行越出厂界调车作业,若不能占用转换轨Ⅱ道时占用转换轨Ⅰ道注明清楚)
	13. 收到前台报告并确认分段排列调车进路信号开放后,通知司机动车	12. 密切注视显示屏情况,确认分段排列调车进路信号开放后,再报后台	14. 听取信号楼的指令后复诵,再动车至S2025信号机前对标停稳,报信号楼换端完毕	
	15. 接到司机汇报后复诵,指挥前台值班员分段排列D2信号机往××道调车进路。	16. 接到后台指令,根据调车作业单并复诵后,分段排列D2信号机往××道调车进路		
	18. 收到前台报告并确认分段排列调车进路信号开放后,通知司机动车	17. 密切注视显示屏情况,确认分段排列调车进路信号开放后,再报后台	19. 听取信号楼的指令后复诵,再动车至××道对标停稳,再报信号楼进行连挂作业	(1) 进入检修股道前必须经检修调度同意 (2) 到达客车前1米停车,连挂客车转线按《工程车司机手册》中规定执行
	21. 接到司机汇报并复诵,指挥前台值班员分段排列××道往走14、往牵13调车进路	22. 监听后台值班员与司机的联控;接到后台指令,根据调车作业单并复诵后,分段排列××道往走14、往牵13调车进路	20. 工程车连挂作业完毕再报信号楼	

续表

车厂调度	信号楼		客车司机	备 注
	后台值班员	前台值班员		
	24. 收到前台报告并确认分段排列调车进路信号开放后，通知司机动车	23. 密切注视显示屏情况，确认分段排列调车进路信号开放后，再报后台	25. 听取信号楼的指令后复诵，再动车至牵13对标停稳，换端后报信号楼	
26. 接到司机汇报并复诵，指挥前台值班员排列牵13往大/架修库××道调车进路。待前台值班员排列进路好了之后通知司机动车		27. 监听后台值班员与司机的联控；接到后台指令，根据调车作业单并复诵后，排列牵13往大/架修库××道调车进路	28. 听取信号楼的指令后复诵，再动车至大/架修库××道对标停稳，进行解钩作业	29. 作业完毕，确认客车做好防溜措施，按调车计划单与信号楼申请回工程车库

任务实施

1. 下发任务单，明确任务内容，学生自己预习程序相关知识。
2. 教师先进行演示操作，学生分组，角色扮演，按作业程序进行调车作业的练习。
3. 学生自行总结调车工作经验。
4. 教师和各组长担当本次任务的他人评价工作，评判同学们的任务完成情况。

任务3.4　试车工作

任务描述

在试车线上，能够根据设备情况，正确组织试车工作。

相关知识

1. 动车前的注意事项

（1）司机按《客车司机手册》、《工程车司机手册》有关检车流程对调试客车、工程车进行检查、试验，确保客车、工程车状态符合行车要求。

（2）司机检查客车、工程车制动试验、线路限界、进路信号的显示、调试人员及设备到位等是否具备行车条件，如有异常及时报告车厂调度员(乘务值班员)并禁止动车。

(3) 客车上正线动车前，司机正确理解调度命令内容，明确调试负责人并与其确认调试内容及安全注意事项，明确调试程序后，双方签名确认（正线信号调试时，司机在正线与调试负责人签认）。

(4) 动态试验动车前，调试负责人确认有关人员处于安全位置、警示牌和车间电源插头已撤除后通知司机允许动车，司机确认前方进路无人无物，鸣笛动车。

2. 调试过程中的注意事项

(1) 司机应严格执行规章制度、控制好速度，加强瞭望和呼唤应答，认真操作，密切注意、观察设备仪表的状态，遇信号异常或危及行车安全时，应立即采取紧急停车措施，并及时汇报调试负责人及车厂调度员，听从其指示，确保调试客车安全。

(2) 调试作业严禁副司机操纵列车。

(3) 严禁任何人爬上客车、工程车车顶，运行中严禁探身车外、飞乘飞降上下车，任何人不得扶着手扶杆站在车厢外面。

(4) 动态试车前，必须确保客车的制动系统作用良好。静态试验前，必须对车辆施加停车制动。

(5) 作业途中停止时，没有调试负责人的指示，严禁擅自动车。

(6) 在调试作业过程中客车、工程车出现机车车辆或信号故障时，应及时向调试负责人汇报，由其处理，视其需要给予协助。禁止未经调试负责人同意擅自动用车载设备或进行任何试验操作。

(7) 调试过程中，司机需服从调试负责人的指挥，遇调试负责人提出调试要求超出计划内容时，司机应及时向车厂调度员汇报并得到其同意后方可执行。

(8) 严禁调试作业人员未经司机同意擅自下车或进入隧道作业，司机发现违反规定者在车厂报车厂调度或在正线报行调，由调试负责人确认所有人员已上车后再动车。

(9) 遇下列情况司机应给予坚决制止，严禁动车，并将情况报告车厂调度员处理。调试人员（含外方人员）不听劝阻者，司机有权停止作业。

① 调试指令违反相关安全规定或规章时。

② 危及行车安全（如有物品侵入限界、道岔位置不对等情况）时。

③ 不具备动车条件（如客车上的设备未恢复正常位置、未进行制动试验等情况）时。

④ 无调试负责人在场（只有外方人员的情况）时。

⑤ 作业计划不清或计划与实际有出入时。

3. 安全措施

(1) 客车、工程车开始调试的第一趟或调试作业中途停止超过 2 小时后需要重新调试时，限速 10km/h 进行线路出清、制动力实验。

(2) 进入试车线开始调试前，司机驾驶机车车辆停稳在"转换模式停车位置"标内方后，与信号楼联系请求开始调试作业，得到信号楼通知试车线已封锁允许调试时汇报调试负责人，凭调试负责人指令动车。调试完毕，司机驾驶机车车辆停稳在"转换模式停车位置"标内方后，与信号楼联系调试作业结束请求回库，凭信号楼允许和信号机的白灯动车。

(3) 乘务值班员必须确认客车、工程车已对标停稳，才能开放从试车线出来的调车信号。

(4) 任何情况下严禁进行无人引导的推进运行。在客车车载 ATP 正常情况下，司机以 RM 模式驾驶回库，若不能使用 RM 模式时，则采用 URM 模式限速回库。

(5) 进行工程车调试作业，或进行司机驾驶培训时，客车、工程车只能在试车线两端的"150m 标"区段内运行。特殊情况需要越过此两个标时，必须由调试负责人提出，报经车厂调度员同意后，限速 10km/h 进入前方轨道（如果是下雨天，则禁止进入）。

(6) 遇恶劣天气（如暴雨大雨、大雾等），难以瞭望确认线路、道岔、信号等情况时，车厂调度应停止车厂内的调试、调车作业，并及时通知相关部门负责人。

(7) 当客车、工程车在试车线运行中出现"空转/滑行"时，司机及时停车报告车厂调度，车厂调度应立即停止该项调试、试车作业，查实情况并落实措施后方可继续进行。

(8) 正常情况下，试车线接触网带电，接触轨停电。车厂调度接到检调给出客车《调试、试验作业任务书》上试车线调试时，确认调试受电模式：①如使用受电弓时，确认试车线没有施工作业，方可安排客车上试车线调试；②如使用集电靴时，到现场确认试车线无人后，才通知电调试车线接触轨送电。待接到电调接触轨送电通知后，方可同意客车进行试车线调试。调试结束后，车厂调度通知电调试车线接触轨停电。

(9) 试车线调试列车的受电模式按《调试、试验作业任务书》内容执行；特殊情况下需要转换受电模式时，由调试负责人向车厂调度提出，车厂调度员同意后通知司机转换受电模式。

4. 库内及试车线的限制速度

司机要严格遵守，按照试车线行车信号、标志要求，严格控制速度运行。调试机车、车辆接近尽头线及其信号机时必须降低速度。试车线速度（工程车调试速度比照客车的 URM 模式调试速度执行）见表 3-17。

表 3-17 库内及试车线的限制速度

地点或时机	正常		雨天、雾天、夜间	
	调试 URM	ATO/SM	URM/RM	SM
50km/h 制动标	50	按设定正常速度/50	40/18	40
第一往返	10			
300m 标	50	按设定正常速度/50	25/18	25
200m 标	30	按设定正常速度/30	15/15	15
100m 标	20	按设定正常速度/20	接近两端"100m"标时，严格按照"三、二、一车"的限制速度（即 8km/h，5km/h，3km/h）	
停车标	接近两端停车标时严格按照"三、二、一车"的限制速度（即 8km/h，5km/h，3km/h）		禁止进入	

5. SM 或 URM 模式的最高速度

客车以 SM 或 URM 模式调试最高运行速度为 50km/h，夜间或雨天、雾天的调试最高运行速度为 40km/h。原则上任何模式驾驶不能进行高于 50km/h 的调试作业。

6. ATO 模式驾驶调试

进行 ATO 模式驾驶信号调试，在接近停车点出现速度异常或在运行过程中实际速度高于正常制动距离的速度时，司机必须立即采取紧停措施停车。

客车进行高速(指进行 40km/h)试验时，客车必须在试车线两端"停车标"处对标停稳后，再进行高速试验，在客车到达 50km/h 时做好准备制动措施，客车到达"50km/h"标时，司机必须采取 100％ 的全制动停车。若客车到达"50km/h"标前速度仍未达到 50km/h，则严禁再提速到 50km/h，应停止本趟高速试验。

任务 3.4.1 试车准备

以小组为单位讨论以下问题	讨论意见/操作心得
调试准备的要求	
模拟角色，完成计划布置	
试车注意事项	

1. 调试准备

(1) 车厂内任何调试作业(包括信号、机车、车辆的任何调试、试验及投入运营服务前所做的准备工作)，调试工作负责部门必须派出技术人员跟车负责监控车辆状态。

(2) 车厂内调试作业开始前，跟车人员必须在运用库内上车，调试作业结束后在车库内下车，禁止跟车人员在中途上下车。调试负责部门未派人跟车或跟车人员在中途下车，司机禁止动车，立即汇报车厂调度员并听其指示执行。

(3) 客车到正线调试由车厂出车时，由车厂调度员按照《行车设备维修施工管理规定》、《设备安装、硬软件更换及调试、试验安全管理办法》相关规定组织调试人员、司机、乘务值班员做好调试准备，如果调试负责部门未派人跟车，禁止调试列车出厂，立即汇报行调；调试负责人须提前 1 小时到位并在运用库内上车，调试作业结束后跟车回厂在车库内下车(信号调试除外，但须在《调试、试验作业任务书》上明确上下车地点)；乘务值班员与行调落实出厂线路，与接轨站办理发车作业，向司机传达、落实运行计划、行调命令。

2. 计划布置

（1）车厂调度员接受调试作业计划（包括车厂、正线调试作业）时，必须与调试部门或配合部门（未交付运营总部使用的客车）的负责人落实好调试作业的驾驶模式、运行速度、车辆及设备状况（含 B07 状态、限界情况及防溜措施）、调试主要内容、调试客车使用接触轨受电还是接触网受电（或各种受电方式的起止时间）、作业时间、安全注意事项、跟车人员等，并要求其在《调试、试验作业任务书》上注明。原则上试车线客车调试采用受电弓受电（需调试集电靴的功能除外）。

（2）车厂内调试作业，负责部门须在《车厂施工、检修作业登记簿》上登记。

（3）未明确驾驶模式、受电模式、运行速度、设备状况和无跟车人员时，禁止调试作业。

（4）车厂调度员在向司机、添乘人员布置计划时，必须将上述事项在《调车作业计划单》上注明，并将《调试、试验作业任务书》交司机、添乘人员确认，落实司机、添乘人员是否清楚、明白。

1. 下发任务单，明确任务内容，学生自己预习试车相关知识。
2. 教师先进行演示操作，学生分组按作业要求进行规章的练习和角色扮演，完成集体积累。
3. 学生自行总结经验。
4. 教师和各组长担当本次任务的他人评价工作，评判同学们的任务完成情况。

任务 3.4.2　综合演练

以小组为单位讨论以下问题	讨论意见/操作心得
扮演角色，按试车线调试作业程序进行演练	
扮演角色，按试车线信号调试作业程序进行演练	
扮演角色，按试车线车辆调试（司机培训）作业程序进行演练	

1. 试车线调试作业程序（表 3-18）。
2. 试车线信号调试作业程序（表 3-19）。
3. 试车线车辆调试（司机培训）作业程序（表 3-20）。

表 3-18 试车线调试作业程序

施工负责人	车厂调度	信号楼		司机	电调	备注
		后台值班员	前台值班员			
1. 根据《调试、试验作业任务书》的要求到车厂调度处办理登记手续	2. 通过《施工行车通告》和《车厂施工、检修作业登记表》进行核对，检查其施工合格证无误后，通知信号楼并编制《调车作业单》	3. 接到车厂调度的通知，在《车厂施工登记表》做好登记和核对	4. 确认后台值班员登记的内容和核对并签名			正常情况接触轨停电
	5. 经现场确认试车线具备送电后，向电调申请试车线送电				6. 收到车厂调度申请后进行试车线送电，送电完毕及时通知车厂调度	如果客车不需要集电靴受电调试，省略第5点至第9点操作。客车需要转换受电模式，司机应停车待令，待车厂调度同意后方可执行
	7. 接到电调的送电通知后做好记录，撤除模拟图上的防护标志牌，电话通知信号楼撤除防护和传达调试计划，将《调车作业单》交给司机并通知试车线送电	8. 接到车厂调度的命令后做好登记，指示前台值班员撤除相关停电防护并传达调试计划	9. 收到后台值班员的指令撤除计算机上的防护标志和记录好，并确认调试作业单	10. 接到调试计划进行复诵，认真确认调试的内容、注意事项等清楚后签名确认		
		12. 听到司机报告后复诵	13. 监听后台值班员与司机的联控	11. 现场准备检车报信号楼		向信号楼电话传达计划时，车厂调度必须认真确认信号楼复诵正确 调试负责人在司机动车前到达现场

续表

施工负责人	车厂调度	信号楼		司机	电调	备注
		后台值班员	前台值班员			
		15. 接到司机汇报后复诵，指挥前台值班员排列××车××道往试车线调车进路	16. 接到后台指令，根据调试作业单并复诵后排列进路	14. 准备完毕后报信号楼		按15～21点循环执行上试车线
		18. 收到前台的报告确认调车信号已开放，通知司机动车	17. 密切注视显示屏情况，确认操作完毕报后台值班员	19. 听取信号楼指令后复诵并动车		
		21. 接到司机通知，指挥前台值班员封锁试车线	22. 收到指令进行复诵并执行	20. 到达试车线停稳，向信号楼申请试车线封锁		停稳在试车线"转换模式停车位置"标内方后申请
		24. 收到前台值班员汇报进行确认并通知司机"试车线已封锁"	23. 密切注视显示屏情况，确认操作完毕报后台值班员："试车线已封锁"	25. 收到信号楼的通知后开始调试作业		
		27. 接到车厂调度的计划核对和通知前台值班员，收到司机申请进行复诵	28. 接到后台值班员的计划进行核对	26. 调试完毕后报车厂调度，向信号楼申请回库		

续表

施工负责人	车厂调度	信号楼		司机	电调	备注
		后台值班员	前台值班员			
		29. 根据调车计划指挥前台值班员排列回库进路	30. 接到后台值班员指令，根据调试作业单并复诵			
		32. 收到前台的报告确认调车信号已开放，通知司机动车	31. 密切注视显示屏情况，确认操作完毕报后台值班员	33. 听取信号楼的指令后复诵并动车		
37. 车辆调试完毕，到车厂调度处办理销点手续	38. 核对正确后批准作业销点并通知信号楼	35. 接到司机的汇报复诵，再向车厂调度汇报	36. 确认车辆停稳在《车厂线路占用登记表》上登记好车辆停放位置	34. 到达计划股道停稳后报信号楼		车辆出清试车线后，如没其他计划提醒车厂调度试车线将试车线停电
41. 确认试车线没其他调试作业时，向电调申请试车线停电	39. 接到车厂调度的通知，在《车厂施工登记表》做好登记		40. 确认后台值班员登记的内容并核对			
42. 接到电调的停电通知后做好记录，在模拟图上设置防护标志牌，电话通知信号楼做好停电防护措施	43. 接到车厂调度的命令后做好登记，指示前台值班员设置相关停电防护（信号机戴帽、加锁相关道岔）		44. 收到后台值班员的指令，在计算机上设置防护标志和记录		45. 收到车厂调度申请后进行试车线送电，送电完毕及时通知车厂调度	

表 3-19 试车线信号调试的作业程序

	信号人员	后台值班员	前台值班员	备注
办理试车请求	1. 调试前在试车房按压"试车请求"按钮,向信号楼申请信号调试作业	2. 接到电话通知后,确认计算机上的"试车请求"闪烁,指挥前台值班员按下"允许试车"按钮	3. 接到命令确认无误后按压"允许试车"按钮	(1) 车辆在试车线"转换模式停车位置"标内方停稳方可申请 (2) 按压"试车请求"按钮后道岔自动转换、进路锁定、信号开放 (3) "允许试车"灯常亮表示申请成功
取消试车请求	4. 调试完毕确认车辆在试车线"转换模式停车位置"标内方,电话向信号楼申请,在试车房将"试车请求"按钮拉出	5. 接到电话通知后,确认微机上的"试车请求"闪烁,指挥前台值班员按下"允许试车"按钮	6. 接到命令确认无误后按压"允许试车"按钮	(1) 信号人员操作后计算机上的"试车请求"按钮闪烁 (2) 当成功取消试车请求时,微机上的试车相关按钮灯不亮

表 3-20 试车线车辆调试(司机培训)作业程序

	调试司机	后台值班员	前台值班员	备注
办理试车请求	1. 调试前在试车线"转换模式停车位置"标内方停稳向信号楼申请试车线封锁	2. 接到司机的汇报,确认无误指挥前台值班员开放的调车信号,并加锁进路上的道岔	3. 接到指令后核对并开放的调车信号,确认信号开放后加锁进路上的道岔	必须执行手指口呼、一人操作,一人监控制度
取消试车请求	4. 调试完毕确认车辆在试车线"转换模式停车位置"标内方,电话向信号楼申请	5. 接到司机申请后确认无误指挥前台值班员单解进路上的道岔再排列回库的调车信号	6. 接到指令后核对无误后单解进路上的道岔,再排列回库的调车信号	

1. 下发任务单,明确任务内容,学生自己预习试车程序相关知识。
2. 学生分组按作业要求进行角色扮演,按作业程序进行演练。
3. 学生自行总结经验。
4. 教师和各组长担当本次任务的他人评价工作,评判同学们的任务完成情况。

拓展知识

上海地铁车厂试车分类

车厂内试车作业分为3种：专用线试车、股道试车及非进路试车。

1) 试车线试车

由车辆维修部门向运转值班室提出试车申请，运转值班员通知信号楼布置进路，列车按调车信号驶入试车线规定地点停车，待办理完试车进路后按需要进行调试。

2) 股道试车

当电客车辆在车库内股道进行小范围动态测试时使用股道试车的规定如下。

（1）股道试车时，无需得到信号楼行车值班员的同意，但检修人员必须向运转值班员申请"股道试车"，得到运转值班员的同意后，由运转值班员派出司机配合试车。

（2）如股道试车时有可能越过股道前方防护信号机时，运转值班员在同意试车前应通知信号楼行车值班员办理一条短进路、开放信号机，用以防护。

（3）股道试车前确认与试车无关工作人员已撤离、止轮器已撤除、线路上无障碍物、股道已送电后，检修人员方可指示司机动车，指示不明确或危及行车安全时司机应拒绝执行。

（4）司机在进行股道试车时应严格按厂内信号机的指示运行，信号机没有进行信号显示时，严禁越过。

（5）股道试车时，一旦电客车头部越过信号机后，未得到信号楼值班员的准许不准司机擅自退行。

（6）股道试车限速5km/h。

3) 非进路试车

当电客车辆在车厂线路上进行大范围动态测试时使用非进路试车的规定如下。

（1）非进路试车时，检修人必须先向运转值班员申请非进路试车。

（2）在信号楼行车值班员发布命令同意非进路试车后，由运转值班员派出人员配合试车司机发给司机非进路试车命令。

（3）在信号楼行车值班员发布命令同意非进路试车前，必须确认试车时间内无计划接发列车作业。

（4）非进路试车时，建立的非进路只能由车库股道通往厂内牵出线，该非进路试车必须封闭。

（5）在确认与试车无关工作人员已撤离、止轮器已撤除、线路无障碍物、股道已送电后，检修人员方可指示司机动车，指示不明确或危及行车安全时司机应拒绝执行。

（6）试车司机必须凭令动车，进入封闭进路时确认信号，进入后按非进路试车命令有关内容试车。

（7）遇有行调布置的临时接发列车作业命令，信号楼行车值班员应立即停止非进路试车并指示试车车辆停于牵出线待命。非进路试车停止后应同时收回命令，待非进路试车作业恢复后再次交递命令后开始试车。

（8）非进路试车申请程序：非进路试车时，检修人员必须先向运转值班员申请"××股道电客车辆非进路试车"，运转值班员向信号楼值班员联系作业，信号楼行车值班员同意后发布非进路试车命令，运转值班员将命令内容记入《电话记录登记簿》内，由运转值班员负责填发《非进路试车许可证》，注销后通知信号楼行车值班员非进路试车结束。

（9）非进路试车办理办法。

例如，上海地铁一号车厂非进路试车办理方法如下。

① 办理：信号楼值班员在得到运转值班员"×道至牵出线非进路试车"的通知后，指示信号员排列×道至牵出线的调车进路。调车进路排列妥当后，按下"引导总锁"按钮锁闭站厂内所有道岔。

"封闭进路"完成后信号楼值班员向运转值班员发布非进路试车命令。

② 解除：试车完毕运转值班员收回《非进路试车许可证》并注销后通知信号楼值班员"×道非进路试车完毕"，信号楼值班员方可指示信号员解锁"封闭进路"。

而广州地铁2号线车厂非进路试车办理方法如下：试车线的联锁受车辆段计算机联锁设备统一控制，当需要对列车进行动态试验时，计算机联锁设备按非进路调车方式下放对试车线的控制权，即经试车线设备室按下"请求试车"按钮，信号楼在对试车线完成必要的联锁控制(试验列车停在规定的轨道区段内、试车线上的道岔锁于定位、有关信号机开放)后，将其控制权交由试车线控制室，并给出同意试车信息。试车完毕后，经试车线控制室交权，信号楼控制室重新收回对试车线的控制权，有关信号机关闭，道岔延时30秒解锁。

（10）使用"封闭进路"注意事项。

① 凭令进入封闭进路后的机车、车辆可在指定范围内按线路规定速度来回动车，沿路调车信号机红色灯光显示均可越过。

② "封闭进路"办理后，全厂将处于"下行引导总锁闭"状态，全厂道岔锁闭，因此其他调车、接发列车作业将不能办理。

（11）非进路试车命令与许可证的格式。

非进路试车命令为格式命令，《非进路试车许可证》是进入厂内封闭进路试车的凭证。进路试车命令内容应包括电话记录号、封闭试车内容、试车完毕后停放股道、信号行车值班员姓名、发令时间。

非进路试车命令内容应包括电话记录号、封闭试车内容、试车完毕后停放股道、信号行车值班员姓名、发令时间。

技能提升

1. 车辆段调车作业采取问路调车模式

操作程序及联控用语如下。

（1）司机根据调车作业计划，向车场值班员呼唤请求开通进路。用语为"车辆段信号楼，××道××准备完毕"？

（2）车场值班员根据司机的请求和调车作业计划，操作计算机联锁控制台，确认进路开通、信号开放后，呼唤："×车司机××到××的进路好了。"

（3）司机确认信号已开放，进路已开通后，呼唤："×到××的进路好了，××号司机明白。"

（4）司机到适当位置，停稳换端后，向车场值班员呼唤请求开通进路，用语为"车辆段信号楼，××请求开通××到××的进路。"车场值班员根据司机的请求，操作微机联锁控制台，确认进路开通、信号开放后，呼唤："×车司机××到××的进路好了。"

调车员显示起动信号，司机凭调车员的起动信号和地面信号动车，没有联系不准动车；

列车进出车辆段及调车车辆到达指定的位置后，5分钟内揭挂占线板。

2. 列车进入车库的有关规定

（1）同意列车闭塞前信号楼行车值班员应及时与运转值班员联系停车股道，运转值班员确认停车库内股道空闲（电动客车及电力牵引机车车辆入库还必须确认接触网作用良好并已送电）后发出"××次进×道"，信号楼值班员复诵。

（2）列车进入车库前应在库门外一度停车，有人接车时按接车员手信号进入车库，无人防护时司机应下车确认车库大门开启良好，接触网已送电后方能入库。列车进入车库限速5km/h。

3. 电客车进入洗车线后的规定

（1）列车不得后退，特殊情况需后退须经行调同意。

（2）不得取消进厂信号，特殊情况需取消进厂信号时，须通知司机，并得到司机应答后方可取消。

4. 电客车由车厂出到洗车线洗车时

（1）按调车方式办理。

（2）取得行调同意占用转换轨口头命令。

（3）设备正常情况下，凭口头命令和调车信号出车厂。

（4）电客车凭车厂进路防护信号机的显示或引导手信号进车厂股道。

（5）设备故障不能开放信号时，原则上不办理洗车作业。

5．调动计轴设备、轨道电路不能正常探测的机车车辆时

（1）信号楼接到司机动车申请后，必须问清楚司机停放在哪架信号机前面，落实机车车辆的具体停车位置，并认真核对计划正确后再排列进路、开放信号。信号开放后不能擅自取消信号，必须得到司机汇报机车车辆到达目的地停稳并确认正确后，才能解锁保留的进路光带。

（2）调动外单位机车车辆，计轴、轨道电路探测不到机车车辆时，车厂调度员应安排二级司机及以上人员跟车或亲自跟车添乘，确保机车车辆的运行安全。信号楼做好与添乘人员的通讯联系，确保通信畅通。

（3）如计轴设备、轨道电路出现不明红光带，必须派人到现场确认没有机车车辆占用后方可对设备进行复位（注：进入第三轨区域时严格按照相关规定执行）。

6．机车车辆在一条进路上来回往返运行作业规定（如打磨车作业、捣固作业、接触网检修作业）

（1）信号楼应封锁进路，按规定在作业区相关股道的信号机戴上封锁帽，单锁进路上的每副道岔，确认无误后，用电台通知调车员/司机"××股道至××股道进路已封锁，准××车来回运行"。

（2）停车作业时间超过半小时，再次动车必须与信号楼确认该进路是否开通、封锁。

（3）作业完毕后，机车车辆应停在股道内方（如为在××股道至××股道区段作业，则停在下一勾进路的股道内方）待令，调车员/司机向信号楼汇报"××车在××股道××信号机前方停稳，请求开放××股道至××股道的信号"。

（4）乘务值班员接到调车员/司机汇报后应认真确认并复诵，排列进路、开放信号后按规定通知调车员/司机凭地面信号行车。

（5）调车员/司机除严格执行标准相关规定外，还需调车员在前端逐个确认道岔正确，并限速5km/h引导机车车辆通过该条进路。

（6）乘务值班员允许机车车辆在某一条封锁进路上运行时，可以将能够正常开放的信号机作为办理进路的辅助手段使用，并加锁该进路有关道岔。原则上第一个往返运行须开放进路上信号机作为机车车辆动车凭证，之后司机在允许区域内动车，进路上信号机的显示不作为行车凭证。严禁机车车辆越过允许区域范围。

项目小结

城市轨道交通运输对车辆的运用、保养、检修均有很高的要求，需设专门的机构完成，这一机构就是车厂（或称车辆段）。车辆段承担城市轨道交通客车的停放、日常检查、清洗、维修、临修、镟轮和定修任务及工程机车车辆的停放、检修等工作。车辆段每天都必须进行调车和试车工作。国内车辆段信号设备使用国产计算机联锁设备或6502电气集中设备，所以其行车工作与正线行车工作有所不同。在行车工作中必须严格遵守规章，熟练使用相关设备，组织列车或调车车列运行。

本项目操作性强，通过本项目学习，要求学生能够熟练完成如下工作。

(1) 能够正确操作车厂行车设备。

(2) 能够正确、及时地编制调车作业计划。

(3) 能够顺利组织调车工作。

(4) 能够顺利组织试车工作。

习　　题

1. 填一填

(1) 车厂内行车组织工作由于＿＿＿＿＿＿＿＿统一指挥，与行车相关岗位人员积极配合，严格遵守运作手册规定。车厂内行车、施工等作业应以＿＿＿＿＿＿＿＿为优先，其他作业不得影响列车出、入车厂。

(2) 城市轨道交通车辆的编组形式受车型及运量的影响，编组形式有＿＿＿＿＿＿＿＿、＿＿＿＿＿＿＿＿、＿＿＿＿＿＿＿＿。

(3) 城市轨道调车作业属于平面调车，有两种形式＿＿＿＿＿＿＿＿、＿＿＿＿＿＿＿＿。

(4) 车厂调度员编制《调车计划单》时，需考虑周全，避免作业执行过程中变更计划，当一批作业(指一张调车作业通知单)不超过三钩时，允许以＿＿＿＿＿＿＿＿布置。

(5) ＿＿＿＿＿＿＿＿是非电气集中或联锁失效的调车进路上，调车人员间联系、办理、确认调车进路是否准备妥当，而采用相互监督、人工联锁、区域联防、互相检查的一种人工互控制度。

(6) 牵引车辆运行时，前方进路的确认由＿＿＿＿＿＿＿＿负责；推进车辆运行时，前方进路的确认由＿＿＿＿＿＿＿＿负责。

(7) 连挂车辆时，调车员要显示＿＿＿＿＿＿＿＿和＿＿＿＿＿＿＿＿，没有其信号不准挂车。

(8) 机车车辆进入车库后，须＿＿＿＿＿＿＿＿停车，确保整列机车车辆停放于股道内。不得压住平交道口、尾部信号机。牵出线、试车线、咽喉道岔区，禁止停放机车车辆，其他线路存放车辆时，应经＿＿＿＿＿＿＿＿同意方可占用。

(9) 车厂内任何调试作业(包括信号、机车、车辆的任何调试、试验及投入运营服务前所做的准备工作)，调试工作负责部门必须派出技术人员跟车负责＿＿＿＿＿＿＿＿。车厂内调试作业开始前，跟车人员必须在运用库内上车，调试作业结束后在车库内下车，禁止跟车人员＿＿＿＿＿＿＿＿上下车。

(10) 在调试作业过程中客车、工程车出现机车车辆或信号故障时，应及时向＿＿＿＿＿＿＿＿汇报，由其处理，视其需要给予协助。禁止未经调试负责人同意擅自动用车载设备或进行任何试验操作。

2. 答一答

(1) 办理列车出、入车厂时，发生联锁设备故障或其他突发事件时，应坚持什么原则？

(2) 车厂设备正常时，调车进路和列车进路应如何办理？
(3) 人工摇动道岔时须严格执行什么程序？
(4) 要道还道程序是什么？
(5) 车辆段车辆防溜措施有哪些？
(6) 试车作业安全措施有哪些？

实 训 题

1. 调车作业综合演练

(1) 准备工作。

① 场地、工具准备：演练场，配有 6502 电气集中设备或计算机联锁设备、控制台、行车电话、手摇把、钩锁器、信号旗或灯、各种登记表簿等。

② 人员安排：学生按模拟车厂数分组，每一车站行车值班员一名、信号员（操作员）一名、调车长一名、调车员一名。

③ 根据车厂股道配置，设置调车工作任务，设计编组和解体调车任务各一项。

(2) 按调车作业程序，模拟现场工作过程，进行调车作业演练。

(3) 组织学生评价，分析作业效果，提出改进意见，强化演练。

(4) 总结经验，写出报告。

2. 试车综合演练

(1) 准备工作。

(1) 场地、工具准备：演练场，配有 6502 电气集中设备或计算机联锁设备、试车线控制台、行车电话、手摇把、钩锁器、信号旗或灯、各种登记表簿等。

(2) 人员安排：学生按模拟车厂数分组，每一车站行车值班员一名、信号员（操作员）一名、调车长一名、调车员一名。

(3) 根据车厂股道配置，设置调车工作任务，设计试车任务各一项。

(2) 按调车作业程序，模拟现场工作过程，进行调车作业演练。

(3) 组织学生评价，分析作业效果，提出改进意见，强化演练。

(4) 总结经验，写出报告。

项目 4 车厂接发列车

教学目标

认识车厂接发列车设备,熟悉车厂接发列车工作过程,熟悉接发列车工作的特点,能够熟练完成正常和非正常情况下的接发列车工作。

教学要求

	教学要求	知识要点	自测分数
职业技能	能够熟练完成正常情况接发列车	设备操作方法	
		接发列车作业项目	
		正常情况接发列车作业标准	
	熟悉设备故障处理方法和程序,能够完成非正常情况下接发列车	引导接车	
		无联锁接发列车	
		设备故障处理方法和程序	
		非正常情况接发列车作业	
职业素质	遵章守纪的工作态度		
	团结合作精神		

项目4 车厂接发列车

引例与学习情境

引例： 2008年7月25日10:00某车厂信号值班员员发现车厂L12股道出现红光带，臆测是轨道电路故障，办理引导接车，当列车以不超过20km/h速度进入时，司机发现线路停有车辆，采取紧急行停车，距离线路车辆仅15m处停车。造成险性事故的原因是车厂值班员和信号值班员没有按规定办理接发列车作业，盲目作业。险性事故提醒地铁行车工作人员必须认真学习和严格执行车厂接发列车知识和相关规定。列车进出车厂如图4.1所示。

图4.1 列车进出车厂

工作情境描述： 列车出入车厂是城市轨道列车运行的重要组成部分，组织列车正确、及时、安全地出入车厂是城市轨道交通运营管理职业必须掌握的技能。在实训室，学生运用角色扮演，根据任务单进行分组，每小组3人，岗位有车厂值班员、信号值班员和外勤值班员，正确使用车厂设备，进行接发列车工作。

项目描述

在演练场进行项目教学。

1. **人员安排**

学生按车厂数分组，安排每个车厂各配车厂调度员1人，行车值班员2人。

按照已经分好的组，各车厂调度员、行车值班员在各车厂车控室，通过显示屏监控本站列车运行情况，通过控制台办理列车运行各种作业。

2. **场地、工具准备**

车厂信号控制仿真演练室、各种行车报表、联系电话、各种行车备品、各种行车凭证等。

3. 教学组织

（1）下发任务单。

（2）使用车厂设备完成工作任务。

开通车厂仿真设备，引导学生认识，掌握设备使用，并且通过现场实证，加深学生的理解。学生使用实验室仿真设备，进行接发列车演练；学生使用实验室仿真设备，进行非正常情况接发列车演练。

（3）总结归纳，技能考核。

（4）组织评价。

通过本项目的学习，学生要能够根据各种情况，顺利完成接发列车工作，并能对车厂常见突发设备故障或事故，采取正确应急处理程序。

（1）正常情况车厂接发列车。

（2）信号机故障情况接发列车。

（3）轨道电路时接发列车。

（4）道岔故障时接发列车。

（5）联锁故障时接发列车。

（6）对车厂突发故障采取应急处理。

背 景 知 识

1. 行车组织原则

（1）车辆段内运作，必须贯彻安全第一的方针，坚持高度集中、统一指挥、逐级负责的原则，与行车有关部门主动配合、紧密联系、协同动作，确保及时提供技术状态良好、数量足够的列车投入服务。

（2）车辆段行车工作由 DTC（车场调度）统一指挥，有关行车人员必须严格执行《行车组织规则》和本标准的有关规定。

（3）编入列车的车辆应技术状态良好，符合《行车组织规则》中的规定。投入运用的车辆必须经车辆部检修调度签认后，才能投入使用。

（4）平板车装载设备不得超过车辆限界。

（5）车辆段内作业应以接发列车优先，其他作业不能影响列车出入车辆段；车辆段应合理运用设备安排接发列车、检修、施工、调车、试车、清扫等作业，确保畅通。

（6）操纵车辆段计算机联锁控制台，应执行"一看、二点、三确认、四呼唤"的作业程序。场调、车辆段值班员应做到一人操作，一人监控，共同确认，保证安全。

2. 基本列车进路

1）接车进路

接入停车列车时，接车进路是由进厂信号机起至接车线末端计算该线有效长度的警冲标或出站信号机止的一段线路(图 4.2)。

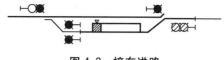

图 4.2 接车进路

2) 发车进路

发出列车时，发车进路是由列车前端起至相对方向进厂信号机或站界标止的一段线路(图 4.3)。

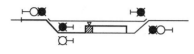

图 4.3 发车进路

正确准备接发车进路，保证进路有关道岔位置正确，进路上无危及行车安全的障碍物，是列车安全出入车站的条件，也是车站接发列车人员的基本职责。

为确保接发列车进路的正确，车厂都采用了联锁设备。

3. 进出车厂信号控制及转换轨

列车进、出车厂的信号控制主要是指站间联系电路和列车驾驶模式的转换。

1) 站间联系电路应至少满足以下技术要求

(1) 根据 ATS 控制中心的运行计划或双方的电话联系，车厂和正线接轨车站共同协调办理进、出车厂的进路，但不得同时办理向转换轨的进路。

(2) 列车从正线接轨车站进入车厂时，车厂的进段信号机开放后，正线接轨车站才能向车厂办理进路，正线防护信号才能开放，正线接轨车站未取消进路时，车厂不得取消进路，以免列车停在正线道岔区段，影响正线的列车运行。

(3) 列车从车厂进入正线接轨车站时，列车可以停在正线接轨车站的进站信号机前方，等待信号机的开放，再进正线接轨车站。

(4) 车厂和正线接轨车站之间应交换至少 3 种信息：①信号机开放，包括引导信号开放；②轨道区段空闲，接近区段总长度不得少于列车制动距离；③道岔位置。

(5) 车厂和正线接轨车站的人机界面上均应至少有以下表示：①进出车厂信号机开放；②出车厂信号机的接近和离去区段占用(仅在办理进、出车厂的进路时)。

2) 驾驶模式转换

驾驶模式转换主要是指列车进、出车厂的信号控制模式转换，可以分为静态转换驾驶模式和动态转换驾驶模式两种。

静态转换驾驶模式就是列车进、出车厂时，需要在转换轨指定区域内停稳以后，人工转换驾驶模式。采用这种模式，对列车车载设备没有额外的功能要求，地面不需要设置点式设备，控制简单，信息传输稳定可靠。但是，当转换轨不足 1 个列车长度时，列车进车厂时不能完全停在转换轨上进行驾驶模式转换。动态转换驾驶模式就是列车进出车厂时在转换轨不停车，而是在运行过程中转换驾驶模式。

列车进入车厂时，首先以 ATO 或 SM 模式接近车厂，然后在车厂和正线接轨车站的分界处收到地面设备发送的转换驾驶模式信息，并当列车低于某一规定速度（如 25km/h）时，列车自动或人工确认后转换为段内 RM 模式，不需要在转换轨停车，而是直接运行至车厂内存车库线。列车进入正线接轨车站时，首先在车厂和正线接轨车站的分界处收到地面设备发送的转换模式信息，并与地面设备交换投入运营的初始化信息，然后列车自动或人工转换为 SM 模式，当运行条件满足时，还可以转换为 ATO 模式，列车直接运行至正线接轨车站站台或折返轨。动态转换驾驶模式相对于静态转换驾驶模式，减少了列车进出车厂的运行时间和在转换轨的停车时间，可以提高进出车厂的效率，但是对列车车载设备和地面设备有额外的功能要求，并对车—地信息传输的可靠性要求更高，以保证列车在运行过程中可靠地转换驾驶模式。

城市轨道交通停车场的信号系统往往采用计算机联锁系统，轨道电路采用单轨条交流的 50Hz 相敏轨道电路；而正线为 ATC 系统。所以，列车在停车场出入库处，必须设置一段信号系统的转换区域，以确保信号系统的转接。下面我们以图 4.4 为例的停车场出入库信号机配置方法，予以说明。

（1）从停车场进入正线。

如图 4.4 所示，当有列车要由停车场出入库线 A（或 B）进入正线，列车在 ATC 入口信号机 X102 或（X104）外方，通过初始化信标，车载控制器接收初始信标的地点信息，为进入正线运行接收距离信息创造条件；并通过 AP 接入点，使出库列车与相关区域控制器交换信息，使该列车成为通信列车。当 ATC 入口信号机 X102 或（X104）开放，列车驶入转换区域 TZ2（或 TZ1）停车，列车在转换区域停留期间，区域控制器为该列车进入正线运行准备进路；当进路完成，转换信号机 X110（或 X114）开放，允许该通信列车作为时刻表列车，正式投入正线运行。所以，列车在 ATC 入口信号机外方，使该列车建立定位，并成为通信列车；列车越过 ATC 入口信号机进入转换区域，使列车成为受 ATC 控制的列车，从而其列车驾驶模式由人工驾驶转换成 ATO 模式，或轨旁信号防护模式。

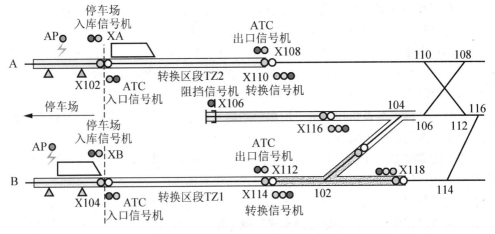

图 4.4　停车场出入库与相邻的联锁集中站信号布置图

(2) 从正线进入停车场。

如图 4.4 所示,当运行的列车需要退出正线、返回到停车场时,按照时刻表或 ATS 操作员的命令,将为 ATO 驾驶模式(或轨旁信号防护模式)运行的列车,请求一个从 ATC 出口信号机(X108 或 X112)开始的退出进路,停车场值班员也将同样办理一条从车辆段入口信号机(XA 或 XB)到停车场的退出进路。一旦停车场进路建立,而且停车场入口信号机(XA 或 XB)显示允许信号,区域控制器就可以控制 ATC 出口信号机(X108 或 X112)显示为允许信号。列车在转换区域运行过程中,系统将通过 TOD(司机显示单元)通知司机允许退出,并将 ATO 驾驶模式(或轨旁信号防护模式),切换到限制人工向前模式;这样司机就可以以 RM 模式驾驶列车离开 ATC 区域。一旦列车安全离开 ATC 区域,进路将自动解锁,该列车的跟踪示意也将从 ATS 显示屏上消失。

实际上,列车在转换区域内要转换驾驶模式,所以列车在该区域必须先停车,然后才能转换驾驶模式。

4. 相关规定

(1) 除列车进出车辆段外,车场调度、车辆段值班员应保证转换轨空闲。如需临时占用,应报告行调批准。以保证正点发车,不间断接车。

(2) 列车出车辆段前,车场调度员应请求行调批准。车辆段值班员根据车场调度员的指示,方可办理列车出库的列车进路。办理首列列车出段进路前,应确认转换轨空闲,由远及近开放列车信号,列车凭出库信号机绿灯运行至进路信号机前,凭进路信号机"双绿"或者"绿"进入转换轨。同意列车进车辆段前,车场调度员、车辆段值班员应确认转换轨空闲,列车进车辆段,必须在转换轨防护信号机前一度停车,司机确认整列进入转换轨后,方可转为 RM 模式。列车进入转换轨后,车场值班员应确认列车出清轨道电路后,方可报点。

(3) 准备接发列车进路前 10 分钟,应停止影响列车进路的调车作业。

(4) 列车进库后,应停于阻挡信号机内方,不得越过。如果列车尾部停于阻挡信号机外方,车辆段值班员应通知司机往前移动到信号机内方。

(5) 车场调度员应与行调、车辆等部门加强计划联系,合理运用车辆段线路,保证畅通和车辆检修计划的兑现。

(6) 同意列车进车辆段,接车信号开放后,不得随意取消。特殊情况下必须取消时,应及时汇报行调,按《行规》规定办理。

5. 客车进出车辆段规定

(1) 办理客车进出车辆段作业时,转换轨段必须空闲。由转换轨进入车辆段列检库按列车进路办理,停于停车库的客车出车辆段时,按列车出车辆段至转换轨有关规定办理发车作业。后退模式下,进出车辆段按站间闭塞法办理。

(2) 回车辆段客车有计划检修时,车场调度应与车辆部检修调度共同确定接车股道,并确保不影响下一批作业进行。

(3) 客车在办理发车作业时,车场调度员应提前通知司机做好转线准备,值乘司机确保列车到达转换轨有足够时间办理发车作业。

操作演示或动手实践

任务 4.1　正常情况车厂接发列车

任务描述

在车厂，利用 6502 电气集中设备或计算机联锁设备进行接发列车，能够将车厂外的列车，按规章和正确程序接入车厂；能够将车厂内的列车，按规章和正确程序发出车厂。

任务 4.1.1　车厂接发车作业项目

任务单

以小组为单位讨论以下问题	讨论意见/操作心得
按角色分配，办理进路	
指示发车	
演练接送列车	
演练报点	

知识准备

1. 与控制中心办理联系

（1）确认出入厂线空闲。

确认出厂线空闲的主要内容是：前列列车是否到达；出厂调车是否完毕；区间是否封锁等。

确认方法是根据《行车日志》记载前次列车到达时间确认线路空闲。

有些车厂出入厂信号机外设转换轨（归属正线管辖），车辆段与正线接轨车站间的接口电路考虑出段和利用转换轨调车时的联锁接口条件以及对方防护信号机的状态显示、转换轨的占用状态。进出段作业（转换轨至段内停车库）按列车方式办理。因此车厂出厂信号机的开放时，自动检查转换轨的状态，这种车厂，可以不必人工确认出入厂线的状态。

（2）车厂在得到控制中心"同意出厂"命令后，准备发车；在得到控制中心"要求入厂"命令后，准备接车。

每天运营前，车厂调度与检修调度协商出厂列车与入厂列车安排，减少交叉进路影响,协商结果由检修调度编制《车辆运营日计划单》交车厂调度。

《车辆运营日计划单》需于每天列车出厂前2小时或列车入厂前1小时(比照《运营时刻表》的出厂时间)编制好交车厂调度,车厂调度确认后,交于车厂派班员和乘务值班员做好发车和接车准备。

2. 进路的布置、准备及确认

列车出车厂时,确认走行线空闲,及时安排上线客车调车转线至走行线办理发车。原则上先办理走行线列车发车进路,再办理上线客车调车转线到走行线的进路。

列车入车厂时,在列车进入转换轨前开放防护信号机,原则上先办理接车进路,再办理走行线客车的调车进路,特殊情况下不能及时开放防护信号机时,应及时通知司机。

正确、及时准备好列车进路是发车工作中的关键。信号楼车厂值班员必须亲自布置并听取进路准备妥当的报告。

1) 布置进路

(1) 布置内容。

向有关人员讲清车次和占用线路(接入某股道或由某股道出发)。如果车厂一端有两个及其以上的列车运行方向或双线反方向行车时,还应讲清方向。

接发列车应灵活运用股道,做到不间断接车,正点发车,减少转线作业,备用车应停放在运用库规定位置,升起弓,准备随时可以出车厂。

(2) 布置要求。

按《站细》规定时间,及时布置进路。

使用公司《车厂接发列车作业标准》规定的用语。布置进路的命令不能与其他作业的命令、通知一起下达。例如,"××次×道停车,开放信号"。

受令人复诵。当两个及其以上人员同时接受准备进路的命令时,应指定一人复诵。运转值班员要认真听取,核对无误后,方可命令"执行"。

2) 准备进路

扳道、信号人员应严格按照运转值班员布置的接发列车命令,正确、及时地准备进路。在操纵道岔、信号时,要执行"眼看、手指、口呼"制度,对控制台要"一看、二排、三确认、四呼唤",严禁其他人操纵。扳道人员在操纵道岔时,要执行相关规定制度。

3) 确认

确认进路正确,道岔开通方向正确。当集中设备正常时,通过确认控制台或显示屏光带正确;当集中设备故障时,通过现场人工确认。

4) 报告

用标准用语向车站值班员报告。

3. 接发列车前必须确认的事项

1) 确认接车线路空闲

确认接车线路空闲系指接车线无封锁施工,无机车车辆、动车以及其他能造成脱轨的障碍物。确认方法如下。

（1）通过控制台上股道占用光带或股道占用表示灯确认，还要注意确认线路附近有无能使列车脱轨的障碍物，或通过MMI（人机界面）显示屏上股道表示的显示确认。

（2）在轨道电路故障时，由接发车人员现场确认接列车线路是否空闲。

原装有联锁设备的线路上，由于停电导致联锁失致，此时，列车（调车）进路及道岔和信号机之间联锁设备已不能相互检查并失去互控作用。

检查接车线空闲方法如下。

① 现场目视检查。在昼间天气良好时，由现场接车值班员、两端扳道员分别站在拉接车线路中心，以"眼看、手指、口呼"一致确认的检查办法，确认接车线空闲。

② 分段现场检查。在夜间或昼间天气恶劣，再或地处曲线直接目视检查接车线空闲有困难时，运转值班员、助理值班员与两端扳道员应按《站细》所划分的地段，以互对股道号码信号或分段步行检查的方式确认接车线空闲。

③ 辅助检查。当车站正线、到发线上有列车、车辆占用时，在行车室控制台盘面的按钮（或手柄）上夹挂"列车占用"、"存有车辆"等字样的表示牌，并在行车室、扳道房的"占线揭示板"上填记列车车次或存车代号、符号等，以便接发列车人员用于辅助记忆及检查线路占用情况。

2）确认进路道岔开通位置正确

发车进路上的道岔开通位置不正确，列车就有可能挤坏道岔或进入异线，造成列车冲突或脱轨事故。特别是在联锁失效时，不仅要确认道岔位置正确，还要确认进路上有关对向道岔和防护道岔已按规定加锁。

确认方法：通过MMI（人机界面）显示屏上股道表示的显示确认；当联锁主备机故障不能确认时，应通过应急盘道岔定反位表示灯进行确认，遇应急盘故障不能确认时，由扳道员现场确认汇报进路上有关道岔开通的定反位位置。

3）确认影响进路的调车作业已经停止

（1）影响发车进路的调车作业。

① 占用或穿过发车进路的调车作业。

② 站间相邻两线，线间距不满足标准间距时，其中一线接发列车，另一线上的调车作业。

③ 能进入接发列车进路的线路无隔开设备的调车作业。

因为不及时停止影响接发列车进路的调车作业，就有可能造成列车在站外停车或出发列车晚点，甚至可能使列车与正在调车的机车车辆发生冲突事故。

（2）停止影响接发列车的调车工作。

应在邻站开车或车厂开车点提前5分钟停止影响列车进路的调车作业，准备接发车进路。

4. 开放信号

信号开放后，即锁闭进路上的有关道岔和敌对信号，所以应正确掌握信号的开放时机。开放过早就会过早地占用咽喉，影响与该进路有关的调车作业或其他作业。开放过晚会造成进厂列车运缓、厂外停车，甚至冒进信号、发出列车晚点。关闭过早进路道岔提前解锁,易造成道岔途中转换,敌对信号可能开放。关闭过晚影响接发其他列车和调车作业或厂内行车设备检修。因此,应严格按《站细》规定的时机关闭信号。

接车前根据回段列车计划(有关计划调整 OCC、DCC 需及时沟通)距列车入段时间提前 10 分钟排列列车接车进路,开放接车信号机。

5. 交接凭证

凭证是指出站信号机显示的进行信号以外的可持的"证件",如调度命令等。要认真检查凭证是否正确,注意人身安全。收回凭证后要检查是否正确,应及时注销保管。

设备正常时,列车出入车厂占用转换轨的凭证为出入车厂信号机的黄色灯光。6502 电气集中系统故障或邻站 LOW 工作站故障时,采用站间电话闭塞法组织行车,现场人工排列进路,凭证为路票。

6. 指示发车

当车厂做好发车准备并具备发车条件后,运转值班员或助理值班员就向司机显示发车信号或用无线通知司机"××次××车×道出厂信号黄灯好,开车"。

7. 接送列车

列车出入厂(或段)必须由接发列车有关人员接送、监视列车状态,及时处理危及行车和人身安全的问题。

1) 列车接近车站、进站和出站的报告

列车接近车厂时,扳道员和信号员应及时向运转值班员报告,以使用有关人员出场接车。在接送列车时,还应向运转值班员报告列车进出厂的情况,以确认列车整列出发或到达。在电气集中车站或计算机联锁车站可省略列车进出站的报告,由值班员从设备上确认。

2) 列车到发时刻的记录与报告

运转值班员应将列车的到达、出发和通过时刻记入《行车日志》。为使行车调度员掌握列车进出情况,值班员应及时向行车调度员报告。

列车到达、出发和通过时刻的确定方法如下。

(1) 到达时刻:以列车进入车站,停于指定到达线警冲标内方时刻为准。

(2) 出发时刻:以列车机车向前进方向起动,列车在厂界内不再停车为准。

3) 列车停车规定

列车进车厂后,应停于接车线内分段信号机内方,列车头部不得越过分段信号机。如果列车尾部停在分段信号机外方,车厂值班员应通知司机往前移动到信号机内方。

1. 下发任务单,明确任务内容,学生课前按要求完成预习任务。
2. 教师先进行作业演示,学生分组完成任务。
3. 学生自行总结各办理项目经验。
4. 教师和各组长担当本次任务的他人评价工作,评判同学们的任务完成情况。

任务4.1.2　正常接发列车综合演练

 任务单

以小组为单位讨论以下问题	讨论意见/操作心得
设定车次、股道，按作业程序接车	
设定车次、股道，按作业程序发车	

 知识准备

接发列车作业标准

（1）接车作业程序见表4-1。

表4-1　接车作业程序

项目	作业程序		说明
	车厂值班员	操作车厂值班员	
一、听取发车预告	1. 听取发车站开车预告并复诵"××次××车预告"		电客车正常入车厂此项可简化
	2. 征得车厂调度员的同意，该列车接入×道，填写《行车日志》		
二、准备接车进路开放信号	3. 指示操作员开放信号"××次××车×道停车，开放信号"，听取复诵无误后命令"执行"	4. 复诵"××次××车×道停车，开放信号"	列车从正线联络站进厂，应确认转换轨
		5. 填写占线簿	
		6. 开放进车厂信号时，手指、口呼，"进厂"，按压始端按钮；"×道"，按压进路终端按钮。确认光带、信号显示正确后，报告："×道接车信号黄灯好"	
	7. 监视控制台复检、确认信号正确。回答："×道接车信号黄灯好"		
三、接车	8. 听取发车站开车报点并复诵"××次×分开"	9. 复诵"××次×分开"	
	10. 填写《行车日志》	11. 监视列车进车厂情况	
	13. 回答"好"	12. 通过控制台确认列车整列进入接车线后，口呼"××次到达"	
四、列车到达	14. 向发车站发出"××次×分到"		
	15. 填写《行车日志》		
	16. 通知车厂调度员列车到达，向行调报点，"××次×分到达"		电客车正常入车厂，向行调报点可简化

(2) 发车作业程序见表 4-2。

表 4-2 发车作业程序

项目	作业程序		说明
	车厂值班员	操作车厂值班员	
一、发车预告	1. 根据《运营时刻表》、《施工行车通告》或行调、DTC 命令，向接车站预告"××次××车预告"，并听取复诵		电客车正常出车厂此项可简化
	2. 填写《行车日志》		
二、准备发车进路开放出厂信号	3. 指示操作员："××次××车×道发车，开放信号"，听取复诵无误后命令"执行"	4. 复诵："××次××车×道发车，开放信号"	如果从 5 道出车厂，应向操作员讲明进路
	6. 通过控制台确认信号正确，回答："×道出厂信号黄灯好"	5. 开放出车厂信号时，手指、口呼×道，按压始端按钮；"出厂"，按压进路终端按钮，确认光带、信号正确后，报告："×道出厂信号黄灯好"	
三、指示发车	7. 知司机"××次××车×道出厂信号黄灯好，开车"		
	8. 确认列车起动，通知接车站"××次×分开"		
	9. 填写《行车日志》	10. 监视列车出厂情况	
	12. 答："好"	11. 通过控制台确认列车整列出车厂，口呼："××次出车厂"。注销占线簿	
四、报点	13. 向行调报点		电客车正常出车厂，向行调报点可简化
	14. 复诵接车站报点"××次×分到"		
	15. 填写《行车日志》		

1. 下发任务单，明确任务内容，学生课前按要求完成预习任务。
2. 学生分组完成任务，按作业程序进行综合演练。
3. 学生自行总结经验，并交流。
4. 教师和各组长担当本次任务的他人评价工作，评判同学们的任务完成情况。

任务 4.2　引导接车

 任务描述

当进厂信号机不能正常开放时,车厂值班员采取正确及时方法组织列车进入车厂。

任务 4.2.1　引导进路接车

 任务单

以小组为单位讨论以下问题	讨论意见/操作心得
引导接发列车种类和各自使用时机	
在仿真联锁设备上,设置进站信号机故障,办理引导接车	
在仿真联锁设备上,设置轨道电路故障,办理引导接车	

 知识准备

当进厂(站)信号机故障时或其他原因导致进站信号不能开放时,车站使用应急接车的方法。

1. 分类

按信号不同,可以分为引导色灯信号和引导手信号。按进路锁闭方式可以分为引导进路锁闭接车和引导总锁闭接车。

引导手信号:准许列车按规定速度进入车场或车站。

昼间——展开的黄色信号旗高举头上左右摇动;夜间——黄色灯光高举头上左右摇动。

由引导人员接车时,应在引导员接车地点标处(未设者,引导人员应在进厂信号机或站界标外方),显示引导手信号接车。列车头部越过引导信号,即可关闭信号或收回引导手信号。

2. 使用情况

1)引导进路锁闭接车的情况

(1)进行信号断丝而使进站信号无法开放或开放后因断丝而关闭。

(2)接车进路上某一轨道区段故障,致使进站信号不能开放或开放后因区段故障而关闭时,应在原进路上使用引导信号接车。但为了防止故障恢复后道岔解锁,应将故障区段的道岔单独锁闭。

2)引导总锁闭接车的情况

(1)不是由于道岔被挤而是设备故障造成接车进路上某道岔失去表示(是指,定、反位表示灯均不能点亮,用接通光带按钮检查时也无光带)。

项目4 车厂接发列车

(2) 开通非接车线的接车。

(3) 故障轨道区段内道岔需扳动而使道岔失去表示。

3. 引导进路锁闭接车

1) 确认接车进路空闲

由于正常方法开放引导信号,能检查敌对进路,但不能检查接车进路是否空闲,因此在排列进路前,首先必须确认接车进路空闲。在信号故障其他设备正常时,可以通过控制台或微机显示屏来确认。

2) 排列接车进路

先通过接通光带按钮确认需要单独操作的道岔,用道岔"单操"将需要扳动道岔单操到需要开通方向。遇轨道电路故障,6502集中设备还必须把故障区的道岔按钮拉出。

3) 检查确认接车进路正确无误

排列进路后,按下(点压)"接通光带按钮"检查所排列的接车进路是否正确。

4) 开放引导信号

确认接车进路正确无误后,6502电气集中设备破封按下引导信号按钮,进路锁闭,引导信号开放;计算机联锁设备,点压引导按钮,屏幕上提示"进路引导接车,请按口令8××××"再依次点压口令××××,屏幕上显示"OK",进路锁闭,引导信号开放。

此时,控制台接车进路上有白光带表示,轨道电路故障区段为红光带。

5) 预告司机

引导信号开放后,运转值班员使用列车无线调度电话预告司机。

6) 解锁进路

当列车第一轮对越过进路信号机后,引导信号自动关闭。列车沿进路通过后,进路仍处于锁闭状态,白光带继续点亮,当值班员确认列车已全部到达接车线股道停妥后(即列车尾部停在接车股道警冲标内方),同时按压该信号机的列车按钮和总人工解锁按钮,则进路立即解锁,白光带熄灭。引导进路解锁。

 任务实施

1. 下发任务单,明确任务内容,学生课前按要求完成预习任务。
2. 教师先进行演示实验操作,学生分组完成任务。
3. 学生自行总结引导进路锁闭接车。
4. 教师和各组长担当本次任务的他人评价工作,评判同学们的任务完成情况。

任务 4.2.2　引导总锁闭接车

 任务单

以小组为单位讨论以下问题	讨论意见/操作心得
在仿真联锁设备上,设置电动道岔故障,办理引导总锁闭接车	
在仿真联锁设备上,设置轨道电路故障,办理引导总锁闭接车	

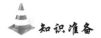

知识准备

1. 引导总锁闭接车

1）确认接车线空闲

凡是开放引导信号接车，从控制台上无法确认接车线是否空闲，因此，应派胜任人员到现场确认（方法如上）。

2）办理接车进路

（1）道岔失去表示时，道岔不能从控制台操纵。对控制台上不能操纵的道岔，在现场手摇操作，按作业标准准备好进路后，必须向车站值班员汇报。

（2）对于非接车线路接车时，使用的道岔可以从控制台上操纵，使用道岔单独操纵方式办理进路（或使用排列调车进路的方式均可）。

（3）排除敌对进路

由于引导总锁闭方法开放引导信号，不能检查敌对进路（即敌对信号未关闭的情况下，用引导总锁闭方法仍能开放引导信号），也无光带表示。所以，确认接车进路排列正确无误后，根据车站联锁表，排除敌对进路（在此处，关键是确定敌对进路，确定方法见第一章），特别注意排除另一咽喉的敌对进路。

3）确认接车进路准备妥当

排列进路后，按下面（点压）接通光带按钮检查所排列的接车进路是否正确。

4）开放引导信号

在《行车设备检查登记簿》中进行登记，破除引导总锁闭按钮铅封，按下引导总锁闭按钮，控制台上表示灯亮白灯，此时全咽喉道岔锁闭，但无白光带表示。再在《行车设备检查登记簿》中进行登记，破除引导信号按钮的铅封，按下该按钮，引导信号开放。

5）预告司机

引导信号开放后，车站值班员使用列车无线调度电话预告司机。

6）进路解锁

对于引导总锁闭的解锁，列车按引导信号驶入进站信号机内方，引导信号关闭。列车依次驶过各轨道电路区段，各区段逐段点红光带，列车出清各区段，红光逐段熄灭。车站值班员确认列车全部进入股道或调车线后，拉出本咽喉的引导总锁闭按钮，其上方白色表示灯熄灭，使全咽喉的道岔解锁。

2. 注意事项

（1）开放引导信号接车，如进站信号机内方第一轨道区段电路故障时，因引导信号开放后不能保留，车站值班员（信号员）要一直按下引导信号按钮至列车头部进入进站信号机内方才能松手。

（2）在进站列车信号正常开放的情况下按压引导信号按钮无效，不能干扰原正常开放的列车信号。但当进站内方带调车信号机之调车信号开放（或进路兼调车信号机之调车信号开放)时,按压引导信号按钮则能关闭调车信号,但不能开放引导信号。引导信号开放后,除危及人身或行车安全的紧急情况外,不得关闭。

(3) 在列车驶入进站信号机(或接车进路信号机)的接近区段时,若突然发生已开放的进站信号机的进行信号灯灭灯,此时可不采用人工解锁方式延时 3 分钟解锁后再办理引导进路锁闭,可立即在《行车设备检查登记簿》登记,破铅封,按下引导按钮,开放引导信号,使列车进站,而不致在站外停车等候。

(4) 采用引导总锁闭方式接车时,不检查本咽喉的联锁条件,也不锁闭另一咽喉的敌对进路,此时必须停止本咽喉的一切其他接发列车和调车作业以及另一咽喉的敌对进路上的作业,行车安全由车站值班人员人为保证。

(5) 两种引导方式的不同点。

① 首先两种引导方式在控制台上表现不同。使用引导进路锁闭时,只要进路锁闭后,就有白色光带;而使用引导总锁闭时,整个咽喉道岔锁闭后,不会出现白色光带。

② 使用引导进路锁闭时,引导信号开放前,能够查照敌对进路,只有敌对信号关闭的条件下,引导信号才能开放;使用引导总锁闭时,引导信号的开放不能查照敌对进路,因此需人工排除敌对进路。

③ 两种引导方式对进路锁闭方式不同。引导进路锁闭方式,只对本接车进路上的道岔进行锁闭,对其道岔准备进路没有影响,可以进行平行作业;而引导总锁闭对本咽喉所有道岔进行锁闭,如果和本接车进路平行的其他进路准备好,不影响作业,否则会影响作业进行。

任务实施

1. 下发任务单,明确任务内容,学生课前按要求完成预习任务。
2. 教师先进行演示实验操作,学生分组完成任务。
3. 学生自行总结引导总锁闭接车技能。
4. 教师和各组长担当本次任务的他人评价工作,评判同学们的任务完成情况。

任务 4.2.3　综合演练

任务单

以小组为单位讨论以下问题	讨论意见/操作心得
采用角色扮演,按引导进路锁闭接车	

知识准备

引导接车作业程序,见表 4-3。

表 4-3 引导进路锁闭接车作业程序

项目	作业程序		说明
	车厂值班员	操作车厂值班员	
一、报告	2. 听取报告，通过显示屏确认"×行进站信号机故障"	1. 进站信号机故障处理作业未完，确认后，报告："×行进站信号机故障"	
	3. 报告列车调度员："×(站)×行进站信号机故障"，并请求、抄收使用引导信号的调度命令		
二、听取发车预告	4. 听取发车站开车预告并复诵"××次××车预告"		
	5. 征得车厂调度员的同意，该列车接入×道，填写《行车日志》		
三、准备接车进路开放信号	6. 指示操作员开放信号"××次××车×道停车，开放引导信号"，听取复诵无误后命令"执行"	7. 复诵"××次××车×道停车，开放引导信号"	列车从正线联络站进厂，应确认转换轨
		8. 填写占线簿	
	10. 通过显示屏复检进路正确后，口呼："×道进路开通正确"	9. 准备进路。单操道岔，眼看、标(笔)点、口呼："定(反)位、×号"。确认正确后，口呼："×道进路开通正确"	
	11. 在《行车设备检查登记簿》登记，指示信号员："开放引导信号"	12. 复诵："开放引导信号"	
	14. 通过显示屏复检确认正确后，口呼："×道引导信号好(了)"	13. 眼看、标(笔)点、口呼："破'铅封'、'引导'"。确认光带、信号正确后，口呼："×道引导信号好(了)"	
四、接车	15. 听取发车站开车报点并复诵"××次×分开"	16. 复诵"××次×分开"	
	17. 填写《行车日志》	18. 监视列车进车厂情况	
	20. 回答"好"	19. 通过控制台确认列车整列进入接车线后，口呼"××次到达"	

续表

项目	作业程序		说明
	车厂值班员	操作车厂值班员	
五、列车到达	21. 向发车站发出"××次×分到"		
	22. 填写《行车日志》		
	23. 在《行车设备检查登记簿》登记，指示信号员："解锁进路"	24. 复诵："解锁进路"	
	26. 通过显示屏确认正确后，回答："好（了）"	25. 解锁进路。眼看、标（笔）点、口呼："破'铅封'、'总人工解'、'进路始端'"。确认正确后，口呼："进路解锁好（了）"。（或按操作规程规定解锁进路）	
	27. 通知电务人员登记、签认		
	28. 通知车厂调度员列车到达，向行调报点		

 任务实施

1. 下发任务单，明确任务内容，学生课前按要求完成预习任务。
2. 学生分组，按角色扮演，完成任务。
3. 学生自行总结相互配合技巧。
4. 教师和各组长担当本次任务的他人评价工作，评判同学们的任务完成情况。

任务 4.3　特殊情况接发列车

 任务描述

车厂联锁设备故障时，及时正确地接发列车。当轨道电路故障时，车厂值班员能够正确及时接发列车；当道岔故障时，车厂值班员能够正确及时接发列车；当信号机故障时，车厂值班员能够正确及时接发列车等。

任务 4.3.1　无联锁（包括联锁失效）进路道岔加锁

 任务单

以小组为单位讨论以下问题	讨论意见/操作心得
当联锁失效时，对某一进路相关道岔进行加锁	

知识准备

在无联锁线路上接发列车时，除严格按接发列车手续办理外，并应将进路上对向道岔及邻线上防护道岔加锁。

联锁失效线路上接发列车时，该接发列车进路上的道岔不能由设备进行检查，同时进路上有关道岔也失去联锁。为确保接发列车安全，除确保进路上有关道岔位置正确外，还应将进路上的对向道岔和邻线上的防护道岔进行人工加锁。

1. 加锁道岔

1）对向道岔

列车由尖轨向辙叉运行时，该道岔为进路上的对向道岔。当对向道岔开通位置错误时，则可能使列车进入不该进入的线路，与该线路内的机车车辆发生冲突，为保证接发列车的安全，对进路中的对向道岔，除应确认其开通位置外，还必须按规定加锁。图4.5为某站上行咽喉示意图（采用右侧行车），当正方向运行的上行列车进6道时，进路上应加锁的对向道岔为2、10、14、20、22号道岔。当下行列车由3道向下行正线发车时，进路上应加锁的对向道岔为12、8、4号道岔。

2）顺向道岔

列车经辙叉向尖轨运行时，该道岔为进路的顺向道岔。当顺向道岔开通位置错误时，可能造成挤岔或脱轨。

3）防护道岔

能将邻线上的进路与本线上的接发列车进路隔开的道岔或邻线上能进入接发列车进路的道岔叫防护道岔。若其开通位置错误，则可能造成邻线上的机车车辆错误闯入接发列车进路。为此，要求当防护道岔开通位置正确以后加锁。由于进路不同，邻线上防护道岔亦不相同。如图4.5所示，下行列车由6道发车时，2、12号道岔为防护道岔；下行列车由3道发车时，6号道岔为防护道岔。

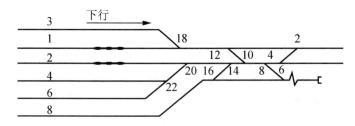

图4.5 某站咽喉平面

2. 加锁方法

集中联锁的道岔，联锁失效时则应使用钩锁器并加挂锁。

电气集中联锁或计算机联锁的道岔，道岔尖轨的转动是电动转辙机带动的，渡线道岔两端由两组电机单独带动，当集中操纵改为就地操纵时，接发车人员需用手摇把分别操纵渡线两端道岔，加锁也要对防护道岔和对向道岔加锁。

凡因设备的原因需道岔人工加锁时，信号员应将道岔在控制台上单独锁闭按钮按下，实行单独锁闭。

任务实施

1. 下发任务单，明确任务内容，学生课前按要求完成预习任务。
2. 教师先进行演示实验操作，学生分组完成任务。
3. 学生自行总结道岔加锁的技巧。
4. 教师和各组长担当本次任务的他人评价工作，评判同学们的任务完成情况。

任务 4.3.2　信号机故障接发列车

任务单

在车厂信号仿真设备上，进行信号机故障模拟。

以小组为单位讨论以下问题	讨论意见/操作心得
设置进厂、出厂信号机，进行信号故障应急处理练习	
设置进厂信号机故障，办理接车	
设置出厂信号机故障，办理发车	

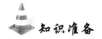
知识准备

（1）开放进车厂信号机，黄灯没显示，确认接车线空闲后，应接通光带确认进路道岔位置正确，并逐个锁闭进路上所有道岔，开放引导信号接车。如果引导信号开放不了，则派人到现场人工引导接车，司机凭引导信号以 5km/h 速度越过该道岔。

（2）开放出车厂信号机，黄灯没显示，但联锁设备、计算机上监督器作用良好时，按规定办理发车手续，确认进路空闲后，开放反排引导信号锁闭发车进路，用无线调度电台同意司机越过该信号出厂，司机确认道岔开通位置正确，进路正确，以 5km/h 速度越过该道岔。

（3）列车转线过程出现调车信号不能正常开放，确认线路空闲后，采用反排调车信号锁闭进路上所有道岔，用无线调度电台同意司机越过该信号出厂，司机确认道岔开通位置正确，以 5km/h 速度越过该道岔。

（4）计算机断丝报警。

① 计算机上进出车厂信号机表示灯均能正常显示时，进出车厂信号机可正常使用，按正常行车办理。

② 出车厂信号机表示灯熄灭，而黄灯可以正常使用时，开放信号发车；信号机开放后，计算机上无显示时，在确认地面信号机显示仍正确后，可继续使用。

③ 进车厂信号机表示灯熄灭，而黄灯可以正常使用时，开放信号接车；信号机开放后。计算机上无显示时，在确认地面信号机显示仍正确后，可继续使用。

④ 进、出车厂信号机表示灯熄灭，地面信号机不能显示黄灯时，按规定办理接发车手续，确认进路空闲后，开放反排引导信号锁闭发车进路，用无线调度电台同意司机越过该信号出厂，司机确认道岔开通位置正确，进路正确，以 5km/h 速度越过该道岔。

 任务实施

1. 下发任务单，明确任务内容，学生课前按要求完成预习任务。
2. 教师先进行演示实验操作，学生分组完成任务。
3. 学生自行总结信号机故障处理的技巧。
4. 教师和各组长担当本次任务的他人评价工作，评判同学们的任务完成情况。

任务4.3.3 轨道电路或计轴故障

 任务单

在车厂信号仿真设备上，进行轨道电路故障模拟。

以小组为单位讨论以下问题	讨论意见/操作心得
设置轨道电路故障，进行轨道电路故障应急处理练习	
轨道电路故障时接发列车	

 知识准备

轨道电路或计轴故障时处理。

1. 应急处理

（1）接发车线路轨道电路故障时。

① 线路有机车车辆占用，但轨道电路无显示时，必须在计算机相关信号机上设置占用标志。

② 线路无机车车辆占用，而轨道电路显示红光带时，通知车厂调度员或乘务值班员亲自到现场确认线路空闲、钢轨未断裂后，才能办理接车。

（2）照查电路故障，在计算机显示屏上不能确认转换轨空闲状态时，乘务值班员必须严格执行车厂运作手册相关规定，办理列车出入车厂。采用反排进路锁闭发车进路道岔，并做到两确认及登记。

（3）转换轨占用表示灯不能正常显示时。

① 列车出入车厂，转换轨出清后，转换轨占用表示灯超过所需时分不灭灯时，乘务值班员应立即报告行调，并通知邻站值班站长查明情况、通知维修值班人员处理。

② 未办理列车出入车厂作业，但转换轨占用表示灯亮，在未查明原因情况下，禁止

办理列车出入车厂作业。

（4）排列进路，开放信号后，进路光带没显示时，必须通过接近光带和道岔定/反位表示确认进路上道岔位置正确，并单独加锁进路道岔。

（5）车厂内计轴电路出现红光带时，必须现场确认进路空闲后在微机显示屏上按压相关按钮进行出清，如未能出清及时报通号检修人员。

2. 进路道岔区段轨道电路故障（红光带），开放引导信号接车

（1）值班员报告行调、段调（厂调），通知信号工区，在《施工检修作业登记簿》内登记。

（2）值班员派有关人员到现声检查确认进路空闲，无危及行车安全情况。

（3）准备接车进路，开放引导信号。

① 单操道岔，同时按下道岔操纵按钮及道岔总定位或总反位按钮，将进路上的道岔单操至所需位置，并再次确认进路道岔位置正确。

② 按压引导按钮，则非故障区段进路上点亮白光带，引导信号开放，防护信号复示器点亮白灯，此时非故障区的道岔牌引导进路锁闭状态。

③ 将故障区段上的道岔实施单锁，按下设在单操道岔按钮下方的道岔单锁按钮，该道岔即被单独锁闭，其按钮表示灯亮红灯。

（4）值班员确认引导信号开放后，用无线电台呼叫驾驶员"××信号机引导信号开放好"。

（5）驾驶员听取"××信号机引导信号开放好"并复诵，确认引导信号开放好后，按规定速度要求运行，越过该信号机，并随时做好停车准备。

（6）值班员确认列车整列到达接车线股道停妥后，解锁接车进路。

3. 进路道岔区段轨道电路故障（红光带）时发车

（1）值班员报告行调、段调（厂调），通知信号工区，在《施工检修作业登记簿》内登记。

（2）值班员派有关人员到现场检查确认进路空闲，无危及行车安全情况。

（3）准备发车进路。

① 单操道岔，同时按下道岔操纵按钮及道岔总定位或总反位按钮，将进路上的道岔单操至所需位置，并再次确认进路道岔位置正确。

② 将故障区段上的道岔实施单锁，按下设在单操道岔按钮下方的道岔单锁按钮，该道岔即被单独锁闭，其按钮表示灯亮红灯。

（4）按规定办理发车手续，确认线路空闲后，用无线调度电台同意司机越过该信号出厂，司机确认道岔开通位置正确，以5km/h速度越过该道岔。

任务实施

1. 下发任务单，明确任务内容，学生课前按要求完成预习任务。

2. 教师先进行演示实验操作，学生分组完成任务。

3. 学生自行总结轨道电路故障处理的技巧。

4. 教师和各组长担当本次任务的他人评价工作，评判同学们的任务完成情况。

任务4.3.4　道岔故障

任务单

在车厂信号仿真设备上，进行道岔故障模拟。

以小组为单位讨论以下问题	讨论意见/操作心得
设置电动道岔故障，道岔故障应急处理	
道岔故障故障时接发列车	

知识准备

电动道岔故障处理。

1. 应急处理程序

（1）车厂乘务值班员在办理列车出入车厂时，道岔出现短闪报警时。

① 单独操作故障道岔几次确认良好后继续使用。开放好信号后再通知司机动车，司机确认信号开放、道岔正确后才能动车。

② 如果故障未排除，乘务值班员报车厂调度、行调后在计算机上对故障道岔作好封锁防护，车厂调度安排客车从其他股道出入车厂。

③ 立即通知工建人员、通号车间值班人员到现场确认，经同意，人工加锁道岔后方可使用。乘务值班员确认进路正确通知司机越过该股道信号机红灯到后一个信号机前与行调联系，限速10km/h出厂。

（2）在办理接发列车开放信号时，道岔区段出现红光带。

① 安排客车从其他股道出入车厂，同时在计算机上对故障区段作好封锁防护。

② 必须派人到现场确认进路空闲（进入三轨区域按《地铁接触轨区域安全管理规定》执行），按引导办法接车或按电话闭塞行车法办理接发车手续。

（3）涉及三轨区域道岔故障须维修时，待列车出入车厂完毕，停电挂地线后方可进行维修。

2. 进路道岔区段道岔失去表示，开放引导信号接车

（1）不需现场手摇道岔时的工作步骤。

① 值班员报告行调、段调（厂调），通知信号工区，在《施工检修作业登记簿》内登记。

② 值班员派有关人员到现场检查确认进路空闲，无危及行车安全情况，检查确认故障区道岔位置正确。

③ 准备接车进路，开放引导信号。单操道岔，同时按下道岔操纵按钮及道岔总定位或总反位按钮，将进路上的道岔单操至所需位置，并再次确认进路道岔位置正确。按压引导总锁闭按钮，即将该咽喉区的联锁道岔均锁于所处位置，然后再按压引导按钮，引导信号即开放，该信号复示器点亮白灯。

④ 值班员确认引导信号开放好后，用无线电台呼叫驾驶员"××信号机引导信号开放好"。

⑤ 驾驶员听取："××信号机引导信号开放好"并复诵，确认引导信号开放好后，按规定速度要求运行，越过该信号机并随时做好停车准备。

⑥ 值班员确认列车整列到达接车线股道停妥后，解锁进路。（将引导总锁闭按钮拉出，道岔即解锁。）

（2）需现场手摇道岔时工作步骤。

① 值班员报告行调、段调（厂调），通知信号工区，在《施工检修作业登记簿》内登记。

② 值班员派有关人员到现场检查确认进路空闲，无危及行车安全情况，检查确认故障区道岔位置不在所需进路上。

③ 准备接车进路。控制台上非故障区道岔使用单单操的方法转换道岔位置，即同时按下道岔操纵按钮及道岔总定位或总反位按钮，将进路上的道岔单操至所需位置，并再次确认进路道岔位置正确。手摇道岔人员应严格按照值班员指令准备列车进路，认真执行手摇道岔作业制度，将故障区道岔手摇到所需位置并用钩锁器加锁后，再次确认进路道岔位置正确，向值班员汇报进路准备好了。

④ 开放引导信号：按压引导总锁闭按钮，即将该即将该咽喉区的联锁道岔均锁于所处位置，然后再按压引导按钮，引导信号机开放，该信号复示器点亮白灯。

⑤ 值班员确认引导信号开放好后，用无线电台呼叫驾驶员"××信号机引导信号开放好"。

⑥ 驾驶员听取："××信号机引导信号开放好"并复诵，确认引导信号开放好后，按规定速度要求运行，越过该信号机并随时做好停车准备。

⑦ 值班员确认列车整列到达接车线股道停妥后，解锁进路。（将引导总锁闭按钮拉出，道岔即解锁。）

注意事项

采用引导总锁闭这种方式开放引导信号时，道岔位置与信号没有任何联锁关系，检查进路空闲、进路道岔位置正确、敌对进路未建立，这些安全事项全由人来保证，所以开放引导信号接车前，值班员必须认真检查布确认这些条件是否具备。

3. 进路道岔区段道岔失去表示时发车

出厂信号机无法开放。

（1）不需现场手摇道岔时工作步骤。

① 值班员报告行调、段调(厂调)，通知信号工区，在"施工检修作业登记簿"内登记。

② 值班员派有关人员到现场检查确认进路空闲，无危及行车安全情况，检查确认故障区道岔位置正确。

③ 确认确认出入厂线空闲。

④ 按规定办理发车手续，确认线路空闲后，用无线调度电台同意司机越过该信号出厂，司机确认道岔开通位置正确，以 5km/h 速度越过该道岔。

(2) 需现场手摇道岔时工作步骤。

① 值班员报告行调、段调(厂调)，通知信号工区，在"施工检修作业登记簿"内登记。

② 值班员派有关人员到现场检查确认进路空闲，无危及行车安全情况，检查确认故障区道岔位置不在所需进路上。

③ 确认出入厂线空闲。

④ 准备发车进路。

控制台上非故障区道岔使用单单操的方法转换道岔位置，即同时按下道岔操纵按钮及道岔总定位或总反位按钮，将进路上的道岔单操至所需位置，并再次确认进路道岔位置正确。

手摇道岔人员应严格按照值班员指令准备列车进路，认真执行手摇道岔作业制度，将故障区道岔手摇到所需位置并用钩锁器加锁后，再次确认进路道岔位置正确，向值班员汇报进路准备好了。

⑤ 按规定办理发车手续，确认线路空闲后，用无线调度电台同意司机越过该信号出厂，司机确认道岔开通位置正确，以 5km/h 速度越过该道岔。

任务实施

1. 下发任务单，明确任务内容，学生课前按要求完成预习任务。
2. 教师先进行演示实验操作，学生分组完成任务。
3. 学生自行总结道岔故障处理的技巧。
4. 教师和各组长担当本次任务的他人评价工作，评判同学们的任务完成情况。

拓 展 知 识

1. 工程列车出入车厂

(1) 工程列车凭调车信号到达走行线或规定股道停车，凭发车信号到转换轨防护信号机前一度停车，在进入转换轨前与行调联系，确认转换轨至出厂线或入厂线的进路已准备好，信号已开放，执行行调命令，以不超过 3km/h 的运行速度越过转换轨防护信号机。

(2) 工程列车作业完毕运行到转换轨"停车位置转换模式标"前停车，与信号楼联系，确认接车进路已准备好，入厂信号已开放，再动车进入走行线或规定股道停车，再凭调车信号入库。

（3）信号设备正常情况下，工程列车为单机或双机重连时，司机凭发车信号显示的黄灯和乘务值班员的指示开车。其他情况的工程列车出车厂，凭发车信号显示的黄灯和车厂调度的发车手信号开车。

（4）车厂调度员给发车手信号的条件：检查货物装载加固情况良好，列车状态良好，发车信号机已开放，符合运行条件。

（5）配合正线行车设备维修、养护作业或收集隧道垃圾而开行的工程列车，施工负责人和随车人员须在开车点前 30min 到位，在指定上车地点候车；配合正线行车、消防、广告、环控设备运输而开行的工程列车，施工负责人和随车人员在开车点前 90min 到位，并配合司机作业。

（6）工程列车比照开车点提前 20min 编组完毕到指定位置待令。

（7）开行工程列车，车长给司机发车指示信号的条件。

① 车辆装载加固良好、平板车端、侧板关闭良好、尾部标志灯挂好。

② 车辆手闸已松，铁鞋已撤除。

③ 风管连接良好，进行试风，确认制动系统通风良好。

④ 向施工负责人明确跟车人员已上车、并置于安全位置。

⑤ 发车信号机已开放，并得到车厂调度员的发车手信号。

2. 开行救援列车或备用电客车

（1）开行救援列车或备用电客车时，应迅速准备，按行调要求的时间组织列车安全出车厂。

（2）车厂调度员接到开行救援列车或备用电客车命令时，应落实开行车次、时间、故障列车回厂情况，并向相关岗位布置清楚。派班员接到通知后，向司机传达注意事项和交路安排。车厂值班员接到命令后，立即与行调（或邻站）落实出车厂股道，并与邻站办理发车作业。

（3）救援列车或备用电客车开车前，司机应认真确认命令内容，明确任务、注意事项，车厂信号开放后，方可开车。

3. 车厂计算机联锁故障

（1）车厂发生计算机联锁故障不能正常排列进路时，必须停止厂内的调车作业，及时通知车厂调度和行调。

（2）车厂调度接到通知后及时联系通号轮值派人处理。

（3）在接发列车过程中出现联锁故障时，向行调报告后，接收行调发布采用电话闭塞法组织行车的命令。

（4）前台值班员与车厂调度到现场人工准备进路（原则上人工准备进路只能用专用股道进出车厂），并用钩锁器加锁进路上的对向道岔。

（5）与邻站确认线路空闲、进路开通正确并办理闭塞手续，列车凭车厂调度显示的发车手信号和路票动车,乘务值班员记录好到发列车时间。

(6) 接发列车完毕及时通知邻站闭塞。

4. 正线联锁故障而车厂计算机联锁正常应急处理程序

(1) 行调发布采用电话闭塞法组织行车,乘务值班员与行调、邻站共同确认列车出入车厂路径。

(2) 乘务值班员与行调、相关站值班员确认车厂至邻站线路空闲后,车厂正常排列进路办理列车出入车厂(包括调车方式、反排引导)。

(3) 乘务值班员与邻站办理闭塞手续,车厂调度与乘务值班员确认路票填写正确后交付司机,列车凭发车手信号和路票动车,乘务值班员记录好到发列车时间。

(4) 接发列车完毕及时通知邻站取消闭塞。

5. 车厂计算机联锁故障或正线联锁故障而车厂计算机联锁正常采用电话闭塞法实施措施

路票的填写及使用规定如下。

(1) 使用路票时,必须得到行调发布该用电话闭塞法的命令,并按规定办理闭塞手续取得邻站承认的电话记录号。

(2) 办理电话闭塞时,下列情况须发出电话记录号,并记入《车厂列车运行日志》。

① 承认闭塞。

② 列车到达。

③ 取消闭塞。

(3) 路票由车厂调度现场填写。乘务值班员必须根据 ATS-MMI 工作站、信号计算机操作台或《车厂列车运行日志》查明转换轨空闲,并得到邻站承认闭塞号码和确认发车进路准备好后,通知车厂调度填写路票(如果与鱼珠站办理闭塞时,还须确认三溪站已准备好接车进路;如果发车进路已准备好后,但邻站未给承认闭塞号码时,则提前填好除邻站承认号外的路票内容)。

(4) 如离发车时间剩下不到 5min,邻站还没有给出承认闭塞号码时,除承认号外的路票内容到发车地点等待。邻站给出闭塞号后,后台值班员用电台通知车厂调度员填写路票闭塞号,车厂调度需复诵核对正确后交给司机。司机接到路票后须用电台向后台值班员一一核实路票是否正确。

(5) 对于填写的路票,发车人员应认真检查车次、出厂进路、电话记录号码、车厂行车专用印章、日期、车厂调度姓名,确认无误后方可交付司机,司机负责与信号楼再次核对发车进路的准确性。

(6) 接车人员收到司机交还的路票后,核对正确后划"×"注销,交车厂调度保管,车厂调度员负责其完整并每月清查一次后上交分部存档。

(7) 电话记录号码自每日 0 时起至 24 时止,当日循环编号。车厂给出的电话记录号为四位数,最左一位数为线别、第二位是车厂或车站的编号(车厂编号为0),最后两位为序列号(01起编,每给出一个号码按增加 1 进行顺编,不得重号使用)。

(8) 零点以前填写的路票零点以后发车时,无须更改日期。

6. 列车退行规定

（1）列车自车厂开车后，因故被迫停车需退行回车厂时。

① 列车尾部未越过入厂信号机时，报经乘务值班员同意，换端（或车长引导）后退至发车股道出车厂信号机内方。

② 尾部已越过入厂信号机时，经车厂调度员同意确定接车股道后，乘务值班员按接入列车办理，通知司机换端凭入段信号入车厂。原则上接车股道用走行线14道，以减少对后续列车的影响。

（2）乘务值班员接到列车需退行时，立即向车厂调度员汇报，确认接车股道空闲及后续列车已在走行线停稳后，方可同意退行。

（3）车厂调度员接到列车退行报告后，立即组织人员对故障设备进行抢修，做好防护，同时组织其他列车出车厂，必要时配合司机退行，确保减少对正线运营的影响。

7. 车厂加开列车

（1）加开列车时，应迅速准备，按行调要求的时间组织列车出厂到达转换轨停车待令。

（2）车厂调度员接到加开列车命令时，落实开行车次、时间、故障列车回厂等情况，并向相关岗位布置清楚。

（3）派班员接到通知后，安排司机担任加开任务，并向其传达命令内容、注意事项和交路安排。

（4）乘务值班员接到加开命令后，立即与行调（或邻站）落实出车厂股道，并与邻站办理发车作业。

（5）司机接到加开列车任务后，迅速做好准备并上车候命，具备动车条件时，及时凭信号动车。

8. 挤岔应急处理程序

（1）在车厂内发生挤岔时，司机要立即停车，在相关人员未到达时严禁动车，马上将情况如实报告车厂调度。

（2）车厂调度接到汇报后到现场担任事故处理主任，联系检修调度、工建轮值、通号轮值派人到现场处理。将现场情况告知车厂派班员，并通知信号楼在微机上封锁相关的线路，防止其他车辆进入该封锁区域。

（3）派班员接到通知后，按《应急信息报告程序》进行汇报。

（4）信号楼接车厂调度通知，立即报告行调，安排其他车辆改道运行。

（5）车厂调度按现场专业救援人员的要求，联系好信号楼后指挥司机动车。

（6）当机车、车辆移出事故地点，被挤坏的道岔已修复，经试验良好后，与通号值班员办理交付使用手续。

9. 冒进信号应急处理程序

（1）冒进信号时，乘务值班员发现则立即用紧急呼叫通知司机停车原地待令，如司机发现则立即停车报车厂调度。

（2）信号楼与司机联系后开通进路并加锁进路上道岔，车厂调度到达现场确认进路正确上车添乘。

（3）如冒进信号的同时发生挤岔时，司机应立即停车，按挤岔程序处理。

10. 压铁鞋应急处理程序

（1）发生压铁鞋时，司机要立即停车，在相关人员未到达时严禁动车，马上将情况如实地报告车厂调度和信号楼。

（2）车厂调度接到汇报后到现场担任事故处理主任，同时通知信号楼设置好防护和通知车厂派班员按应急信息报告程序报告相关人员，确认现场后，联系检修调度或设备调度及工建轮值派人到现场对客车（机车车辆）、线路进行检查和处理。

（3）信号楼接到报告或通知后，立即封锁该进路。

11. 库内发生火灾应急处理程序

（1）接到或发现火灾报警后，车厂调度确认起火地点、火势情况，立即拨打"119"报警，通知派班员、乘务值班员和车厂内护卫。

（2）立即安排受影响的客车、机车、车辆驶离现场，如接触网停电用工程车将客车拖离现场，如某辆车发生火灾时调至牵出线。

（3）通知行调暂不安排列车回厂，必要时向行调请求安排车厂部分客车开往正线避让、根据现场情况要求电调将受影响区域停电。

（4）车厂调度担任现场事故处理主任，通知维调、检调派人检查相关设备受损情况和戴好防护用品组织消防义务员灭火。

（5）确认接触网（轨）停电后，方可允许用水靠近接触网（轨）区域灭火。

（6）车厂派班员接到通知后，按《应急信息报告程序》进行汇报。通知基地大门护卫迎接消防队。

（7）信号楼和工程车司机根据车厂调度的指示迅速将受影响的车辆调离现场。

12. 取消进路应急处理程序

（1）当取消接车信号时，应先通知司机并得到应答，确认列车已停稳且未越过入厂信号机后方可关闭入厂信号机。作业程序见表4-4。

表4-4 取消接车信号程序

车厂调度	后台值班员	前台值班员	司　　机	备　注
1. 由于计划原因变更接车进路及时通知后台值班员和司机	2. 接到车厂调度的命令核对计划，确认无误与前台落实，联系司机："××次××车×道原地待令，不要动车，报告现场位置"	3. 接到变更计划认真核对《车厂线路占用登记本》，发现异常及时提出	4. 接到后台值班员的指令后，立即停车，停稳后报告后台值班员："××次××车在××道停稳"	

续表

车厂调度	后台值班员	前台值班员	司 机	备 注
	5. 确认具备条件时通知司机："信号楼要取消××次××车××道往××道的接车信号"		6. 复诵信号楼的指令："信号楼要取消××次××车××道往××道的接车信号，司机明白"	
	7. 得到司机的应答向前台发出指令："取消××次××车××道往××道的接车信号"	8. 接到指令后复诵："取消××次××车××道往××道的接车信号"		
	9. 确认前台值班员复诵无误后命令"执行"	10. 听到"执行"后，核对计划无误后开始操作		
	12. 收到前台的报告确认进路已取消，通知司机："××次××车××道往××道的接车信号已取消"	11. 密切注视显示屏情况，确认操作完毕报后台值班员	13. 接到后台值班员的指令进行复诵："××次××车××道往××道的接车信号已取消，司机明白"	根据车厂调度的计划执行下一步

（2）当取消发车信号时，应先通知司机并得到应答，在列车尚未启动时，收回行车凭证，再取消发车进路。作业流程见表4-5。

表4-5 取消发车信号程序

车厂调度	后台值班员	前台值班员	司 机	备 注
1. 由于计划原因变更发车进路及时通知后台值班员和司机	2. 接到车厂调度的命令核对计划，确认无误与前台落实，联系司机："××次××车××道原地待令，不要动车"	3. 接到变更计划认真核对《车厂线路占用登记本》，发现异常及时提出	4. 接到后台值班员的指令后，复诵："××次××车××道原地待令，不要动车，司机明白"	
	5. 确认列车尚未启动时通知司机："信号楼要取消××次××车××道往××道的发车信号"		6. 复诵信号楼的指令："信号楼要取消××次××车××道往××道的发车信号，司机明白"	

续表

车厂调度	后台值班员	前台值班员	司　机	备　注
7. 到现场收回行车凭证后通知信号楼	8. 收到司机的应答和车厂调度的通知后，向前台发出指令："取消××次××车××道往××道的发车信号"	9. 接到指令后复诵："取消××次××车××道往××道的发车信号"		
	10. 确认前台值班员复诵无误后命令"执行"	11. 听到"执行"后，核对计划无误后开始操作		
	13. 收到前台的报告确认进路已取消，通知司机："××次××车××道往××道的发车信号已取消"	12. 密切注视显示屏情况，确认操作完毕报后台值班员	14. 接到后台值班员的指令进行复诵："××次××车××道往××道的发车信号已取消，司机明白"	根据车厂调度的计划执行下一步

13. 接触网断线的应急处理

（1）司机发现接触网断线时，及时停车、降弓，向车厂调度报告位置及情况。

（2）车厂调度接到通知后，指挥司机降弓原地待令，要求电调对故障供电区域停电，向行调和维调汇报。

（3）经现场确认后，通知车厂派班员按《应急信息报告程序》进行汇报。

（4）乘务值班员在微机上封锁相关区域，防止其他车辆进入该封锁区域。

（5）车厂调度与维调、电调确认故障修复正常送电后，通知乘务值班员解封故障区域，组织列车正常运行。

14. 列车故障应急处理程序（包含故障处理与换车组织、救援）

（1）办理发车作业时，司机发现列车故障应及时报告车厂调度，车厂调度向检修调度申请技术支援。

（2）若故障未能处理时，检修调度允许列车出厂前必须在《车辆运营日计划》上注明故障及签名。

（3）若需要调整列车出厂时，车厂调度先将变更计划向信号楼传达清楚再通知司机换车，及时向行调报告，通过对讲机监控列车出车厂情况。

15. 车厂内通讯故障应急处理程序

（1）车厂内通讯故障时，必须停止厂内的调车作业，及时报通号轮值。

（2）在作业过程中信号楼与司机失去联系时，不能随便改变进路，必须到现场确认机车车辆位置，与司机联系清楚，再指挥机车车辆运行。乘务值班员未确认机车车辆具体位置，严禁操动道岔。

（3）乘务值班员、司机必须加强联控，做到每钩联系。机车车辆到达目的地后，司机及时汇报乘务值班员。

技 能 提 升

电话闭塞行车综合演练

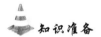 任务单

以小组为单位讨论以下问题	讨论意见/操作心得
运用角色扮演法，按作业标准接发列车	

知识准备

1. 采用电话闭塞行车，各岗位人员工作安排

（1）如果需要现场人工准备进路时，前台值班员负责准备进路（含加锁道岔），车厂调度员负责现场检查、确认进路的正确性，后台值班员负责与邻站办理闭塞手续，办好手续后通知车厂调度填写路票；司机核对正确后，车厂调度显示发车手信号发车。

（2）如果计算机可以采用单操道岔或反排引导（调车）信号进路等办法准备进路时，后台值班员指挥前台值班员排列发车进路并通过计算机检查、确认进路开通正确后通知车厂调度填写路票。车厂调度现场确认进路正确，核对路票无误后方可递交司机确认，司机确认无误后车厂调度员显示发车手信号发车。

（3）车厂派班员负责办理司机出退勤作业、传达电话闭塞法行车的命令及行车注意事项、派发行车用品备品（含钥匙、车辆状态卡）等工作，并通报信息于相关人员。

（4）客车调车班司机协助客车本务司机确认路票、处理故障并通报检调，必要时协助转线作业。

（5）如果需要现场人工准备进路时，由车厂调度通知工程车司机协助现场准备进路。

2. 采用电话闭塞行车，接/发车进路的准备

（1）车厂信号联锁设备可以正常操作时，正常排列接/发车进路，接车时开放入厂信号接车。

（2）车厂信号微机设备不能正常开放入厂信号，则采用开放引导信号接车；如不能开放引导信号，则需派人到现场进行人工排列进路和显示引导手信号。

（3）列车进入车厂信号机内方后即可向车站报到达时间，及时准备后续列车的接车进路。出厂列车进入出/入车厂线后即可准备后续列车的发车进路。

3. 电话闭塞行车接发列车程序

电话闭塞接发列车作业标准见表4-6和表4-7。

表4-6 电话闭塞法行车的接车作业程序

项目	作业程序		说　　明
	后台值班员	前台值班员(引导员)	
一、听取发车站请求闭塞	1. 听取发车站请求闭塞"××次闭塞"		客车按时刻表计划入车厂，此项可简化
	2. 根据车厂调度员接车计划，核对车次、车底号		非正常情况下与行调核对车次、车底号，并将行调通知的故障情况，通知车厂调度，确定接车线
	3. 填写《行车日志》		
二、准备接车进路	4. 布置前台值班员(引导员)"××次××车从转换轨××道进厂，××道停车，准备进路"	5. 复诵"××次××车从转换轨××道进厂，××道停车，准备进路"	原则上列车入车厂进行转换受电模式时使用L-15道且进路开通至运用库停车股道
	7. 听取汇报后，回答"转换轨××道往××道接车进路好"	6. 现场准备，确认接车线进路正确，对向道岔已加锁后，面对转换轨手指口呼"××道往转换轨××道开通"。向后台值班员汇报"转换轨××道往××道接车进路好"	现场准备时，由近到远(进厂信号机到股道)，将道岔逐个人工摇到正确的位置对向道岔加锁(能从微机上操作的道岔由微机操作到正确的位置)，通过对讲机与信号楼核对道岔位置(定、反位)
	8. 再次布置前台值班员(引导员)"确认转换轨××道往××道的接车进路"，并听取复诵无误后命令"执行"	9. 复诵"确认转换轨××道往××道的接车进路"，听到命令"执行"后，现场检查进路	
	11. 听取汇报后回答"好"	10. 按准备进路程序反方向再次确认进路正确，对向道岔已加锁后，向后台值班员报告"转换轨××道往××道接车进路确认好"	前一步骤已经有两人检查、确认过的可直接向后台值班员报告"转换轨××道往××道接车进路确认好"

续表

项目	作业程序		说　　明
	后台值班员	前台值班员(引导员)	
三、承认闭塞	12. 发出电话记录"××号××分同意××次闭塞"		
	13. 听取复诵无误,填写《运行日志》		
	14. 在微机显示屏上设置出/入车厂线占用牌		
四、引导接车	15. 听取发车站开车通知,复诵"××次××车××分开"		
	16. 填写《运行日志》		
	17. 指示前台值班员(引导员)"××次××车××分开,转换轨××道引导接车"	18. 复诵"××次××车××分开,转换轨××道引导接车,"站在规定地点显示引导手信号	能开放机械引导第14、15、16项可简化
五、列车到达开通区间	20. 接到"××次××车××道停稳",回答"好"	19. 列车进入走行线后,向后台值班员汇报"××次××车××道停稳"	如果客车入厂时,列车在走行线停稳后,司机向信号楼申请降靴升弓
	21. 接到司机申请后同意"××次××车××道降靴升弓"。接到转换受电模式完毕后,通知司机"××车××道往××道开通,可以动车"	22. 列车进入停车线后,向后台值班员汇报"××次××车到达"	
	23. 接到"××次××车到达",回答"好"。向发车站发出"××次××车××分到"		
	24. 填写《运行日志》,撤除出/入车厂线占用牌	25. 列车停妥,向司机收回路票,并打"×"作废	交回路票给车厂调度保管
	26. 在相应股道输入车底号,并在两端信号机"戴帽"	27. 将对向道岔解锁	
	28. 向行调报点		

说明：接车人员、引导员由乘务值班员、车厂派班员、车厂调度员担任

表 4-7 电话闭塞法行车的发车作业程序

项目	作业程序		说　明
	后台值班员	前台值班员(发车人员)	
一、向接车站预告闭塞	1. 按照出车计划，确认转换轨、出/入车厂线空闲。按行调命令或《运营时刻表》《施工行车通告》确认开行车次		
	2. 向接车站请求闭塞"××次闭塞"		向接车站办理闭塞，讲明出车厂线路
	3. 填写《行车日志》		
二、准备发车进路	4. 布置前台值班员(发车人员)"××次××车××道往转换轨×道发车，准备进路"，并听取复诵无误后命令"执行"	5. 复诵"××次××车×道往转换轨×道发车，准备进路"，听到"执行"命令后现场作业	原则上列车出车厂进行转换受电模式时使用 L-15 道且进路开通至转换轨
	7. 听取汇报后，回答"××道往转换轨×道发车进路好"	6. 准备进路，确认进路正确，对向道岔已加锁后，面对运用库手指口呼"××道往转换轨×道开通"，向后台值班员报告"××道往转换轨×道发车进路好"	现场准备时，由近到远(股道到进厂信号机)，将道岔逐个人工摇到正确的位置对向道岔加锁(能从计算机上操作的道岔由计算机操作到正确的位置)，通过对讲机与信号楼核对道岔位置(定、反位)
	8. 再次指示发车人员"确认××道往转换轨×道发车进路"	9. 按准备进路程序反方向再次确认正确后，向后台值班员报告"××道往转换轨×道发车进路确认好"	前一步骤已经有两人检查、确认过的可直接向后台值班员报告"××道往转换轨×道发车进路确认好"
	10. 听取汇报后回答"好"		
三、办理路票	11. 听取接车站承认闭塞的电话记录号码，复诵"××号×分同意××次闭塞"		
	11. 填写《运行日志》，在计算机显示屏上设置出/入车厂线占用表示牌		
四、填发路票	12. 填写路票，通知发车人员接受路票，与发车人员核对路票，确认无误	13. 与后台值班员核对路票无误后再次核对发车进路	

续表

项目	作业程序		说　明
	后台值班员	前台值班员(发车人员)	
五、发车	14. 指示前台值班员(发车人员)"××次 ×× 车××道发车"	15. 复诵"××次 ×× 车 ××道发车"	
	16. 列车鸣笛,向接车站报告"××次 ×× 车×× 分开",填写《行车日志》	17. 向司机交递路票,并核对路票,显示发车(发车指示)信号	路票在运用库出车股道交给司机
	19. 听取汇报后回答"好"。向行调报点	18. 立岗监视列车出厂并报告后台值班员"××次 ×× 车出车厂"	如果是客车出厂,当列车进入走行线后,后台值班员同意司机降弓升靴。转换完毕同意动车到转换轨
六、开通区间	20. 听取邻站列车到达通知,复诵"××号××次 ×× 车×× 分到"	21. 将道岔解锁	
	22. 填写《运行日志》,撤除出/入车厂线占用表示牌		

说明：发车人员由乘务值班员、车厂派班员、车厂调度员担任

任务实施

1. 下发任务单,明确任务内容,学生课前按要求完成预习任务。
2. 学生分组完成任务。
3. 学生自行总结电话闭塞接发列车的技巧。
4. 教师和各组长担当本次任务的他人评价工作,评判同学们的任务完成情况

项目小结

城市轨道交通车厂每天提供运用列车投入轨道交通服务,确保运行图实现;承担正线列车运行出现故障时的技术检查、处理和救援工作。列车进出车厂是城市轨道交通行车工作中的重要一项,对于城市轨道列车运行安全和正点具有决定性作用。为了保证列车能够正确、及时和安全地进出车厂,车厂行车工作人员必须能够根据设备状态和列车情况,组织车厂接发列车。

本项目的实施过程中,不但要求学生具有较好的理论知识(特别是信号知识),而且要求学生具有较强的动手能力。

通过本项目的学习，学生要能根据各种情况，完成接发列车工作，并对车厂常见突发设备故障（或事故）等能够采取正确应急处理。

习　题

1. 填一填

(1) 车辆段内作业应以_____为优先，其他作业不能影响列车出入车辆段；车辆段应合理运用设备安排接发列车、检修、施工、调车、试车、清扫等作业，确保畅通。

(2) 操纵车辆段计算机联锁控制台，应执行"_____"的作业程序。场调、车辆段值班员应做到一人操作，一人监控，共同确认，保证安全。

(3) 办理首列列车出段进路前，应确认_____、，由_____开放列车信号，列车凭出库信号机绿灯运行至进路信号机前，凭进路信号机_____进入转换轨。

(4) 确认接车线路空闲系指接车线_____以及其他能造成脱轨的障碍物。

(5) 列车进车厂后，应停于_____内分段信号机内方，列车头部不得越过分段信号机。如果列车尾部停在分段信号机外方，_____应通知司机往前移动到信号机内方。

(6) 在无联锁线路上接发列车时，除严格按接发列车手续办理外，并应将进路上道岔及_____道岔加锁。

(7) 接发车线路轨道电路故障时，线路有机车车辆占用，但轨道电路无显示时，必须在计算机相关信号机上设置_____。线路无机车车辆占用，而轨道电路显示红光带时，通知车厂调度员或乘务值班员亲自_____后，才能办理接车。

(8) 车厂乘务值班员在办理列车出入车厂时，道岔出现报警时，_____几次确认良好后继续使用。开放好信号后再通知司机动车，司机确认信号开放，道岔正确后才能动车。如果故障未排除，乘务值班员报车厂调度、行调后在微机上对故障道岔作好_____，车厂调度安排客车从其他股道出入车厂。立即通知工建人员、通号车间值班人员到现场确认，经同意，_____后方可使用。

(9) 工程列车作业完毕运行到_____"停车位置转换模式标"前停车，与信号楼联系，确认接车进路已准备好，入厂信号_____，再动车进入走行线或规定股道停车，再凭调车信号入库。

(10) 使用路票时，必须得到行调发布_____，并按规定办理闭塞手续取得邻站承认的_____。

2. 答一答

(1) 办理列车进路基本过程是什么？

(2) 确认接车线空闲方法有哪些？

(3) 影响列车进路的调车作业有哪些？

(4) 到发列车报点是如何规定的？

(5) 什么情况使用引导进路锁闭接车?
(6) 什么情况使用引导总锁闭接车?
(7) 轨道电路故障如何应急处理?
(8) 道岔故障如何应急处理?

实 训 题

1. 准备工作。

(1) 场地、工具准备：演练场，配有6502电气集中设备或微机联锁设备、仿真控制台、行车电话、手摇把、钩锁器、信号旗或灯、各种登记表簿等。

(2) 人员安排：学生按模拟车厂数分组，每一车站行车值班员一名、值班员(操作员)一名、值班员一名。

(3) 根据车厂仿真，完成正常和非正常接发列车的任务。

① 正常情况接发列车。

② 设置进厂信号机故障时接发列车。

③ 设置出厂信号机故障时接发列车。

④ 设置轨道电路故障时接发列车。

⑤ 设置道岔故障时接发列车。

2. 模拟现场工作过程，按接发列车作业标准(或程序)，进行接发列车演练。

(1) 车厂信号设备发生故障时，处理流程分两步进行。

① 应急处理。

② 接发列车。

(2) 接发列车严格按《接发列车作业标准》。

3. 组织学生评价，分析作业效果，提出改进意见，强化演练。

4. 总结经验，写出报告。

项目 5　车站行车工作

教学目标

认识车站相关行车设备,熟悉车站行车工作种类和作业特点,熟悉车站在中控和站控时接发列车,能够熟练完成车站接发列车工作;熟悉车站在中控和站控时列车折返作业,能够熟练完成车站列车折返作业。

教学要求

	教学要求	知识要点	自测分数
职业技能	能够熟练操作车站关键行车设备	熟悉车站主要行车设备	
		熟悉车站主要行车设备的操作	
	能够熟练完成中控和站控时接发列车	车站接发列车特点	
		中控时接发列车	
		站控时接发列车	
	能够熟练完成中控和站控时列车折返作业	车站列车折返的特点	
		中控和站控时列车折返作业	
	能够在 LOW 故障时采取应急处理	熟悉 LOW 设备故障应急处理	
		特殊情况接发列车和折返作业	
职业素质	遵章守纪的工作态度		
	团结合作精神		

引例与学习情境

引例：2012年广州地铁故障频发

1月22日(除夕)晚上11时15分,广州地铁公园前站突然发生信号故障,1号线双向多趟列车不同程度延误,其中抽线7列,延误2～3分钟32列。

1月28日上午8时许,三号线北延段机场南高增区间发生信号故障,全线列车出现不同程度的晚点,导致不少赶往机场南站搭飞机的乘客错过航班。

1月29日下午4时50分许,地铁一号线又出现信号故障,共有9趟列车晚点,最长的延误12分30秒。

2月15日上午7时26分,广州地铁一号线广州东站道岔转辙机发生故障,导致双方向多趟后续列车延误,延误时间近3小时。当日晚上8时25分,广州地铁八号线凤凰新村站道岔故障,列车延误时间1个多小时。第二日下午2时,地铁八号线凤凰新村站因道岔故障无法正常运行,在停车15分钟后被迫清客(图5.1),停运时长35分钟。

从以上事件可以看出信号设备故障在行车工作中时有发生,因此,车站行车工作人员和调度指挥人员只有掌握车站信号设备(正常和非正常情况)使用和接发列车的基本技能,才能够确保列车正点安全运行。

图5.1 列车清客

工作情境描述：为保证运输生产的顺利进行,必须科学、安全地组织列车在车站运行。车站行车工作包括接发列车作业和列车折返作业等。城市轨道交通行车工作人员必须掌握组织列车在车站运行的基本技能。在实训室,运用角色扮演,学生根据任务单进行分组,每小组3人,其职业岗位是车站值班员(或值班站长)、操作值班员和站务员。通过演练,学生要能正确使用车站设备,组织列车接发和列车折返作业。

项目描述

在演练场进行项目教学。

1. 人员安排

学生按车站数分组,每站设值班站长、操作值班员和站台站务员各1人。

按照分组安排,行车调度员(由教师或学生临时担任)于调度中心,监控整条线路的行车情况,各站值班站长于各站站控室,通过显示屏监控本站列车运行情况,各站站台站务员于站台,迎送列车。

2. 场地、工具准备

综合演练室、车控室仿真设备、各种行车报表、联系电话、各种行车备品、各种行车凭证等。

3. 教学组织

(1) 下发任务单。

(2) 开通车站仿真设备,引导学生认识,掌握设备使用;通过现场实证,加深学生的理解;利用仿真设备,组织学生接发列车;利用仿真设备,设置信号设备故障,组织学生在非正常情况时接发列车。

(3) 总结归纳,技能考核。

(4) 组织评价。

通过本项目的学习,学生要能够根据各种情况,完成车站列车和列车折返工作,意外情况能够采取正确应急处理程序。

(1) 能够熟练操纵车站行车设备。

(2) 能够组织调度集中车站接发列车。

(3) 能够组织站控车站接发列车。

(4) 能够组织车站列车折返作业。

(5) 能够在LOW故障时采取应急处理。

背景知识

车站日常运输工作的目标是合理运用技术设备,按列车运行图接发列车,完成运输任务,确保行车安全与乘客安全。而车站接发列车的好坏在很大程度上影响着城市轨道交通运营工作的安全和质量,对保证安全、快速、方便、经济地完成运输任务,起着举足轻重的作用。为此参加车站接发列车作业的人员应遵守如下规定。

1. 基本要求

1) 严格执行单一指挥制

正线行车工作由行车调度员统一指挥，车辆段/车场由段/场调度员统一指挥，列车由司机负责指挥，有车长时由车长负责指挥；有关行车工作，中心集中控制时由行调直接指挥，但转为车站控制时，该联锁区域由集中站车站值班员统一指挥。

2) 遵章守纪，确保按图行车

车站作业人员应认真执行行车规章制度，遵守各项劳动纪律，正确及时办理作业，严防错办、漏办，严禁违章作业。当班必须精神集中，服装整洁，佩戴标志，保证车站作业安全和乘客人身安全、不间断地按照列车运行图规定时刻接发列车。

3) 设备检查齐全、良好

班前认真检查有关行车设备，确保实验良好；班中保管好各种工具、备品，做好各种使用登记；认真进行交接班。

4) 作业联系及时、准确

联系各种行车事宜时，必须程序正确、用语规范、内容完整、简明清楚，并认真进行核对，严防漏听、误听、误传和臆测行事。

5) 立岗接送列车

接发列车应严肃认真，按规定着装，携带规定设备，立岗姿势端正，信号显示及时、准确，确保列车安全运行。

6) 正确、及时填写各种行车表报

行车表报包括各种行车凭证、行车日志和各种登记簿。行车凭证有路票、绿色许可证和调度命令等，登记簿有《调度命令登记簿》、《检修施工登记簿》和《交接班登记簿》等。应按规定内容、格式认真填写各种行车表报，书写工整，严禁涂改。保持表报完整、整洁。

2. 作业制度

由于参加接发列车工作的人员多、作业环节复杂，在接发列车工作中的任何疏忽或差错都可能造成列车晚点或行车事故，甚至波及其他列车或车站，影响运输全局。为了加强作业组织，保证车站接发列车作业安全有序进行，必须建立和健全各种的工作制度，做到作业制度化、程序化、标准化。工作制度主要有行车值班员岗位责任制、交接班制度、检修施工登记制度、巡视检查制度和行车事故处理制度等。

1) 值班站长(行车值班员)岗位责任制

车站行车工作实行单一指挥制，值班站长(行车值班员)是车站行车工作的组织者和指挥者。车站根据行车工作的需要设置值班站长(行车值班员)和或站台站务员(在采用 ATC 或 ATP 时可不设行车值班员)。

行车值班员的岗位职责是：执行行车调度员的命令和指示，统一指挥车站的行车工作。监视行车控制台的进路开通方向、道岔位置及信号显示，监视列车运行状态和乘客乘降情况。车站控制时，按列车运行图及行车调度员下达的列车运行计划接发列车。填写行车凭证和其他各种行车表报。签认设备维修和施工登记。组织交接班工作。

站台站务员的岗位职责是：接送列车，监护列车运行。交递调度命令及行车凭证。手信号发车；调车作业现场组织；进行站线巡视；协助乘客乘降组织。

2）交接班制度

值班站长（行车值班员）交班时，应将列车运行和设备状态，上级指示和命令及完成情况等填记在《交接班登记簿》上，并口头向接班值班站长（行车值班员）交代清楚。值班站长（行车值班员）接班时，要了解列车运行情况，对行车设备、备品、表报进行检查后，签认接班。

3）检修、施工登记制度

值班站长（行车值班员）对各项检修及施工作业，应根据检修、施工计划，向检修、施工负责人交代有关注意事项后，方可登记。凡影响列车运行的临时设备抢修，要在与行车调度员联系作业时间并获同意后，方可登记。检修、施工作业结束后，行车设备经试验，确认技术状态良好，方可签认注销。

4）巡视检查制度

送电前，值班站长（行车值班员）应进行站线巡视，检查线路上有无影响列车运行的异物。对站内设备检修、施工后的现场进行巡视检查，复核检修、施工登记注销情况。检查行车控制台是否有异常情况。

5）行车事故处理制度

发生行车事故，值班站长（行车值班员）应立即采取措施进行处理，同时向行车调度员及有关部门报告。认真记录事故发生的时间、地点、列车车次、车号、关系人员姓名及人员伤亡和设备损坏情况，赶赴现场，查找人证与物证，并做好记录。清理现场，尽快开通线路。对责任行车事故，应认真找出原因，提出处理意见，制定防范措施。

3. 正线信号系统

（1）正线信号系统具备的功能。

① ATC系统具备列车自动控制功能：包括列车自动防护、列车自动监控、列车自动驾驶功能。

② 联锁后备模式下信号机、道岔、计轴闭塞分区具备联锁功能。

③ 中心调度员（长）工作站、集中站工作站具备人工或自动排列进路、操纵道岔、开闭信号、设置限速、扣停（取消扣停）、显示屏蔽门打开或关闭、切换控制权等功能。

（2）在列车上安装有车载控制设备（CC），可以实现车载ATP/ATO功能；车载设备通过安装在司机控制台上的DMI实现人机接口；DMI可以显示列车驾驶模式，列车当前速度及目标速度，车门关闭状态等相关信息。

（3）在列车上安装有车载控制设备（CC），可以实现车载ATP/ATO功能；车载设备通过安装在司机控制台上的DMI实现人机接口；DMI可以显示列车驾驶模式，列车当前速度及目标速度，车门关闭状态等相关信息。

（4）信号系统具备联锁后备模式，在联锁后备模式下列车的行驶依赖于轨旁信号机的显示，列车的占用与出清依赖于计轴设备的显示。联锁后备模式下进路可以自动触发也可以由车站值班员人工办理。后备模式下信号机可以显示红、黄、绿黄和绿4种显示。

(5) 信号系统具备中控、站控和紧急站控 3 种模式。在中控模式下，列车的运营组织由行车调度员完成。在站控和紧急站控模式下，行车组织由车站值班员来完成。

(6) OCC 不设紧急停车按钮，在每个车站的站台及车控室内均设有紧急停车按钮。车控室内的紧急停车按钮设置在 IBP 盘上。

(7) 站台紧急停车按钮(ESP)可以实现紧急情况下关闭轨道的作用。每站设有 6 个紧急停车按钮，站台 4 个(每侧站台 2 个)，IBP 盘上两个，对应上下行各 1 个。

操作演示或动手实践

任务 5.1 行车设备基本操作

 任务描述

车站每天要顺利完成大量的行车作业和客运作业，是客流集散的场所。为此，车站应具有供列车停车、折返、检修、临时待避及乘客集散、候车、上下车、换乘等功能，为满足这些运营需求，车站应配置种不同类型的技术设备。这些设备对城市轨道交通系统的运营安全起着至关重要的作用。正确、熟练操作这些设备是城轨行车工作人员的基本技能。

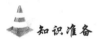 知识准备

1. SICAS 系统的基本设备

SICAS 为西门子计算机联锁系统，许多城市轨道交通企业都采用了该信号联锁系统。

1) 室内设备

(1) SICAS 联锁计算机实现联锁功能，主要为建立进路和解锁进路。

(2) 接口设备协助 SICAS 联锁计算机用于接口处理，如驱动现场设备并采集信息等。

(3) LOW 局域操作员工作站用于控制和监督信号机、道岔、进路及列车的运行。LOW 的全称是 Local Operator Workstation，中文译为"局域操作员工作站"。LOW 是信号系统网络的区域终端设备，每个联锁站都有一套 LOW 设备，由一台电脑和一台记录打印机组成。轨道区段占用、道岔位置、信号显示等信息均可在彩色显示器上以站场图形式显示，使用鼠标和键盘，在命令对话窗口上可以实现常规命令及安全相关命令的操作。所有安全相关命令的操作、操作员登录或退出操作、设备故障报警等信息将被记录存档。

显示器屏幕由 3 个窗口组成，分别为基础窗口、主窗口和对话窗口，每个窗口的排列是固定的。

2) 室外设备

(1) 信号机，用于指示列车运行。

(2) 转辙机，用于转换道岔。

(3) 轨道电路，监控轨道区段空闲及占用状态。

2. LOW 的组成

1) 设备组成

LOW 是信号系统网络的区域终端设备，每个联锁站都有一套 LOW 设备，主要由一台电脑和一台记录打印机组成。SICAS 联锁系统的本地操作和表示是通过 LOW 工作站来完成的。联锁等设备和行车状况（轨道占用、道岔位置和信号显示等）在彩色显示器上以站场图形式显示，使用鼠标和键盘，在命令对话窗口上可以实现常规命令及安全相关命令的联锁操作。所有安全相关命令的操作、操作员登录/退出操作、设备故障报警等信息将被记录存档。根据实际控制需要，可以每个联锁系统拥有几个操作控制台，或几个联锁系统共用一个控制台。

2) 屏幕显示

LOW 的屏幕显示自上而下由三部分组成。

(1) 基本窗口。

计算机启动进入后第一个出现的窗口为基本窗口，如图 5.2 所示。

图 5.2　LOW 基本窗口

按钮的主要功能如下。

① 登记进入/登记退出按钮：系统将检查姓名及口令，如果正确，"登记进入"按钮将改为"登记退出"按钮，并且下面的输入框将使用者的姓名灰显，说明已成功登陆 LOW，可以根据权限对 LOW 进行操作。

② "图像"按钮：用于在主窗口中显示联锁区的站场图。

③ "报警"按钮：分为 A、B、C 三类，A 类级别最高，C 类级别最低。如果不存在报警，报警按钮显示灰色。一旦出现报警，相应级别的"报警"按钮开始闪烁并发出声音报警，报警级别越高，报警声越持久，越响亮。点击相应的"报警"按钮即可对报警进行确认，就可以打开相应的报警单，然后选择需要确认的报警信息，再在对话窗口中单击报警确认按钮就可以对报警进行应答。报警单中只要有一个报警未被应答，"报警"按钮会保持红色闪烁，当报警单中的所有报警都被应答，"报警"按钮呈永久红色，报警声被关闭，故障修复后红色消失。

④ 管理员按钮：只有用管理员身份及密码登记进入时才显示出来，并可以设置或更改操作员的操作权利，不是管理员登陆时，此按钮会显示灰色。

⑤ "调档"按钮：用于查询、打印联锁装置 48 小时内的特别情况记录存档，如来自现场设备或联锁的信息和报警、来自 RTU/ATS 的信息和报警、LOW 内部出现的错误、登记进入/登记退出报告等。

⑥"音响"按钮：单击该按钮可关闭报警声音，直到下一次报警出现。

⑦日期和时间显示按钮：显示当前日期和时间。

⑧版本号：显示现用的版本，版本号必须在故障信息报告中注明。

（2）主窗口：启动 LOW 后进入主窗口，显示整个联锁区线路、信号等设备状态，并能够选择元件进行操作。

（3）对话窗口：对话窗口主要由命令按钮栏、执行按钮、取消按钮、记事按钮以及综合信息显示栏组成。

①"命令"按钮栏：可以显示当前的所有命令按钮，以供操作员选择，"命令"按钮栏可根据不同要素的选择，显示出所选要素的所有操作命令，如果没有选择任何要素，"命令"按钮栏显示的命令为对联锁的所有操作。

②"执行"按钮：用于执行当前的操作，当单击了执行按钮，当前的操作就会被联锁记录执行。

③"取消"按钮：用于取消当前的操作。

④"记事"按钮：用于打开记事输入框、记录情况（平时不用）。

⑤综合信息显示栏：用于显示信号系统的各种供电情况以及自排、追踪情况。如果供电正常，相应的显示为绿色字体，如果故障则显示红色字体，而如果没有打开自排功能时，自排全开的字体为白色，一旦打开了自排功能则自排全开字体为绿色。对于追踪进路，如果打开追踪功能，追踪进路字体为黄色，没有打开追踪功能，则追踪进路字体为白色。

3. 车站控制模式及转换

1）车站控制模式

ATC 系统应包括下列控制等级：控制中心自动控制模式、控制中心自动控制时的人工介入控制或利用 CTC 系统的人工控制模式、车站自动控制模式、车站人工控制模式。

每种模式说明操作对给定车站和归属控制地段中的列车运行所采取的控制等级，然而一个系统在同一时间只能处于一种模式。

控制等级应遵循的原则是：车站人工控制优先于控制中心人工控制，控制中心人工控制优先于控制中心的自动控制或车站自动控制。

（1）控制中心自动控制模式(CA)。

在控制中心自动控制模式下，列车进路命令由 ATS 进路自动设定系统发出，其信息来源是时刻表及列车运行自动调整系统。控制中心调度员可以对列车运行自动调整系统进行人工干预，使列车运行按调度员意图进行。

（2）控制中心自动控制时的人工介入控制或利用 CTC 系统的人工控制模式(CM)。

在控制中心自动控制时，控制中心调度员也可关闭某个联锁区或某个联锁区内部分信号机或某一指定列车的自动进路设定，直接在控制中心的工作站上对列车进路进行控制，在关闭联锁区自动进路设定时，控制中心调度员可发出命令，利用联锁设备自动进路控制功能，随着前行列车的运行，自动排列一条后续列车的固定进路。在自动进路功能出现故障的情况下，调度员可以人工设置进路。

在 CM 模式中，车站人工控制转到 ATS 系统。一旦车站工作于该模式，则由 ATS 系统启动控制而不由车站控制计算机启动控制。然而，车站控制计算机继续接受表示，更新显示和采集数据。

（3）车站设备自动控制模式。

在控制中心设备故障或通信线路故障时，控制中心将无法对联锁车站的远程控制终端进行控制，此时将自动进入列车自动监控后备模式，由列车上的车次和发送系统发出的带列车去向的车次信息，通过远程控制终端自动产生进路命令，由联锁设备的自动功能来自动设定进路，即随着列车运行，自动排列一条固定进路。

（4）车站人工控制模式。

当 ATS 因故不能设置进路（不论人工方式还是自动进路方式），或由于某种运营上的需要而不能由中心控制时，可改为现地操纵模式。在现地操纵台人工排列进路。

车站自动控制和车站人工控制也可合称车站控制（LC），简称"站控"。当车站工作于 LC 模式时，不能由 ATS 系统启动控制。然而，ATS 系统将继续收到表示，更新显示和采集数据。对车站控制计算机而言，这是唯一可用的控制模式。

2）控制模式间的转换模式

（1）中控转换至站控。

当中央控制设备出现故障或特殊作业需要（例如，单独操纵道岔时），需要将车站控制权下放到车站，一般由车站行车值班员申请，当行车调度员同意后进行操作。

当转换模式时，不用考虑特别检查联锁条件，自动运行功能不受影响。

即使转换至车站操作，联锁显示还应该传输至控制中心 ATS，仅由车站操作站的打印机执行对显示和命令的记录。

（2）强制转换至站控。

这是一种非正常情况，当中央设备出现故障或车站发现危及行车安全情况时，强制使用的一种方法。在没有收到控制中心 ATS 发出的命令时，也可以转换至车站操作。通过一个已经登记的转换操作可以转换至车站操作，并且联锁系统的所有转换操作仅能由车站操作员来执行。

（3）站控转换至中控。

当特殊作业完成或设备恢复，需要将车站控制权上交控制中心，一般由车站行车值班员申请，当行车调度员同意后进行操作。

只有当车站操作已经发出释放的命令，才能转换到控制中心 ATS 操作，然后控制中心 ATS 确认它。因此，所有转换操作只有由控制中心操作员能有效实施。在这种情况下，只有正常的转换操作才能被接受。随着转换至控制中心 ATS 操作，控制中心 ATS 可以执行所有允许的操作。当车站操作故障，在没有车站操作的释放命令的情况下，也可以转换至控制中心 ATS 操作。

当站控转换为中控时，设备和工作处于正常状态，有的设备还要求进路已经取消，道岔处于解锁状态。

4. 城市轨道交通进路控制及规定

列车进路由进路防护信号机防护,但列车在进路中的运行安全由 ATP 负责,这为城市轨道交通高密度行车提供了前提和安全保证。在设计中,ATP 与计算机联锁功能的结合,使计算机联锁的功能得到了加强。

1) 进路控制方式

列车运行进路控制采用三级控制,即控制中心控制(ATS 自动控制)、远程控制终端控制和车站工作站控制。

控制中心集中控制全线的列车运行(不包括车辆段内列车的运行控制)。系统根据列车运行时刻表及列车运行状况发出列车运行命令,并进行自动调整。在车站设置必要的自动控制功能,控制中心故障时,转入站级控制,如图 5.3 所示。

(1) 中心级控制。

中心级控制为全自动的列车监控模式时,列车进路设置命令由自动进路设定系统发出,其信息来源于计刻表和列车运行自动调整系统。控制中心调度员也可以人工干预,对列车进行调整,操作非安全相关命令,排列和取消进路。

列车自动选路是 ATS 系统的一部分,其任务是与联锁设备协同为列车运行自动地排列运行进路。为达此目的,进路自动排列具有这样的功能:其自动操作单元具有自动操作功能,而联锁系统根据来源于控制中心的自动进路设定系统排列进路指令,负责实际的安全排列进路。当许可校核得出否定结果时,联锁系统将向 ATS 系统回送一个相应的信息,然后由 ATS 系统重复传输相同的控制命令,直至达到规定的次数和时间。

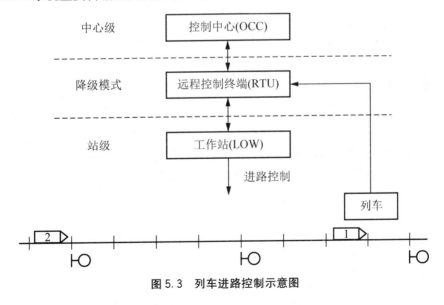

图 5.3 列车进路控制示意图

(2) 远程控制终端的控制(RTU)。

当 ATS 子系统中央设备故障导致与车站连接中断时,系统自动激活 RTU 降级模式。

RTU 降级模式激活后依靠 PTI(列车识别系统)多路转换器接收列车的报文,报文中含有司机在列车车头人机界面输入的车次号。RTU 接收到 PTI 多路转换器接收回来的车次号后，就根据车次号的目的地码控制 SICAS 联锁排列进路。其信息处理过程如下。

① 司机输入一个正确的车次号（如果列车本身已有的车次号正确，则不需要司机输入，但是在折返站列车调头后，需要司机人工输入新的车次号），PTI-LOOP 接收列车发送的信息后，立即传给本联锁区的 RTU 设备。当 PTI 收到车次号信息不同时，RTU 可根据车次号信息来选排黄、蓝两条不同方向的进路。

② RTU 接收车次号信息后，判断列车进路方向，产生正确的进路号信息。

③ RTU 把进路排列命令发送给 SICAS。SICAS 按照 RTU 进路命令排列相应的进路，开放信号。

④ RTU 以缺省的停站时间为倒计时起始时间，发送显示信息给 DI 及 DTI 进行显示。

⑤ RTU 在倒计时为零后，发送取消停车点的命令给 ATP，列车接收倒速度码后就可以以 ATO 模式开车了。

列车的运行时分和停站时分都是缺省值，因而列车是没有自动调整功能的。

(3) 站级控制。

在站级控制模式下，列车运行的进路控制由车站值班人员工作执行，但此时只要控制中心设备及通信线路功能完好，自动进路设置仍可进行。站级控制时，列车进路的设定完全取决于值班员的意图，值班员选择通过联锁区的预期进路。联锁控制逻辑检查进路没有被占用，并且没有建立敌对进路，然后自动排列通过联锁区的进路，锁闭进路，在所有条件满足列车的安全运行后开放地面信号机，并允许 ATP 将速度命令传送给列车。信号机的开放表示通过联锁区的进路开通。

2) 办理进路的方法

进路的排列可以通过下列 5 种方式来完成。

(1) 在 LOW 上人工排列进路。

(2) 在中央 ATS 的 MMI 上人工排列进路。

(3) 进路自动排列，中央 ATS 根据时刻表或者目的地号自动排列进路。

(4) 降级模式进路自动排列，在中央 ATS 故障或与 OCC 中央设备的传输通道故障时，车站 ATS 设备远程控制终端（车地通信轨旁接受设备接收到目的）自动排列进路。

(5) 追踪进路，联锁根据追踪进路的接近区段占用自动排列固定方向的进路。

其中后三者属于自动功能，无需人员操作，但需要操作员激活相应的模式。

另外，在完全无联锁情况下，只能用人工扳动、人工加锁的方式。

3) 列车进路的相关规定

(1) 特殊车站须把有的道岔开通上行正线、有的道岔开通下行正线，并使用钩锁器锁定。

(2) 运营开始前，除两端折返站外的道岔均开通正线，在 LOW 或 HMI 上单独锁定。

(3) 列车进路可由车站在 LOW 或行调在 CLOW/HMI 上排列。

(4) 办理列车往返运行进路时，进路所有道岔均需执行"单独锁定"命令或钩锁器锁定。

5. 轨道区段的 kick-off 功能

(1) 物理空闲和物理占用概念。

轨道区段的物理空闲是指列车检测设备反映的室外区段实际没有被列车占用的状态。轨道电路吸起状态即为物理占用。

轨道区段的物理占用时至列车检测设备反应的室外区段实际被列车占用的状态。轨道电路落下状态即为物理占用。

简单来说，室外区段有车占用，轨道继电器落下，则为物理占用；室外区段空闲，轨道继电器吸起，则为物理空闲。

(2) 逻辑空闲和逻辑占用概念。

区段物理占用时，系统认为该区段也逻辑占用。

当区段从物理占用状态切换到物理空闲状态时，系统将结合相邻区段的变化判断是否符合列车运行轨迹，如果符合，则系统认为该区段逻辑空闲，否则认为逻辑占用。

为了更好的判断逻辑空闲状态，系统引进一个 kick-off 状态时，系统认为该区段逻辑空闲并重置 kick-off，否则仍为逻辑占用。

物理空闲、占用与逻辑空闲、占用之间的相互关系如下。

① 物理占用一定产生逻辑占用状态；逻辑占用并不一定对应物理占用。

② 逻辑空闲一定对物理空闲。但物理空闲不一定对应逻辑空闲。

③ 本区段和相邻区段的同时占用状态产生一个相应的"kick-off 控制"状态。

④ 当区段由物理占用变为物理空闲时，如果该区段的两个 kick-off 均记录了同时被列车占用的状态，则该区段为逻辑空闲状态并重置 kick-off 状态。

任务 5.1.1　车站控制权转换操作

以小组为单位讨论以下问题	讨论意见/操作心得
车站由中控转换成站控	
车站由站控转换成中控	

1. 正线信号系统的控制模式及控制权转换的规定

(1) 正线信号系统信号控制分为"两级控制、三种状态"——中央级控制（简称"中控"）及集中站本地级控制（又分为"站控"、"紧急站控"两种状态）。

①"中控"与"站控"转换时，可由任何一方向另一方发出请求，从信号系统设备上

179

得到对方允许后完成操作；另外在"中控"状态时集中站无需请求 OCC 同意也可直接强制转为"站控"。

② 车站级控制具有较高的优先级，紧急情况下集中站无需从信号系统设备上得到 OCC 允许可直接实施"站控"或者"紧急站控"（优先使用"站控"），强行获得控制权。

③ "紧急站控"需先转为"站控"，才能转为"中控"，不能直接由"紧急站控"转为"中控"。

④ 控制权的转换过程中及转换后，未经人工介入各进路的原进路控制模式不变。

⑤ 当需要从"站控"转为"中控"时，集中站需要满足以下条件：没有办理引导、没有办理引导总锁、没有办理扣车、与中心通信状态良好。

（2）控制权相互转换关系及条件。

① OCC 请求见表 5-1。

表 5-1　当 OCC 请求时车站控制模式转换

当前模式＼目标模式	中　控	站　控	紧急站控
中控		中心申请，车站同意 N/A	N/A
站控	ATS 服务器工作状态检查联锁引导总锁按钮状态检查。 站台紧急关闭状态检查。 站台车站扣车状态检查		N/A
紧急站控	紧急站控不能直接转中控	N/A	

② 集中站请见表 5-2。

表 5-2　当集中站请求时车站控制模式转换

当前模式＼目标模式	中　控	站　控	紧急站控
中控		N/A	N/A
站控	ATS 服务器工作状态检查 联锁引导总锁按钮状态检查 站台紧急关闭状态检查 站台车站扣车状态检查		N/A
紧急站控	紧急站控不能直接转中控	N/A	

③ 非请求直接转换（分为非请求强制转换和系统自动转换两种情况）。

(3) 遇下列情况之一时,将控制权由 OCC 下放到集中站办理。

① 行调工作站有关控制命令无法下达时。

② 中心 ATS 失去显示作用或不能正确显示时。

③ 发生必须由车站办理的情况时(行调工作站部分操作功能不具备)。

④ 设备检修时。

⑤ 行车调度员认为有必要时。

(4) 控制权转换应按下列规定办理。

① 控制权转换前,行车调度员应与车站值班员核对列车车次及位置。

② 应确保正在执行中的控制命令连续执行。

③ 控制权下放后,行车调度员应监护车站办理进路情况。在中心设备不能显示或不能正确显示现场情况时,应指定报点站报告列车到发情况。

④ 由于设备故障控制权下放,在将控制权收回中心办理前,行车调度员须会同维修人员进行试验,确认设备确已恢复正常,方可将控制权收回中心办理。

⑤ 具备中心控制条件后,行车调度员须在 20 分钟内将控制权收回中心办理。

⑥ 控制权转换前,有关人员应检查经人工介入的各项操作的执行情况和设备状态,采取相应措施后,方可实施转换。

⑦ 尽量减少不必要的相互转换。

2. 典型操作

城市轨道交通设备不同,操作过程有所不同,下面以某城市轨道交通设备示范操作过程。

1) 车站向控制中心请求取得对本站的控制权

在正常情况下,车站值班员首先向控制中心提出申请,请求由车站实施控制,控制中心收到车站请求后,给出回复,同意该请求,这样车站就取得了对本站设备和列车的控制权。

车站取得对本站的控制权另一种方式是,首先由控制中心给出同意,允许车站取得控制,然后车站值班员发出请求,完成控制权的交接。

操作步骤如下。

(1) A 站车站值班员在车站计算机终端上将鼠标箭头移到需要请求本站控制的车站站名处,然后单击左键。系统弹出菜单如图 5.4 所示。

(2) 从弹出菜单中执行"车站控制"→"请求"命令,系统发送请求命令,车站完成了向控制中心的请求。

(3) 调度员在调度终端上将鼠标箭头移到需要转换车站控制权的车站站名处,然后单击左键。系统显示弹出菜单,如图 5.5 所示。

(4) 车站计算机终端上,在收到控制中心的同意后,车站即取得了对车站的控制权。

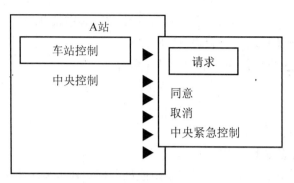

图 5.4　系统控制权操作

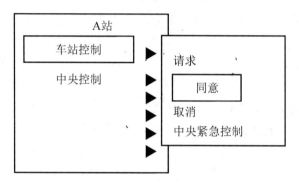

图 5.5　系统控制权操作

2）站控转为中心控制

中心控制功能允许调度员将某个车站的控制权从本车站控制转移到中心控制。

（1）控制中心调度员发出中央控制请求，车站值班员收到后，同意中央控制请求。

（2）在紧急情况下，中心操作者可以不需本车站的允许而直接将控制权转换至中心。

在正常情况下，控制中心调度员首先请求对某车站实施中央控制，然后该车站值班员同意该请求，这样控制转换就完成了。另一种控制权转移方式是，车站首先同意允许本车站控制权转换至控制中心，然后当控制中心调度员请求中心控制时即完成控制权的转换。

正常操作步骤如下。

① 在控制中心调度终端上，调度员将鼠标箭头移到需要请求中心控制的车站站名，然后单击左键。系统弹出菜单，如图 5.6 所示。

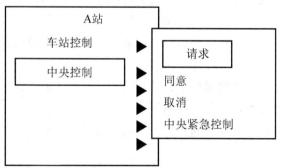

图 5.6　系统控制权操作

② 从弹出菜单中执行"中央控制"命令。

③ 从层叠菜单中执行"请求"命令，系统将指令发送给对应的车站计算机。

④ 在车站计算机上，值班员将鼠标箭头移到需要请求中心控制的车站，然后单击左键，系统弹出菜单，如图5.7所示。

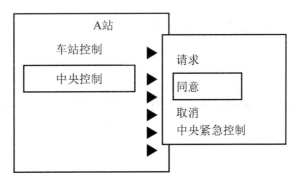

图5.7 系统控制权操作

⑤ 从弹出菜单中执行"中央控制"命令。

⑥ 从层叠菜单中执行"同意"命令。控制中心调度终端收到同意后，取得对该车站的控制权。

1. 下发任务单，明确任务内容，学生课前按要求完成预习任务。
2. 教师先进行演示实验操作，学生分组完成任务。
3. 学生自行总结控制权转换操作技巧。
4. 教师和各组长担当本次任务的他人评价工作，评判同学们的任务完成情况。

任务5.1.2 道岔的扳动与加锁

以小组为单位讨论以下问题	讨论意见/操作心得
通过LOW办理进路	
强行转换某道岔	

1. 通过联锁设备办理进路

使用LOW排列基本进路。在LOW上，要排列一条基本进路，只要用鼠标的左键单击LOW主窗口（图像放大区）上要排列进路的始端信号机，再用鼠标的右键单击要排列进路的终端信号机,此时所选始端信号机和终端信号机都会被打上灰色底色,然后在对话窗口中的命令显示栏(在 LOW 的左下角)用鼠标的左键单击"排列进路"的命令,最后用鼠标的左键单击对话窗口中的"执行"按钮。

2. 道岔人工扳动

集中联锁车站在停电或故障时,需使用手摇把就地操纵道岔。人工排列进路的作业程序如"任务 3.1.3"。

3. 强行转岔

如果某一区段被占用或出现故障,用强行转换道岔命令即可转换道岔。

1) 使用强行转换道岔命令的条件

(1) 道岔区段逻辑占用。

(2) 道岔没有挤岔。

(3) 记录了转岔命令。

该操作为安全相关操作,操作员在操作前必须明确列车没有在故障区域或者不在道岔尖轨上并且人员在安全区域,否则将有可能造成安全事故。LOW 将记录该项操作。

2) 操作步骤(表 5-3)

表 5-3 强行转换道岔操作程序

序号	步 骤	现 象
1	用鼠标左键单击要选择的对应道岔元件	(1) 道岔元件的选择背景变为淡蓝色 (2) 对话窗口的控制软键将自动重新排列 (3) 命令行中显示已选择的道岔元件
2	单击要执行的控制命令	(1) 控制按键的背景色改变 (2) 命令行中显示完整命令解释
3	确认显示的命令与意图一致,单击"执行"按键,否则单击"取消"按键	(1) 选择的道岔元件红色背景显示 (2) 联锁反馈回来命令在主窗口的左下角以红色字符显示 (3) 在对话窗口左下方中间弹出一个安全相关操作的对话画面,在上方显示出选择的元件及命令的解释:下方有两层红、黄、蓝三色光带,上层固定不变,下层闪烁,上下颜色一致。左边下方有一个中间带转动黄色的椭圆,上方左右两边有"释放 1"、"释放 2"软键 (4) 过几秒后,"释放 1"变为实体
4	确认显示的命令与意图一致且显示现象正确后,单击"释放 1"按键,否则单击"取消"按键	(1) "释放 1"变为实体,其他现象同步骤 3 的(1)~(3) (2) 如不在规定时间内点"释放"软件,系统就会自动中断命令执行
5	确认显示的命令与意图一致且显示现象正确后,单击"释放 2"按键,否则单击"取消"按键	(1) 命令传给联锁执行,结果在 LOW 上显示 (2) 命令被打印,如果打印没有好,系统自动显示要求操作员记录该命令

例如，对道岔 W123 进行强行转岔。原始状态为灰色；作为所选要素，转换为淡蓝色；被电子联锁标记用于安全操作，转换为橙色。此时，在对话窗口的左下方会出现新的对话，要求检查所需的安全操作，如图 5.8 所示。此时必须检查以下内容：在主窗口左下方显示的命令是否与输入的命令一致；输入的命令是否完全符合想输入的命令；所选的要素是否已被标记。包括红、绿、蓝 3 种颜色的两条彩色条颜色是否一致，并且上行静止，下行闪烁；带红条的圆圈（情况探测器）是否旋转。在上述条件满足后，必须在 15s 内按"释放 1"键，在 10s 内按"释放 2"键，否则安全相关命令操作会被自动取消，而且在未单击"释放 2"之前，可以通过点击"取消"键来取消安全相关命令操作。

图 5.8 安全相关命令的操作对话框

4. 通过车站 ATS 设备自动转换

通过列车进路系统，实现了进路的自动排列。这可以节约调度员工作量。其功能就是将进路排列指令及时地输出到联锁设备中去。

5. 正线道岔锁定规定

（1）根据信号提供的条件，具备联锁功能的道岔，通过进路或"单独锁定"对相关道岔进行电子锁定。

（2）不能使用电子锁定的道岔，在办理行车进路时，由车站或车厂行车人员使用钩锁器对道岔人工锁定。

任务实施

1. 下发任务单，明确任务内容，学生课前按要求完成预习任务。
2. 教师先进行演示实验操作，学生分组完成任务。
3. 学生自行总结进路道岔转换的技巧。
4. 教师和各组长担当本次任务的他人评价工作，评判同学们的任务完成情况。

任务 5.1.3　LOW 的操作

任务单

以小组为单位讨论以下问题	讨论意见/操作心得
在 LOW 上操作各种命令，并记录现象	
总结常规操作和安全相关操作的不同	

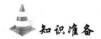

1. LOW 的操作规定

（1）持有 LOW 操作证的当值人员可在 LOW 上操作控制列车运行。

（2）运营期间内，除某些联锁区外，正线的其余信号机设置为追踪排路模式。排列列车在车厂和 ATC 控制区车站的进路时，该进路上的所有道岔均要单独锁定。

（3）LOW 的操作要求。

① LOW 的操作人员必须经过培训，考试合格，并持有运营总部颁发的操作证方可上岗操作。

② 凡持有 LOW 安全相关命令操作证者，在 LOW 上的操作命令见表 5-4。

表 5-4 在 LOW 上操作的命令

序号	按钮名称	命令含义	命令种类	备 注
1	强解区段	解锁进路中的轨道区段	K	K—与安全有关的命令 R—普通命令（以下同）
2	轨区逻空	把轨道区段设为逻辑空闲	K	
3	强解道岔	解锁进路中的道岔	K	
4	岔区逻空	把道岔区段设为逻辑空闲	K	
5	开放引导	开放引导信号	K	
6	挤岔恢复	取消挤岔标记，并转换道岔	K	
7	单独锁定	锁定单个道岔，阻止转换	R	可不到现场检查（一对命令）
8	取消锁定	取消对单个道岔的锁定	K	
9	封锁区段	将区段封锁，禁止通过该区段排列进路	R	（一对命令）
10	解封区段	取消对区段的封锁	K	
11	封锁道岔	将道岔封锁	R	（一对命令）
12	解封道岔	取消对道岔的封锁	K	
13	终止站停	将运营停车点取消	R	只能用于正常运营方向
14	封锁信号	不允许开放信号	R	可开放引导（一对命令）
15	解封信号	取消对关闭状态下信号的封锁	K	
16	强行站控	在紧急情况下，未经行调同意车站强行取得 LOW 控制权	K	强行站控后，应报告行调
17	强行转岔	非逻辑空闲时强行转换道岔	K	
18	轨区设限	设置该区段的限制速度	K	无进路状态下使用（一对命令）
19	轨区消限	将已设置的限速值取消	K	
20	岔区设限	设置该岔区的限制速度	K	无进路状态下使用（一对命令）
21	岔区消限	将已设置的限速取消	K	

注：① LOW 工作站上设限时，在无进路状态下使用。

② 轨区设限速度有 60、45、30、15km/h 四种，岔区设限速度有 30km/h、15km/h 两种。

"R"表示"常规操作"，"K"表示"安全相关操作"。

③ 联锁站以下命令须经行调同意后方准操作。

(a) 关站信号。

(b) 关区信号。

(c) 封锁及解封道岔。

(d) 封锁及解封区段。

(e) 开放引导。

(f) 强行转岔。

(g) 轨区设限、轨区消限。

(h) 岔区设限、岔区消限。

④ 使用安全相关的操作命令时,必须检查列车进路,确认进路空闲,道岔位置正确后,方可实施。使用强行转岔命令前,车站须派人到现场确认该岔区没有列车或其他杂物侵限。

⑤ 在操作 LOW 过程中,操作员必须确认进路要素是以正确的方式显示,否则必须立即停止和取消该项操作,并报告行调。行调根据具体情况,不能正常操作时,发布停止使用命令,按 LOW 设备故障处理组织行车。

⑥ LOW 操作员在结束操作或临时离开站控室时,应将 LOW 退回到登记进入状态。严禁中断 LOW 系统,进行与 LOW 无关的操作。

⑦ LOW 的设备管理人员或维修人员需操作 LOW 时,应征得车站行车值班员报告行调同意,取得 LOW 控制授权,以其自己的名字和口令登记进入系统后,方可操作。

2. 联锁操作

联锁操作可以分为"常规操作",用 R 表示;"安全相关操作",用 K 表示;和"维修命令"。安全相关操作命令是指在不能执行常规命令或得不到正确结果时,为提高或重建联锁设备的有效性而设置的相关命令,其安全责任由操作员负责,故必须确认相关的操作前提,才输入正确的命令。

这两种命令的操作步骤是不同具体见表 5-5 和表 5-6。

表 5-5 常规操作步骤

序号	步　骤	现　　象
1	用鼠标左键点要选择的元件	1. 元件的选择背景变为淡蓝色 2. 对话窗口的控制软键将自动重新排列 3. 命令行中显示已选择的元件
2	如果为进路操作,用鼠标右键点要选择终端信号机	1. 元件的选择背景变为淡蓝色 2. 对话窗口的控制软键将自动重新排列 3. 命令行中显示已选择的元件
3	点要执行的控制命令	1. 控制按键的背景色改变 2. 命令行中显示完整命令
4	确认显示的命令与意图一致,点"执行"按键,否则点"取消"按键	1. 联锁的执行结果在 LOW 上显示 2. 联锁的响应在响应行中显示

例如，取消基本进路：在 LOW 上，要取消一条已排好的进路，只要用鼠标的左键单击 LOW 主窗口（图像放大区）上该进路的始端信号机，再用鼠标的右键点击该进路的终端信号机，此时所选始端信号机和终端信号机都会被打上灰色底色，然后在对话窗口中的命令显示栏（在 LOW 的左下角）用鼠标的左键点击"取消进路"的命令，最后用鼠标的左键点击对话窗口中的"执行"按钮。

表 5-6　安全相关操作步骤

序号	步　　骤	现　　象
1	用鼠标左键单击要选择的元件	1. 元件的选择背景变为淡蓝色 2. 对话窗口的控制软键将自动重新排列 3. 命令行中显示已选择的元件
2	单击要执行的控制命令	1. 控制按键的背景色改变 2. 命令行中显示完整命令解释
3	确认显示的命令与意图一致，单击"执行"按键，否则单击"取消"按键	1. 选择的元件以橙色背景显示 2. 联锁反馈回来命令在主窗口的左下角以红色字符显示 3. 在对话窗口左下方弹出一个安全相关操作的对话画面，在中间上方显示出选择的元件及命令的解释：中间下方有两层红、黄、蓝三色光带，上层固定不变，下层闪烁，上下颜色一致。左边下方有一个蹭带转动横械的椭圆；上方左右两边有"释放1"、"释放2"软键（图 5.6） 4. 过几秒后，"释放1"变为实体
4	确认显示的命令与意图一致且步骤4显示现象正确后，点"释放1"按键，否则单击"取消"按键	1. "释放1"变为实体，其他现象同步骤4的(1)~(3) 2. 如不在规定时间内点"释放"软件，系统就会自动中断命令执行
5	确认显示的命令与意图一致且步骤5显示现象正确后，点"释放2"按键，否则单击"取消"按键	1. 命令传给联锁执行，结果在 LOW 上显示 2. 命令被打印，如果打印没有好，系统自动显示要求操作员记录该命令

通过以下方法可以中断操作或取消所选的元件。

(1) 单击"取消"按键。
(2) 单击不同的元件。
(3) 重新单击该元件。
(4) 单击主窗口的空白区。

 任务实施

1. 下发任务单，明确任务内容，学生课前按要求完成预习任务。

2. 教师先进行演示实验操作,学生分组完成任务。
3. 学生自行总结LOW操作的技巧。
4. 教师和各组长担当本次任务的他人评价工作,评判同学们的任务完成情况。

任务5.1.4 扣车操作

任务单

以小组为单位讨论以下问题	讨论意见/操作心得
使用现地控制盘进行扣车	
紧急停车设备使用练习	
使用MMI或HMI扣车	

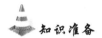知识准备

1. 扣车规定

(1) 因运营调整、区间堵塞或列车救援等需要时,应及时采取扣车措施,将列车扣停。

(2) 扣车及取消扣车。

① 行调只能在"中控"状态下通过MMI进行"扣车/取消扣车"操作;车站在任何信号控制状态下均可通过HMI(HMI是车站人机接口,为车站级"联锁"与"ATS"合二为一的人机接口)进行"扣车/取消扣车"操作。

② 所有的"扣车/取消扣车"操作在MMI、HMI、站台TDT(Train Departure Timer,发车表示器)上均有相应表示(MMI、HMI上可区分扣车的来源);在CBTC模式下,所有的"扣车/取消扣车"操作均可在CBTC客车DMI上有相应表示(可区分不同的扣车来源)。

③ 对信号机的影响:非CBTC模式下,如果办理了扣车,相应的出站信号机将不能开放,或原开放的信号将被关闭(进路仍在锁闭状态);取消扣车后,有关联锁条件满足时,相应的出站信号机自动开放。

④ 在中控时,行调可在MMI上扣车,车站可在HMI上扣车,也可以同时设置扣车。

⑤ 在站控时,行调不能在MMI上扣车,车站可在HMI上扣车;行调需扣车时可通知车站在HMI上执行。

⑥ 在中控时,行调可取消MMI上设置的扣车,不能取消车站设置的扣车;车站可通过HMI取消本站和MMI上设置的扣车。

⑦ 在站控时,行调不能取消MMI上先前设置的扣车,车站可通过HMI取消本站和MMI上先前设置的扣车。

(3) 办理扣车的规定。

① 当信号设备(MMI/HMI)具备扣车功能时，行调/车站值班员应使用信号设备扣车，扣车时间超过1分钟，扣车一方须口头通知另一方及司机。

② 当信号设备(MMI/HMI)不具备扣车功能或者情况紧急来不及通过设备扣车时，行调通过无线电台通知司机自行扣车，同时通知车站；车站通过无线电台、口头通知或显示紧急停车手信号等方式要求司机扣车，同时报行调。

③ 遇紧急情况时，车站值班员或站台有关人员可以利用紧急停车按钮进行扣车。

④ 电话闭塞时，若需要临时扣车，行车调度员或车站值班员在确认列车未从车站发出的情况下，先通知列车车站扣车，若已发路票，则应及时收回路票。

⑤ 扣停列车原则上要求"谁扣谁放"，但遇行调与车站同时扣车时，车站在取消扣车前须得到行调同意。

2. 现地控制盘扣车操作

设于车站控制室的现地控制盘(LCP)是用于车站值班员调整在线列车运行的装置。可通过按压LCP上的有关按钮，对于停本车站实施"扣车/中止暂停"、"跳停"操作，同时在该盘上还可进行紧急停车/紧急停车恢复的操作。

1) 紧急停车操作

有效操作紧急停车的前提条件是列车以SM、ATO及AR模式驾驶。紧急停车有效区段范围是《行车组织规则》中规定的区段。在必要时，站务人员或乘客可以按压站台的紧急停车箱里的按钮，或行车值班员(值班站长)按压LCP盘上的紧急停车按钮。

在LCP盘上的按压相应的停车步骤如下。

(1) 在LCP盘上的按压相应的停车按钮。

(2) LCP盘相应的紧急停车指示灯亮红灯，并发出电铃报警的声音，同时在LOW相应的站台区段红色蘑菇灯闪烁。

(3) 此时应执行切除报警操作，按压相应的切除报警按钮，消除报警声音。

若是在站台上操作紧急停车按钮，LCP盘上相应的紧急停车指示灯亮红灯，并发出报警声音，同时在LOW上相应的站台区段出现红色蘑菇灯闪烁。当执行切除报警操作后，电铃报警声音消除。当需要切除紧急停车功能时，在LCP盘上按压相应的取消紧停按钮，LCP盘上相应的紧急停车指示灯灭，并发出电铃报警声音，在LOW上相应的站台区段的红色蘑菇灯消失。当执行切除报警操作后，电铃报警声音消除。

2) 在LCP盘上进行扣车

有效操作扣车的前提条件是：①列车以SM、ATO及AR模式驾驶；②列车未进入站台或停稳在站台时运营停车点未取消。扣车的有效区段是站台区段。

(1) "扣车"的操作步骤。

在LCP盘上按压"扣车"按钮，LCP盘上相应的扣车指示灯红灯闪烁(注：如果是OCC扣车，LCP盘上相应的扣车指示灯为稳定红灯)。同时在LOW上发生B类报警，记录对应的站台区段的扣车提示内容，并了发出报警声音，此时点击LOW基础窗口上音响按钮，消除报警声音。

(2)"放行"的操作步骤。

在 LCP 盘上按压"取消扣车"按钮,LCP 盘上相应的扣车指示灯熄灭,然后再按压相应的"扣车"按钮一次(复位),最后再按相应的"取消扣车"按钮一次(复位)。同时在 LOW 上发生 B 类报警的第三栏有"扣车恢复"的提示信息。

如果 LCP 盘上运营停车点指示灯亮黄灯,扣车操作有效。在 ATS 系统正常时,如果 LCP 盘上运营停车点指示灯黄灯灭时(如果只是黄灯指示灯丝断,可以进行扣车操作),扣车操作无效,因为此时运营停车点已被取消。在 ATS 系统故障时,信号系统将自动进入 RTU 降级模式或 LOW 人工控制模式,此时只要运营停车点未取消,扣车操作有效。

注意: LCP 盘由行车值班员(值班站长)负责操作,其他无关人员不得进行操作。车站操作 LCP 盘后应及时汇报行调,并及时通知驾驶员。

3. 紧急停车按钮使用

车站的每侧站台设有两个紧急停车按钮,在车站股道上发生突发事故情况下,为保护乘客及设备安全,可以使列车紧急停车。当紧急情况发生时,如有人(物)坠落路轨或夹人夹物,将导致行车安全事故时,车站人员或乘客可以使用紧急停车按钮(不须报行车站值班员和行调),对所辖范围内的在线列车进行紧急停车控制。

(1)遇紧急情况时,站务人员或乘客可以使用站台紧急停车按钮对列车进行紧急停车控制,防止意外情况发生。站务人员或乘客需要用小锤的尖端砸碎玻璃并立即按下红色按钮。

(2)当车控室内工作人员通过监视器发现紧急安全情况或接到紧急安全通知时,可以使用车控室内的紧急停车按钮,车控室内的紧急停车按钮箱没有配备小锤,没有玻璃,可以直接按下按钮。

(3)车站督导员按下紧急停车按钮后,或在 SCC(车站控制计算机)中发现停车按钮被按下后(包括信号设备集中站发现其所属控制站的紧急停车按钮被按下后),须立即报告行调。

(4)在事故处理完毕后,确认线路全部出清,具备行车条件进,报告行调后,信号设备集中站督导员可通过 SCC 进行恢复;非信号设备集中中督导员通过通知其所属控制站督导员通过 SCC 进行恢复。

车站人员发现站台紧急停车按钮箱上的小锤子丢失后应立即告知值班站长,由值班站长上报车务部安全技术室,及时进行补充。

任务实施

1. 下发任务单,明确任务内容,学生课前按要求完成预习任务。
2. 教师先进行演示实验操作,学生分组完成任务。
3. 学生自行总扣车操作的技巧。
4. 教师和各组长担当本次任务的他人评价工作,评判同学们的任务完成情况。

任务 5.1.5 接发列车基本规定

 任务单

以小组为单位讨论以下问题	讨论意见/操作心得
学习显示手信号	
报点练习	
取消列车进路	

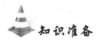 知识准备

接发列车的基本规定如下。

（1）接发列车线路的使用由行调决定。

（2）列车以规定速度进站，车站不显示接车信号。车站原则上不办理接发列车作业，遇特殊情况须接发列车时，车站接发列车人员应严格执行接发列车作业程序。

（3）站台岗人员随时注意站台乘客动态，当客车进站时应原则上于站台扶梯口靠近紧急停车按钮附近站岗，防止乘客在关门时冲上车夹伤，负责维护站台秩序，监督司机按规范动作关门。

（4）列车进出车站时，车站人员发现站台或屏蔽门/安全门异常，立即用对讲机通知司机并及时处理；列车进出车站时，司机发现站台或屏蔽门/安全门异常，立即用对讲机通知车站人员并及时处理；车站人员、司机应及时向行调报告。

（5）正线遇"特殊情况"，须接发列车时：接车时应按照《运营时刻表》及行调命令，做好接车工作。

① 接车时应按照《运营时刻表》及行调命令，做好接车工作。

② 当追踪自排不能排列进路时，车站行车值班员在 LOW 工作站上排列列车进路。

办理人工进路接发列车规定如下。

（a）接发列车人工进路的办理、锁定及解锁应在车站值班员的统一指挥下进行。

（b）进路准备妥当、现场人员撤离至规定的安全地点后，相关人员以无线电（对讲机）向车站值班员汇报，经许可后方可向列车司机显示发车或引导接车手信号。

（c）车站值班员在同意发出接发列车手信号前，还应确认相关进路、区间空闲。

③ 特殊情况下接发列车时显示手信号的时机和地点。

特殊情况下接发列车时显示手信号的时机和地点见表 5-7。

头端墙：按列车运行方向，列车停在车站时头部对应的车站端墙。尾端墙：按列车运行方向，列车停在车站时尾部对应的车站端墙。

表 5-7 特殊情况下接发列车时显示手信号的时机和地点

手信号类别	何种情况下显示	显示时机	收回时机	显示地点
停车信号	站间电话行车法行车时	看见列车头部灯开始	列车停车后	站台头端墙屏蔽门端站外方
紧急停车信号	工程列车进站或通过车站，出现危及行车安全情况；客车进站，发现危及行车安全情况，但来不及按压站台紧急停车按钮或紧急停车按钮不起作用时	立即显示	列车停车后	就近显示
减速信号	发现工程列车或客车超速时	立即显示	列车头部越过信号显示地点后	头端墙侧扶梯口，靠近紧急停车按钮附近
引导手信号	列车出发整列离开站台区，因故需退回车站时	看见列车头部灯开始	列车头部越过信号显示地点后	站台头端墙，屏蔽门与线路间站台上
好了信号	车站相关作业完成		驾驶员鸣笛回示后	规定地点
道岔开通信号	须现场人工手摇道岔准备进路时	进路准备好时	列车头部越过信号显示地点后	在操纵的道岔附近，车辆限界外

（6）关于车站报点的规定。

① 在 ATS 正常时，各站不向行调报客车到开点。

② ATS 不能正常显示时，车站向行调报点。

因为 ATS 系统自动能够绘制列车运行图，但当 ATS 系统故障时就不能够自动绘制列车运行图。

③ 当 SICAS 故障时，采用站间电话联系法的两端站和相关报点站须向行调报点，并同时向前方站报开点。

④ 客车在车站的停站时分晚 30s 以上时，车站要向行调报告原因。

⑤ 工程车运行时，在始发站、终到站、及有临时停车的车站均要向行调报点，同时向前方站报开点。

⑥ 由于列车在某站没有运行时间自动记录功能，某站负责记录上、下行站台的到发时刻，并在客车晚点时报告行调。

⑦ 人工报点时列车到、发、通过时刻的确认（系统能自动生成则以系统自动生成为准）。

到达时刻，以列车在规定位置停稳时为准。

出发时刻，以列车由车站前进启动不再停车时为准（由车辆段、车场出发以在出段/场信号机前规定的停车位置启动不再停车为准）。

通过时刻，以列车尾部经过站台中心线的时刻为准。

（7）列车进路的取消。

行调（或值班站长、行车值班员）应正确掌握开放（显示）信号时机。当取消发车进路时，应先通知驾驶员，采用站间电话闭塞法行车时，还应将行车凭证收取后，再取消发车进路。具体做法如下。

① 当调度集中模式行车时，信号开放后若要取消发车进路，行调应先通知驾驶员并得到回示后，方可取消发车进路。

② 当列车运行进路转为站控时，信号开放后若要取消发车进路，行车值班员或值班站长应先通知驾驶员并得到回示后，方可取消发车进路。

③ 采用站间电话闭塞法行车时，当行车凭证已交付驾驶员而需取消发车进路时，行车值班员或值班站长应先通知驾驶并得到回示，还应将行车凭证收回后，再取消发车进路。

任务实施

1. 下发任务单，明确任务内容，学生课前按要求完成预习任务。
2. 教师先进行演示实验操作，学生分组完成任务。
3. 学生自行总结接发列车相关规定的执行经验。
4. 教师和各组长担当本次任务的他人评价工作，评判同学们的任务完成情况。

任务5.2　调度集中时车站接发列车

任务描述

国内城市轨道交通信号系统普遍实现中央级控制，列车实行自动驾驶运行，城市轨道交通车站原则上不办理接发列车作业。由行车调度员办理列车接发作业，车站对列车运行情况进行监视，站台站务员按有关规定迎送列车。

背景知识

调度集中控制是指调度集中和行车指挥自动化两种情况。在调度集中时，由行车调度员通过进路控制终端控制管辖线路上的信号机、道岔，直接排列列车进路，办理列车接发作业，指挥列车运行以及进行列车运行调整。行车调度员通过进路控制终端键盘输入各种控制命令，控制管辖线路上的信号机、道岔以及排列列车进路；通过显示盘与显示器，准确掌握线路上列车运行和分布情况、区间和站内线路的占用情况以及信号机的显示状态和道岔开通位置等。列车进入区间的行车凭证为出站信号机的绿灯显示。如出站信号机故障,凭行车调度员的命令发车。追踪运行列车间的安全间隔由自动闭塞设备实现。

在行车指挥自动化情况下,中央 ATS 能根据当前使用列车运行图及列车运行实际情况,自动办理与实时控制车站的列车接发作业,自动完成与接发列车有关的列车进路排列和发车表示器显示控制。因此,在上述两种情况下,车站的接发列车作业,实际上是由行车调度员集中办理或中央 ATS 自动完成,车站行车值班员通过行车控制台监视列车进路排列、信号显示和列车到发、通过情况以及列车运行状态是否正常等。

行车自动化情形下的列车运行组织办法如下。

正常情况下,轨道交通的运行周期为:根据当天列车运行图规定的时间从车辆段存车线进入正线,按照 ATS 系统自动排列的进路投入运营,根据运行图规定的时刻到达沿线各站,完成运输任务,直到运营结束列车退出服务回到车辆段进行整备,整备完毕再次从车辆段出来进入正线投入运营服务为止。整个运行周期的行车组织主要由行车调度具体指挥,车辆段值班员、车站行车值班员、站台站务员及驾驶员共同完成。

工作主要分运营前、运营中及运营结束后 3 个阶段。

1. 运营前准备

1) 行车调度员

每天运营前规定时间行调根据《正线施工登记》检查当晚的所有维修施工及调试作业是否完毕及销点,线路巡视工作是否完成,确认线路出清并符合行车条件后进行下列运营前的准备工作。

(1) 试验道岔。

每天运营开始前规定时间(注:各城轨公司根据设备情况对时间标准规定有所不同),行调通知各联锁站(一般指有道岔的车站)的行车值班员试验道岔,值班主任、行调观看 ATS 的人机接口(MMI)及行调模拟屏的显示。联锁站试验完毕,行调收回控制权。值班主任、行调使用 MMI 试验进路、道岔的操作,使有关道岔处于正确位置。如果发现道岔不能正常使用,及时通知维修调度,派人检查抢修。

(2) 检查和准备。

主要检查行车值班人员到岗情况,站台是否有异物侵入限界,行车设备是否正常,备品是否齐全、完好,当日运营车、备用车安排及驾驶员配备等情况。

行调检查完毕后,于运营开始前规定时间通知电调接通牵引供电,牵引供电接通后,开始运营。

(3) 装入运营时刻表。

由于城市轨道交通一般根据客流规律采用分号运行图,故在每天运营前规定时间控制中心值班主任在 MMI 上"装入"当天使用的运营时刻表,或按实际要求进行修改(增加或删除个别列车)。一般,周一至周五工作日一套运行图,周六、周日及节假日一套运行图。

(4) 核对钟表时间。

行调、电调在开始行车前与各站(含车辆段)、各变电所(站)核对日期和钟表时间(对表);行调与车辆段派班员核对钟表时间、服务号和注意事项。

(5) 调度首班车要求。

开行首班车,应特别注意开行时间,严格按照运营时刻表组织行车,按时开出,防止晚点,首班车驾驶员应加强瞭望,注意线路情况。

2) 行车值班员和站务员

行车值班员和站务员位于车站,其工作内容是车站行车组织作业。

(1) 行车值班员。

行车值班员从 OCC 中心接受控制权,在 LOW 工作台上试验道岔,检查站台和线路出清情况,向行调汇报,并于首班客车发车前规定时间开始向乘客广播第一列车的到达时间及注意事项。值班站长(或行车值班员)与行车调度员核对时间。

(2) 站务员。

开行首班车前,车站各岗位工作人员要准时开门、开启电扶梯及照明、巡视车站等。

(3) 驾驶员。

运营前驾驶员主要进行客车整备作业,具体整备作业内容按城市轨道交通企业的《客车驾驶员手册》规定进行。一般,车辆段内线路不具备自动驾驶条件,客车出车辆段时,驾驶员凭信号采用 RM 模式驾驶客车运行到转换轨停车,待机车显示屏收到速度码"ATO"灯亮后,驾驶员确认进路防护信号开放,以 ATO 模式(部分线路以 SM 模式)运行进入正线车站投入运营。

2. 运营中作业

1) 行车调度员

运营期间行车调度员应充分使用各项调度指挥设备,组织指挥列车按照计划运行图安全、准点运行,尽量均衡在线列车的运行间隔。运营期间行调主要进行以下几项作业。

(1) 运用调度电话与车站值班员、车辆段调度员、派班员保持联系,发布调度命令,实现对列车运行的调度指挥。

(2) 进行电力供应、环境控制、防灾救护及设备维修施工等的调度指挥工作。

(3) 通过监视器监视各站的站厅、站台情况,发现异常可进行录像分析。

(4) 通过行调模拟显示屏,掌握调度区域范围内信号系统设备(轨道电路、信号机等)状况,列车占用线路情况,各次列车运行位置的动态显示。必要时,可使用中央广播向全线车站发布列车信息。

2) 行车值班员、站务员

(1) 值班站长或行车值班员。

联锁站值班站长(或行车值班员)通过计算机联锁区域操作员工作站(简称 LOW 工作站)监视列车运行情况。行车值班员通过监控设备观察站台情况,向站务员发布相关命令,如:自动售票机前排队过长,可通知站务员引导顾客到站台上其他售票机前购票;站台卫生、站台客流拥堵等都可通过对讲机通知站务员处理及疏导。

行车值班员通过环控监控设备监控站台环境情况,随时调整环境湿度和温度,当调整内容不在站控范围内时应与 OCC 中的环调联系,由环调控制。当出现紧急情况需紧急停车时(如车门夹人或物),行车值班员可通过车控室的紧急停车按钮实施紧急停车。爆发大客流时,行车值班员可操作相关设备开放站台所有闸机,疏导出闸客流。

(2) 站务员。

在客车进站时,站务员原则上应站在站台扶梯口靠近紧急停车按钮处,应随时注意列车运行情况及站台乘客动态,防止乘客在列车关门时冲上车被夹伤,同时负责维护站台秩序,监督驾驶员按规范动作关门。

当发生紧急情况需要停车时,站务员可按下紧急停车按钮实施紧急停车。一旦实施紧急停车,驾驶员不得动车,只有车控室授权才能动车。发车时,站务员(或驾驶员)发现站台或屏蔽门异常,应通知驾驶员并及时处理。当乘客上下车完毕,确认车门关闭状态良好,列车具备了发车条件后,方可向驾驶员显示发车信号。

3) 驾驶员

(1) 列车出库。

列车整备完毕,列车状态符合正线服务后,报告车厂信号值班员列车整备完毕;确认出厂信号开放,按该列车出车厂时刻以 RM 模式驾驶列车出库,整列离开库门前限速 5 km/h;库大门前、平交道口应一度停车,确认线路状况良好后动车;列车运行到转换轨一度停车,待显示屏收到速度码,"ATO"灯亮后,驾驶员确认进入进路防护信号开放,以 ATO/SM 模式运行至车站。

(2) 正线运行。

列车运行期间在"ATO"驾驶模式下,驾驶员要注意观察列车显示屏信息、各指示灯和仪表显示、自动开关状态。列车运行中坚持不间断瞭望前方进路状态,发现线路、弓网故障及其他轨旁设备损坏或超限时,及时采取紧急措施,并报告行调。区间发生故障,尽可能维持到进站处理。遇故障列车需维持运行至终点站时,驾驶员必须时刻确认列车运行状态,防止列车故障的进一步扩大。列车接近进站时,密切观察站台乘客状况,遇乘客较多或有越出站台黄色安全线,应及早鸣笛示警,遇危及列车运行或人身安全时,立即采取紧急措施。

列车故障或其他原因需临时停车,驾驶员可通过列车紧急广播或人工广播安抚乘客。在车站如已知前方受阻延误等候开车时间较长,驾驶员开启客室门,并配合站务人员做好宣传解释,减少不必要的乘客投诉。

(3) 站台作业。

在 ATO 模式下,列车进站自动对标停车后,列车显示屏出现相应侧车门释放信息,车门自动打开,无特殊情况(列车无故障或无接听行调电话)乘务员须在确认驾驶员台气制动"施加"红色指示灯亮后立即到站台(驾驶室旁)立岗,监视站台乘客上下车情况和车辆的状态。

客车进站停车头部越过停车标时,根据越出站台的长度多少进行不同的处理,实现对位停车。

《运营时刻表》中没有规定通过车站或无行调命令,驾驶员不得驾驶客车通过车站。但当客车通过车站时,驾驶员应及时广播通知乘客,以防恐慌。运营时间内,驾驶员没有得到行调批准时,禁止使用 URM 模式驾驶;当 ATP 车载设备故障时只能用 URM 模式驾驶,则按规定程序及速度运行。

3. 运营结束时和结束后的作业

1) 行车调度员

每天运营结束后，行车调度要对当天的行车工作进行分析、总结。运营结束后，行调的作业主要包括以下几个方面。

（1）打印当日计划、实际运行图。

（2）编写运营情况报告，如运营日报。其主要内容有：当天完成运送客运量、客车开行情况、兑现率及正点率和月度累计指标等；运用客车数及投入使用客车数；客车加开、停运及中途退出服务的情况；耗电量和温度、湿度情况；客车服务情况，包括事故、故障和列车运行延误及处理；有关工程列车、试验列车运行方面的信息。

（3）进行客车统计分析，包括计划开行列数、实际开行列数、救援列次、清客列次、下线列次、晚点列数和正点率、运营里程（列公里）等。

2) 行车值班员、站务员

车站在尾班列车开出前应在规定时间开始广播，通知停止售票和进站检票工作，检查确认付费区内乘客均已上车，确认无异常情况后才能向驾驶员显示发车信号。

3) 驾驶员

运营结束后，客车进行回厂作业。运营列车结束服务到达回厂站后，广播通知乘客下车，确认全部乘客下车后，按站务人员给的"好了"信号关门。完成折返，确认进路防护信号开放正确后，以 ATO 模式或 SM 模式（该模式可自行转换）驾驶列车至转换轨一度停车。用电台联系信号值班员，确认列车停放的股道和进路情况。确认入厂信号黄灯亮后，驾驶员驾驶列车入厂。

任务 5.2.1　中央级控制设备运作特点

任务单

以小组为单位讨论以下问题	讨论意见/操作心得
中控时设备运作特点	
操作设备和确认设备反应	

知识准备

调度集中控制是指调度集中和行车指挥自动化时的情况。

中央级控制设备运作特点

1) 正常情况下的控制方式

正常情况列车的运行处于中央集中自动监控状态。系统的进路控制和列车控制方式如下。

(1) 根据联锁表、计划运行图及列车位置,自动生成、判断、输出进路控制命令,传送到联锁设备,设置列车进路。

(2) 根据计划运行图自动控制列车的运行时分和停站时分,在停站时间终止后,自动发送停车点取消命令到 ATP 设备,允许列车发车。列车在 ATP 的安全保护下,按照 ATS 指令由 ATO 实现列车的自动驾驶。列车运行状态通过车站联锁设备反馈至中央,构成一个闭环的列车运行控制系统。当列车运行与实施计划运行图发生一定程度内的偏差时,由中央 ATS 自动调整列车的停站时分和区间运行时分,控制列车运行时间轨迹,以符合实施的计划运行图。

(3) 列车运行控制方式示意图如图 5.9 所示。

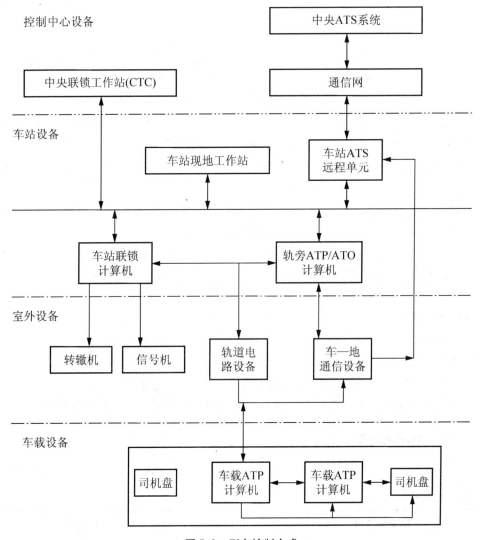

图 5.9　列车控制方式

2) 控制中心 ATS 人工控制方式

(1) 采用中央 ATS 人工控制方式时,中央调度员在调度工作站上将信号机(可以是单个、部分或全部信号机)设置为人工控制状态,被设置的信号机就进入中央 ATS 人工控制方式;或调度员将列车(可以是单个、部分或全部列车)设置为非自动调整状态,被设置的列车按图定的走行时分和停站时分运行,对于列车的早晚点不进行自动调整。未被设置的信号机、列车仍保持自动进路控制及列车自动运行调整,控制流程如图 5.10 所示。

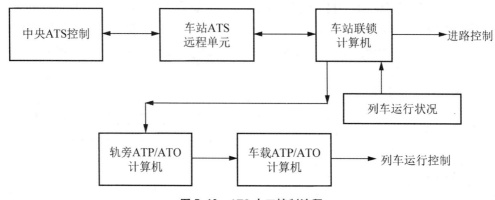

图 5.10　ATS 人工控制流程

（2）ATS 人工控制方式由调度员在调度工作站上人工发出相关命令,对进路及在线运行的列车进行人工干预。其控制内容包括以下几方面。

① 在 ATS 行车调度工作站对计算机联锁设备发出进路控制命令,由联锁设备排列列车进路。

② 当列车的实际运行与实施的计划运行图之间发生严重偏差时,调度员采取"扣车"、跳停、改变区间走行时分、在线个性计划运行图等手段人工调整列车运行。

③ 人工设定列车识别号。当列车发送上来的 ATS 与计算机显示的识别号不一致时,调度员在工作站上对该列车的识别号进行重新设定、修正及删除等操作。

1. 下发任务单,明确任务内容,学生课前按要求完成预习任务。
2. 教师先进行演示实验操作,学生分组完成任务。
3. 学生自行总结中控时设备运作的特点。
4. 教师和各组长担当本次任务的他人评价工作,评判同学们的任务完成情况。

任务 5.2.2　列车到达与出发作业

以小组为单位讨论以下问题	讨论意见/操作心得
发车指示	
模拟练习站台接发列车作业	

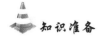 知识准备

1. 司机发车指示

（1）发车指示器接收 ATS 子系统提供的停站时间信号，为列车司机提供到站停车时间、发车时间、晚点时间。在列车停稳后按 ATS 指定的停站时间开始进行倒计数，显示 2~3 位数字，到"00"时，列车出发，之后列车如果仍未出发，则显示器以正计数显示晚点时间。

（2）发车指示器安装于车站运行方向站台端部，每个车站左右线正常载客运行方向的站台端部各安装一台，提供以下显示状态。

① 前列车发出后至下列车到站停稳前处于熄灭（无显示）状态。

② 列车停稳后，从 ATS 给定的时间开始，以秒为单位倒计时显示。

③ 在倒计时过程中，可控制时间停止（如执行扣车命令）。在停止后到达最大显示值，停止点时间或最大值闪光显示。

④ 倒计时超出预定值后，以秒为单位递增显示超过的停站时间，最大值为 999。

2. 列车发车作业

（1）司机在列车停站乘客上下车过程中，注视发车表示器的显示，在见到发车表示器开始闪光及站台候车乘客上车基本完毕时，即刻按压列车关门按钮。

（2）司机确认列车客室车门关闭好，无人夹人、夹物等不安全情况后，即刻上车。

（3）司机确认发车表示器显示稳定白色灯光，列车已收到速码后，立即按压 ATO 发车按钮，并做好客室的到站广播。

（4）站台警卫人员，在列车发车过程中，要维持好站台乘客上下车及候车秩序，并协助司机关好车门，遇有危及行车与人身安全时，立即使用站台紧急停车关闭按钮等安全设备，确保行车与人身安全。

在车站站台上按列车运行方向设有紧急关闭按钮，当站台上发生危及行车安全及人身安全的情况时，应迅速按压相应的紧急关闭按钮，此时，控制台上的紧急关闭表示灯亮红灯，防护该站台的信号机关闭，同时中断列车运行，集中站值班员应迅速了解情况，在得到事件已处理完毕的报告后，应按规定破封，相应的紧急关闭钥匙插入站台紧急关闭复原按钮开关内，转动后，紧急关闭表示灯恢复正常。

3. 列车到达作业

（1）列车接近车站时，司机做好客室到站广播。

（2）列车进站。司机要加强瞭望，遇有危及行车与人身安全的险情时，立即采取紧急停车措施，确保行车与人身安全。

（3）列车进站为自动定点停车。

（4）列车进站停准后，司机应立即打开客室车门，确保乘客上下车。

（5）站台警卫人员要维持好站台乘客上下车及候车秩序，并协助司机关好车门，遇有危及行车与人身安全时，立即使用站台紧急停车关闭按钮等安全设备，确保行车与人身安全。

任务实施

1. 下发任务单，明确任务内容，学生课前按要求完成预习任务。
2. 教师先进行演示实验操作，学生分组完成任务。
3. 学生自行总结站台岗接发列车工作的技巧。
4. 教师和各组长担当本次任务的他人评价工作，评判同学们的任务完成情况。

任务 5.2.3　列车到发意外处理

任务单

以小组为单位讨论以下问题	讨论意见/操作心得
列车进站没有按规定位置停车，应如何处理？	
通过列车作业应如何处理？	

知识准备

1. 列车发车时间已到(已停站30s)，发车表示器不亮，此时，司机应向行车调度员报告，并根据行车调度员下达的命令发车

2. 列车进站未能按规定停车位置停车时的处理

(1) 列车未到停车牌停车时。

司机可按3km/h速度向前移动对停车位置。

(2) 列车越过停车牌停车时。

① 第一扇客车门不影响乘客上下车的情况。

(a) 列车不必退行对位。(有屏蔽门和安全门的车站除外，遇有屏蔽门和安全门的车站列车必须停准，确保乘客上下车安全。)

(b) 司机切除ATP门控旁路开客车门开客室车门，开门后即刻恢复ATP门控开关，后按行车调度员下达的命令关门及发车。

② 第一扇客车门影响乘客上下车的情况。

(a) 司机立即用无线电话向行车调度员提出"×××次请求退行对位"。

(b) 行车调度员接到司机请求报告后，先采取以下措施。

若后续列车未进入相邻站间区间，则将后续列车扣在后方相邻车站。

若后续列车已经进入相邻站间区间，则给后续列车司机下达停车命令。

收到后续列车已经停车报告后命令行车值班员连续广播两遍"列车退行对位，请乘客注意安全"，报行调，行车调度员用无线电话命令司机以3km/h限速退行对位。

(c) 列车退行过程中，警卫负责列车尾部及站台上的行车与人身安全。

(d) 列车退行对位及时打开客室车门后，立即向行车调度员报告退行完毕，行车调度员收到退行完毕后，下令后续列车恢复运行。

3. 信号与屏蔽门/安全门接口故障的处理

(1) 客车在进入车站站台区前或在站台区收不到速度码的处理规定如下。

① 当客车在进入车站站台区前停车时，报告车站及行调，司机按行调的命令操作并确认运行前方的站台区轨道空闲后，以 RM 模式（如 RM 模式产生紧急制动时，改按 URM 模式进站，对标后恢复 ATP）进站对标停车，上下乘客完毕关好屏蔽门/安全门、车门后收不到速度码时，车站派站务人员在 PSL 上按"屏蔽门/安全门互锁解除"开关，收到速度码后以 AM/SM 模式动车，如收不到速度码按行调的命令以 URM 或 RM 模式动车。车站派站务人员在下一趟客车到站前在 PSL 上按"屏蔽门/安全门互锁解除"开关，直至客车出站。

② 当客车在车站关好屏蔽门/安全门、车门后，收不到速度码时，司机立即报告车站及行调，车站派站务人员在 PSL 上按"屏蔽门/安全门互锁解除"开关，收到速度码后以 AM 模式动车，如收不到速度码按行调的命令以 URM 或 RM 模式动车。

(2) 车站接到行调或司机报告在车站进站前或在站台区收不到速度码时，立即检查站台区和屏蔽门/安全门的状态，发现异常立即通知司机和报告行调。

(3) 值班主任助理接到故障报告后，立即组织维修人员前往抢修。

4. 屏蔽门/安全门与车门不能联动的处理

(1) 车载 ATP 故障，屏蔽门/安全门与车门不能联动时，当客车离前方终点站 5 个站及以上时，行调通知下一车站派站务人员（如客车有 2 名乘务员则车站不派人）上驾驶室，协助司机开关屏蔽门/安全门。

(2) 屏蔽门/安全门与车门联动功能故障的情况下。

① 客车配一名司机时，车站安排一名员工协助司机开关屏蔽门/安全门，协助司机瞭望进路，监督客车司机按规定速度运行。

② 客车在投入客运服务前，须把开门状态开关打到手动位；客车在车站停稳后，应迅速打开驾驶室门，先由屏蔽门/安全门操作员操作打开屏蔽门/安全门，后由司机打开客室门；上下乘客完毕后，先关闭屏蔽门/安全门，再关闭客室门，并确认无夹人、夹物时，进入驾驶室开车。

5. 办理列车通过作业的规定

(1) 一般情况不采取通过作业，遇运行紊乱、行车调度员应及时采取适当措施，但应早做安排，并及时通知关系车站与司机、由车站、司机做好广播宣传工作。

(2) 广播故障的列车，原则上不办理车站通过作业。

(3) 高峰时段少用、慎用通过作业。

(4) 固定载客的首末班车不办理通过作业。

(5) 不允许连续两列车在同一车站办理通过作业。

(6) 客流大站原则上不办理通过作业。

(7) 通过车站作业原则上在始发站乘客上车前安排，如必须在中途办理通过作业时应提前两站通知有关列车司机、车站。

(8) 列车限速 45km/h 通过车站。如限速标识低于上述规定，则按限速标示要求执行。

 任务实施

1. 下发任务单，明确任务内容，学生课前按要求完成预习任务。
2. 教师先进行演示实验操作，学生分组完成任务。
3. 学生自行总结列车到发意外处理的技巧。
4. 教师和各组长担当本次任务的他人评价工作，评判同学们的任务完成情况。

任务5.3　车站级控制时车站接发列车

 任务描述

车站控制是指调度监督和改用电话闭塞法两种情况。在调度监督情况下，由于行车调度员只能监督现场设备和列车运行状态，不能直接控制现场列车运行，因此控制权下放，由车站行车值班员运用车站信联闭设备办理接发列车作业。在停止使用基本闭塞法，改用电话闭塞法行车时，控制权下放，实行车站控制，即由车站行车值班员办理接发列车作业。

 背景知识

ATS 设备故障

(1) 本地 ATS 设备故障。当一个集中站一套 ATS 设备出现故障时，可由另一备用 ATS 设备接替管理，不影响使用。当一个集中站双套 ATS 设备出现故障时，OCC 失去该集中站车站的站场显示，并显示"CATS 服务器与 LATS 服务器连接断开"；该集中站联锁功能仍正常，可自动转为紧急站控模式，该站时刻表功能不可用。故障发生后具体处理措施如下。

① 行调与故障集中站相互通报与确认故障，故障集中站进路由行车值班员设置为自动通过进路、自动折返进路或者由行车值班员人工排列有关进路。

② OCC 及时通报维修部门进行处理。

③ 在 CBTC 模式下，在本集中站范围内，已采用 ATO 模式驾驶的列车仍然可以继续运行到下一站台，出站时 ATO 模式将无法使用，行调与司机相互通报与确认故障，要求司机采用 MCS 模式。

④ 原则上行调无需铺画列车运行图，各站无需报点，但故障区域及相邻车站应记录各次列车的到发时刻并及时填记《行车值班员工作日志》。

(2) 中心 ATS 设备故障。当一套 ATS 设备出现故障时，可由另一备用 ATS 设备接替管理，不影响使用。当中心双套 ATS 设备出现故障时，OCC 失去所有车站的站场显示；在所有集中站显示"LATS 与中心连接断开"，所有集中站可自动转为站控模式，车站时刻表功能可用，进路可自动办理。故障发生后具体处理措施如下。

① 行调与各集中站相互通报与确认故障，要求各集中站确认是否处在站控状态、监督与控制好本集中站管辖范围内进路排列与列车运行情况，发现异常情况及时汇报行调处理。

② OCC 及时通报维修部门进行处理。

③ 在 CBTC 模式下，在全线范围内，已采用 ATO 模式驾驶的列车仍然可以继续运行到下一站台，出站时 ATO 模式将无法使用，行调与司机相互通报与确认故障，要求司机采用 MCS 模式。

④ 原则上中心 ATS 故障初期（30 分钟内）行调无需铺画列车运行图，各站无需报点，但各站应记录各次列车的到发时刻并及时填记《行车值班员工作日志》；故障发生 30 分钟后，各集中站须向行调报点，行调铺画运行图以掌握和控制列车运行间隔。

任务 5.3.1　车站级现地控制时设备运作特点

任务单

以小组为单位讨论以下问题	讨论意见/操作心得
观察车站控制时，设备运作的特点	
在车站控制时办理列车进路	

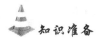知识准备

车站级现地控制时设备运作特点

根据控制操作的需要，车站联锁设备与中央 ATS 系统通过通信对话可实现车站和中央两级控制之间的转换。在中央 ATS 系统故障下或经车站值班员申请，中央调度员批准后，系统可改由车站级现地控制方式进行操作控制。在特殊情况下，车站值班员可强行取得联锁设备控制权。车站现地控制方式下，系统最大限度地保持进路自动控制和列车运行自动调整功能。

1）ATS 系统正常情况下的车站级控制方式

（1）在中央 ATS 系统正常时，根据运营需要，中央可以将控制权下放到联锁设备集中进行车站级控制，其控制流程如图 5.11 所示。

（2）控制权下放后，车站的进路控制和列车运行控制方式。

如果未经过车站值班员修改，控制权下放前所有自动控制的进路和信号机在控制权下放后仍然维持中央 ATS 系统原来的自动控制方式，即根据计划运行图及列车位置自动设置进路；原由 ATS 人工控制的进路和信号改由车站值班员在现地工作站上人工控制。

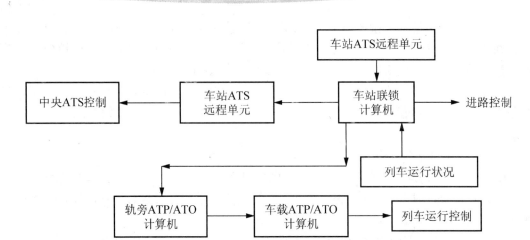

图 5.11　ATS 系统正常情况下的车站级控制方式

控制权下放前处于运行自动调整和非自动调整的列车，在控制权下放后仍然维持原来列车运行控制和调整方式不变。

2) ATS 故障情况下的车站控制方式

(1) 在中央 ATS 或中央车站的信息传输网故障情况下，可采用不同的方法来保持进路的自动控制功能。控制流程如图 5.12 所示。

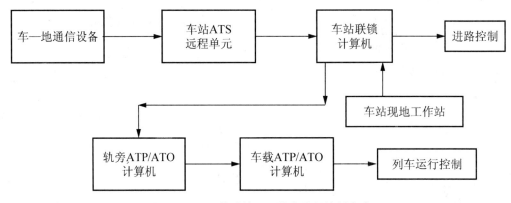

图 5.12　ATS 故障情况下的车站级控制方式

(2) 中央 ATS 故障后，车站级的进路控制和列车运行控制方式如下。

如果未经过车站值班员修改，中央 ATS 故障后进路和信号机的原控制模式不变。即原来处于 ATS 自动控制的进路和信号机变为车站级下的自动控制状态，由联锁设备根据下载的列车时刻表和列车运行位置，或经车—地通信设备将列车目的地号发送到联锁集中设备站的 ATS 单元，联锁设备根据获取的列车目的信息及列车位置继续保持这些进路的自动控制功能，原由 ATS 人工控制的进路和信号改由车站值班员在现地工作站上人工控制。

中央 ATS 故障后，列车运行控制也会因为不同的信号系统制式有所不同。除了采用运行图下载方式的信号系统制式外，一般不能维持列车的自动调整运行功能，此时系统根据区间运行和站台停站时分缺省来控制列车运行。需要时，车站值班员可在现地控制盘上进行"扣车/终止扣车"的操作以及在车站现地工作站上人工进行"取消停车点"的操作,来控制列车的停站时间。

3) 车站 ATS 分机/远程单元故障下车站联锁设备控制方式

(1) 车站值班员在车站的现地工作站上通过鼠标、键盘等设备人工排列进路,并可对联锁控制范围内的信号机、道岔和轨道区段进行设置操作。

(2) 在联锁设备人工控制方式下,联锁设备集中站的值班员可在现地工作站上将信号机设定为联锁自动进路状态。信号机被设置为联锁自动进路状态后,当列车运行至接近信号机的适当位置时,自动触发进路排列命令,由联锁设备为列车排列固定的列车进路(每个信号机只能设置一条固定进路)。

(3) 该控制方式下列车运行不能实现自动调整。列车运行控制方式与"ATS 系统故障情况下的车站级控制方式"相类似,其控制流程如图 5.13 所示。

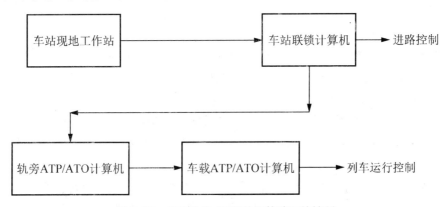

图 5.13 ATS 分机/远程单元故障下的控制

任务实施

1. 下发任务单,明确任务内容,学生课前按要求完成预习任务。
2. 教师先进行演示实验操作,学生分组完成任务。
3. 学生自行总结车站控制时车站控制设备运作的特点。
4. 教师和各组长担当本次任务的他人评价工作,评判同学们的任务完成情况。

任务 5.3.2 联锁站接发列车

任务单

以小组为单位讨论以下问题	讨论意见/操作心得
控制权转换操作	
办理进路	
取消运营点	

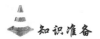 知识准备

联锁站接发列车

在调度监督情况下,由于行车调度员只能监督现场设备和列车运行状态,不能直接控制列车运行,因此,由车站行车值班员运用车站信联闭设备办理接发列车作业。

1) 移交控制权

控制权的转移有强行和非强行两种。车站和中央控制中心经联系后,按规定的操作方式办理控制权的转移。

2) 接发列车作业

在联锁站接发列车时,进路需要人工在 LOW 工作站上设置,列车在 ATP 保护下以 ATO 或 SM 模式驾驶运行。

(1) 布置与准备进路。

① 进路的布置。在轨道交通系统中,接发列车的关键是正确及时地准备好列车进路,值班站长或行车值班员必须亲自布置和确认进路是否准备妥当。布置准备进路时,一定要确定车次和列车占用线路情况。

② 准备进路。ATC 系统的 ATS 子系统能根据列车运行图自动排列进路、开放信号。当中央 ATS 系统故障,可通过计算机联锁区域操作员工作站(简称 LOW 工作站)人工排列进路。

在 LOW 上,要排列一条基本进路,只要用鼠标的左键单击 LOW 主窗口(图像放大区)上要排列进路的始端信号机,再用鼠标右击要排列进路的终端信号机,此时所选始端信号机和终端信号机都会被打上灰色底色,然后在对话窗口中的命令显示栏(在 LOW 的左下角)用鼠标的左键单击"排列进路"的命令,最后用鼠标的左键单击对话窗口中的"执行"按钮。此时,联锁计算机就会自动检查该进路的进路建立条件,如果满足进路的建立条件,相应的进路会自动建立,并进入相应的监控层,如果达到了主信号层,且始端信号机正常时,始端信号机就自动开放。

在 LOW 上,变更点为红色三角形。在始端信号机到终端信号机有两条不同的路径的情况下,为了区分这两条不同的路径设置了变更点,可以提高运营的效率。在 LOW 上,要排列一条变更进路,只要用鼠标的左键单击 LOW 主窗口(图像放大区)上要排列进路的始端信号机,用鼠标右击变更点,再用鼠标右击要排列进路的终端信号机,此时所选始端信号机、变更点和终端信号机都会被打上灰色底色,然后在对话窗口中的命令显示栏(在 LOW 的左下角)用鼠标的左键单击"排列进路"的命令,最后用鼠标的左键单击对话窗口中的"执行"按钮。

(2) 报点规定。

列车到、发和通过时刻的确认方法如下。

到达时刻,以列车在规定位置停妥为准。

出发时刻,以列车由车站(包括车辆段规定发车地点)前进起动不再停车时为准。

通过时刻，以列车最前部通过站台末端行车室时为准。

(3) 中央 ATS 故障会造成各车站的旅客向导信息无法显示，站务人员应及时对旅客广播，组织引导旅客有序乘车。

(4) 在中央 ATS 系统故障时的现地控制模式下，OCC 行车调度员应通过通信系统与列车驾驶员保持联系，并通过调度电话联锁值班员通信，来了解列车运行情况。

3) 接发列车作业程序

(1) 联锁站的接车作业程序见表 5-8。

表 5-8 接车作业程序及用语

作业程序	作业程序及用语			
	值班站长	LOW 操作员（行车值班员）	站台站务人员	说明事项
一、听取报告	1. 根据《行车日志》和 LOW 工作站显示，确认接车线路空闲		1. 携带相关备品到指定位置待命	
	2. 听取发车站报告"×次预告"并复诵，填写《行车日志》			
二、准备进路，开放信号	3. 通知 LOW 操作员："排列×次接车进路"，并听取复诵	1. 复诵："排列×次接车进路"		
	4. 确认接车进路防护信号开放正确后，复诵："进路防护信号好了"，并通知发车站	2. 在 LOW 工作站上排列接车进路，确认进路防护信号开放后口呼："进路防护信号好了"		
三、接车	5. 听取发车站报点并复诵，填写《行车日志》			
	6. 通知站台站务人员："×次开过来了，准备接车"，并听取复诵		2. 复诵"×次开过来了，准备接车"，立岗接车	
	7. 监视列车到达（通过）	3. 监视列车到达（通过）	3. 监视列车到达（通过），并注意站台乘客安全	
四、报点	8. 向发车站报点"×次×站×点×分×秒到（通过）"，并填写《行车日志》			

(2) 联锁站的发车作业程序见表 5-9。

表 5-9 发车作业程序及用语

作业程序	作业程序及用语			
	值班站长	LOW 操作员（行车值班员）	站台站务人员	说明事项
一、发车预告	1. 根据"行车日志"和 LOW 工作站显示，确认接车线路空闲，向前一 LOW 工作站预告："×次预告"，并填写《行车日志》		1. 携带相关备品到指定位置待命	
二、准备进路，开放信号	2. 听取前一发车站报点"×次×站×点×分×秒开"并复诵，听取接车站接车进路准备妥当的通知，客车进站后排列发车进路			
	3. 通知 LOW 操作员："排列×次发车进路"，并听取复诵	1. 复诵："排列×次发车进路"		
	4. 确认发车进路防护信号开放正确后，复诵："进路防护信号好了"	2. 在 LOW 工作站上排列发车进路，确认进路防护信号开放后口呼："进路防护信号好了"		
	5. 通知站台站务人员："×次发车进路好了，准备发车"，并听取复诵		2. 复诵："×次发车进路好了，准备发车"	
三、发车			3. 确认后三节车门关闭后，向驾驶员显示"车门关闭好了"的手信号	
	6. 监视列车出站	3. 监视列车出站（直至列车出清联锁区）	4. 监视列车出站，并注意站台乘客安全	
四、报点	7. 向接车站报点："×次×站×点×分×秒开"，并填写《行车日志》			
	8. 向行调报点："×次×站×点×分×秒开"			

任务实施

1. 下发任务单，明确任务内容，学生课前按要求完成预习任务。
2. 教师先进行演示实验操作，学生分组完成任务。
3. 学生自行总结联锁站接发列车的工作技巧。
4. 教师和各组长担当本次任务的他人评价工作，评判同学们的任务完成情况。

任务5.3.3　电话闭塞法时车站接发列车

任务单

以小组为单位讨论以下问题	讨论意见/操作心得
练习电话闭塞接发列车作业程序	

知识准备

由于电话闭塞法行车时无设备控制，为了防止因疏忽向占用区间发车，造成同向列车追尾，要求车站行车值班员在办理接发列车作业过程中，严格按照作业程序和要求进行，严把"承认闭塞和填发路票"两大关卡，确保车站能按列车运行图，不间断地接发列车，确保接发列车作业安全。

1. 准备工作

1）下达"调度命令"

需停止使用基本闭塞，改按电话闭塞法行车时，有关车站行车值班员应按行车调度员的命令办理。行调及时向有关车站发布口头命令："从×时×分起，在上行线×站至×站间采用电话闭塞法组织行车，在下行线×站至×站间采用电话闭塞法组织行车。"

行车调度员在发布命令之前，应详尽了解现场情况，根据规定确定停用基本闭塞设备，改按电话闭塞法行车。停止基本闭塞法时机得当，方法措施正确。

2）车站控制权的下放

车站和中央控制中心经联系后，按规定的操作方式，办理控制权的转移。

2. 作业项目

在联锁站联锁设备故障需采用电话闭塞法行车时，目前我国城市轨道交通系统尚无统一的电话闭塞法行车的作业标准。下面以国内某轨道交通公司为例，说明电话闭塞法的接发列车作业标准的基本内容。

注意： 有的城市轨道交通企业为了提高效率，按电话闭塞法组织行车时，路票虽按规定填写，但不交给驾驶员，车站存档。关于路票的填写，有的企业由行车值班员填写，有的由站台发车人员填写。

1) 使用电话闭塞时

（1）行调及时向有关车站发出命令，命令包括从站至站间采用站间电话闭塞组织行车；由行调或通过车站通知司机口头调度命令的内容。

（2）车站和行调共同确认第一趟发出的列车运行前方的车站和区间空闲。

（3）司机在故障区段范围内的各区间运行，凭行调口头命令用RM模式驾驶，注意加强瞭望和行车安全。

（4）有关车站值班站长接到行调命令后，采取站控组织控制行车；在每个站台监控亭分别派值班员负责接发列车，并通知邻站采用站间电话闭塞法组织行车。

（5）进路准备。即故障联锁站正线上的道岔均要开通正线，并使用钩锁器锁定；两端站的折返道岔在确认位置正确后，使用钩锁器但只挂不锁。

（6）接发列车。即接车站值班员确认站内线路及区间空闲后，同意接车；发车站值班员接到到接车站同意接车的通知后，向司机显示发车指示信号，司机关门并确认发车指示信号显示正确后开车。

（7）每一站间区间及前方站内线路只允许一列车占用。

2) 按电话闭塞法组织行车时车站发车

（1）行车值班员发现联锁设备出现异常后，立即报告行调，通知值班站长、信号工区，并在《施工检修作业登记簿》内登记。

（2）行车值班员派有关人员到现场检查确认进路空闲，无危及行车安全情况。

（3）行调及时向有关车站及驾驶员发布调度命令："从×点×分起，在×站至×站间采用站间电话闭塞法组织行车"。调度命令可由行调向驾驶员直接发布或通过车站向驾驶员口头转达调度命令的内容。

行车值班员在接收行调发布的采用站间电话闭塞法组织行车的调度命令时，应将发令时间、命令号码、受令处所、命令内容、收发命令人员姓名等填记在《调度命令登记簿》内。

（4）车站和行调共同确认第一趟发出列车运行前方的区间空闲后，向接车站请求发车。

（5）接车站根据收到的同方向前次列车在前方站出发的电话报点记录，并接车进路准备妥当后，方可同意闭塞，发出同意接车的电话记录号码，发车站复诵并填写《行车日志》。

（6）发车站在查明区间空闲，确认发车进路准备妥当后，方可根据取得的接车站同意接车的电话记录号码，指示站台接发车人员填发行车凭证——路票，准备发车。

（7）接发车人员按要求填写好路票，核对无误后，方可交与驾驶员，并向车控室汇报。

（8）驾驶员接到路票后方可关门，凭车站的发车信号动车。

（9）列车尾部离开站台头端墙时行车值班员向行调及后方站报点："×次×站×点×分开"，并填写《行车日志》。

3) 按电话闭塞法组织行车时的接车

（1）接受行调发布的按站间电话闭塞法组织行车的调度命令。

(2) 听取发车站发车请求,并根据调度命令与行调共同确认区间空闲,根据《行车日志》确认前方区间及站内线路空闲。

(3) 行车值班员向准备进路人员下达准备接车进路的命令,并听取复诵。

(4) 行车值班员得到接车进路准备妥当的报告后,向发车站发出同意接车的电话记录号码,并听取复诵。

(5) 通知站台接发车人员准备接车。

(6) 接发车人员在站台头端墙指定处显示停车信号,向驾驶员收回路票,并打"×",同时报告车控室"路票收回"。

(7) 车控室通过CCTV监视列车到达。列车停稳后行车值班员向行调报点:"×次×站×点×分到",并填写"行车日志"。

 任务实施

1. 下发任务单,明确任务内容,学生课前按要求完成预习任务。
2. 教师先进行演示实验操作,学生分组完成任务。
3. 学生自行总结电话闭塞接发列车员工作技巧。
4. 教师和各组长担当本次任务的他人评价工作,评判同学们的任务完成情况。

任务 5.4 车站列车折返作业

 任务描述

城市轨道交通系统中的列车是规定线路运行的,当其运行到线路终点或目的地后,为保证列车运行的安全空间不被侵入,必须转到相反运行方向的线路上运行,其运行线构成了城市轨道交通系统的列车交路计划,该计划是充分发挥现有列车利用率,保证列车不间断运行的列车运用计划。列车交路计划的实现,只能在两个设有渡线或折返线的车站间进行。

 背景知识

1. 自动折返作业类型

1) 无折返轨的自动折返(换向)

如图 5.14 所示,列车以 SM 或 ATO 模式进入折返轨的终端站站台,显示屏出现折返图标和 AR 符号,列车停稳后,自动折返灯亮,司机按下自动折返按钮,使自动折返灯灭,显示屏上的折返图标出现黄色背景,此时司机可关主控钥匙,到另一端驾驶室。在另一端驾驶室,司机看到自动折返灯闪亮,SM 灯亮,可开主控钥匙,自动折返灯灭,显示屏显示 SM 模式,换向完成。

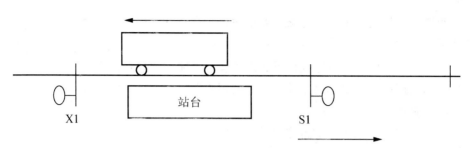

图 5.14 无折返轨的自动折返

2) 有折返轨的自动折返

有折返的自动折返在具体动作中也可分为有人折返和无人折返。

列车进行折返作业，根据不同的情况采取不同的方法，下面就不同的情况，介绍简单的作业程序。

(1) 有人折返。

折返作业过程如图 5.15 所示，列车以 SM 或 ATO 模式进入站台，显示屏出现折返图标和 AR 符号，列车停稳后，自动折返灯亮，司机按下自动折返按钮，使自动折返灯灭，显示屏上的折返图标出现黄色背景，当折返进路 S4—S2 排列好时，信号 S4 开放，关车门后，停车点取消，司机可用 ATO 或 SM 模式驾驶列车进入折返轨至停车点停车，关主控钥匙，到另一驾驶室。另一驾驶室的自动折返灯闪亮，SM 灯亮，司机开主控钥匙，自动折返灯灭，显示屏显示 SM 模式，当进路 X2—X4 排列好时，信号机 X2 开放，停车点取消，司机可用 ATO 或 SM 驾驶列车到站台，有人自动折返完成。

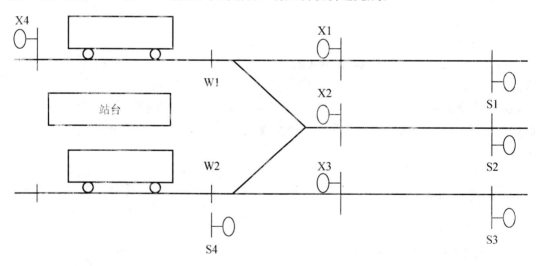

图 5.15 有折返轨的自动折返

(2) 无人折返作业过程。

如图 5.15 所示，列车以 SM 或 ATO 模式进入站台，显示屏出现折返图标和 AR 符号，列车停稳后，自动折返灯亮，司机按下自动折返按钮，使自动折返灯灭，显示屏上折返图标出现黄色背景,先清客,关车门后,并主控钥匙,离开驾驶室到站台的无人折返钥匙开关处,操作此开关,当进路 S4—S2 排列好时,停车点取消,列车自动驶入折返轨;当进路 X2—X4 排列好驶出折返轨时,到达站台停下,司机进入下行端驾驶室(运行方向),此时自动折返灯闪亮,SM 灯亮,司机开主控钥匙,自动折返灯灭,显示屏显示 SM 模式,无人折返完成。

2. 折返进路的模式

1) 两种基本折返进路的优缺点

(1) 站后折返的优缺点。

如图 5.16(a)所示,上行到达列车进站,停靠车站站台(a),在规定的列车停站时间内乘客下车完毕;列车由车站正线进入尽端折返(b),调车进路可预办;列车在折返线,前后部司机立即进行换头作业,停留规定时间后,在前一列下行出发并已经驶离车站闭塞分区,同时道岔开通车站正线和调车信号开放,进入下行车站正线(c),完成折返调车作业。

此种站后折返方式,出发列车与到达列车不存在敌对进路交叉,行车安全;而且列车出站速度高,有利于提高旅行速度,因此,站后折返方式被广泛采用。站后折返方式的主要缺点是列车折返时间较长。

(2) 站前折返的优缺点。

如图 5.16(b)所示,上行到达列车由车站闭塞分区外方,即进站位置处(a)侧向进站,停靠下行车站正线(b),前后部司机立即进行换头作业,在规定的列车停站时间内乘客下车与上车完毕;然后由车站出发驶离车站闭塞分区(c),并为下一列进站折返列车办妥接车进路。

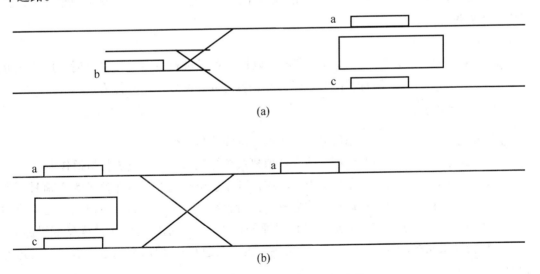

图 5.16 站前折返和站后折返示意图

采用站前折返方式,列车无空车走行,折返时间较短;乘客上下车同时进行,能缩短停站时间;此外,站线和折返线相结合。站前折返的缺点是出发列车与到达列车在敌对进路交叉,影响行车安全;列车进出站通过道岔,致使列车速度受限制和乘客有不舒适感;乘客上下车同时进行,在客流量大的情况下,站台秩序会受到影响。

列车到发作业产生交叉干扰的条件是进路有交叉,并且占用进路的时间相同,两个条件必须同时具备才构成真正的进路交叉。在行车密度很大的情况下,采用站前折返方式,要完全消除到发列车的交叉干扰难度很大。

2) 折返进路最优模式的确定

列车折返调车利用折返站站内正线、折返线和渡线等线路进行。不同的折返调车进路运用方案,构成不同的折返调车模式。列车在车站的折返作业模式在一般情况有几种,在其中有一种最优模式,这种模式对到发作业的影响最少,有利于提高通过能力。

(1) 站后折返模式。

如图 5.16 所示,站后折返模式有以下几种。

模式 1:列车由 a 经扳 3 线,折返进入 c 位置。

模式 2:列车由 a 经扳 4 线,折返进入 c 位置。

模式 3:列车折返可以灵活使用折 3 线或扳 4 线,优先扳 3 线。

总共有 3 种折返模式,以模式 1 为最优。

(2) 站前折返模式。

如图 5.16 所示,站前折返模式有以下几种。

模式 1:列车由 a 经渡线 3 线,进入 b 位置,经两道岔直向进入 c 位置。

模式 2:列车由 a 进入尽头线,经渡线 4 线经侧向,进入 c 位置。

模式 3:列车折返可以经渡线 3 或 4,进入 c 位置。

总共有 3 种折返模式,以模式 1 为最优。在自动折返时,ATC 系统自动选择最优模式进行自动折返。

3) 折返线的选择

在 ATC 控制时,进路的办理自动完成,以最优模式进行。在车站控制时,应优先办理最优模式进路,在一些特殊情况时,经行车调度员同意可以使用其他模式。

3. 列车折返规定

(1) 移动闭塞时,列车根据所分配的车次自动完成折返作业。

(2) 自动闭塞时,由行车调度员或车站值班员单操道岔排列进路进行折返作业。

(3) 电话闭塞时,列车在车站折返过程中,列车进出折返线的行车凭证为手信号。列车进出折返线或存车线时,按调车方式办理。进折返线时,车站准备好进路后,由值班站长亲自或指定人员显示"道岔开通"手信号通知司机。出折返线时,车站准备好进路后,先用手持台联系司机(手持台故障时,由现场人员口头通知),然后在指定地点显示"道岔开通"手信号。

(4) 折返道岔故障时,列车折返运行采用 RM 模式或者 NRM 模式限速 25km/h 运行。

任务 5.4.1 自动折返作业

 任务单

以小组为单位讨论以下问题	讨论意见/操作心得
折返作业基本过程	
在演练场,组织列车自动折返	

 知识准备

1. 折返作业基本作业过程

1)办理折返进路

办理折返进路的方法,根据设备控制方式不同,可以有以下几种方式。

(1) ATS 确认列车身份,排列列车进入折返线。

(2) 人工通过 LOW 办理折返进路。

(3) 人工扳动道岔的方式。

2)列车进入折返线

(1) 列车接收到速码、信号机的显示进行信号或车站人工人员的手信号,当班驾驶员驾驶列车进入折返线并停车。

(2) 车站值班员通过 CCTV 显示器监视列车的运行。

(3) 控制中心从车站获取折返列车的运行状态资料,以便与运营计划进行核对。

3)列车换向作业

(1) 当班驾驶员关闭前驾驶室。

(2) 驾驶员或换班驾驶员启动后驾驶室并使列车。

(3) 改变列车目的地指示。

4)办理列车出折返进路

办理折返进路的方法,根据设备控制方式不同,可以有以下几种方式。

(1) 控制中心 ATS 根据列车运行时刻表规定的时间,排列列车进入折返线。

(2) 人工通过 LOW 办理折返进路。

(3) 人工扳动道岔的方式。

5)列车出折返线

(1) 换班驾驶员驾驶列车进入发车站台并停车。

(2) 车站值班员通过 CCTV 显示器监视列车运行情况。

(3) 中央 ATS 从车站获取列车身份和到达时间参数,以便与运营计划进行核对。

2. 上海地铁一号线自动列车折返作业

由于上海地铁一号线设备与其他地铁线不同,所以它的折返作业过程有自己特点。

根据折返线路的不同，进路办理时机也不同。在牵出折返线进行折返时，在列车到达前方车站时，通过 ATS 进行办理；在用渡线进行折返时，列车到达后进行办理。

（1）ATO 有人折返。

① 进入折返线停车：下行列车到达前方车站时，本站的优先列车折返模式的进路就自动排列好，道岔防护信号机自动开放，显示月白色灯光，列车到达本站办理完客运作业及接乘司机上车后，司机凭发车表示器亮稳定白色灯光及收到 30km/h 速度码，以 ATO 方式将列车驶往优先列车折返模式的折返线停车牌处自动定点停车。

② 列车出折返线：列车在此折返线停妥后，前后部司机立即办理换头作业，待图定出折返线时刻一到，折返进路自动排列好，道岔防护信号机自动显示月白色灯光，司机凭道岔防护信号机显示的月白色灯光及收到的 30km/h 的速度码，以 ATO 方式将列车驶往上行线停车牌处自动定点停车，折返作业完毕。

（2）无人自动折返。

① 进入折返线停车。下行列车到达前方车站时，本站的优先列车折返模式的进路就自动排列好，道岔防护信号机自动开放，显示月白色灯光，列车到达本站办理完客运作业后，司机凭发车表示器亮稳定白色灯光，列车前端的司机观察折返信号，按动站台上的自动折返按钮。以 ATO 无人驾驶方式将列车驶往优先列车折返模式的折返线停车牌处自动定点停车。

② 列车出折返线。列车在此折返线停妥后，前后部司机立即办理换头作业，待图定出折返线时刻一到，折返进路自动排列好，道岔防护信号机自动显示月白色灯光，司机凭道岔防护信号机显示的月白色灯光，接到命令的列车自动起动行驶，以 ATO 方式将列车驶往上行线停车牌处自动定点停车，折返作业完毕。

③ 在调整列车时，为压缩列车在折返线停留时间，行车调度员应在列车进入优先列车折返模式的线路停妥后，人工排列折返进路和开放道岔防护信号机的月白色灯光。列车收到速码后，司机按压起动按钮，列车以 ATO 方式进行折返。

④ 列车自上行线经折返线折返至下行线时，其折返线进路由调度员（或下权站控制）人工排列，列车进出折返线以 ATP 人工驾驶方式运行，进入折返线须凭收到 30km/h 速码及道岔防护信号机显示要求进行，由列车司机确认进路。

3. 广州地铁列车自动折返作业

列车的自动折返的 3 种运行模式分别为 DTRO、ATO、SM 模式，在运用中，根据实际情况，除 DTRO 模式外还可采取 ATO、SM 模式组合运用的折返运行。如图 5.16 所示，X4—X2 为折返进路，列车的折返可以采用下列任一种折返模式：①DTRO 模式；②牵出、折返均用 ATO 模式；③牵出用 ATO 模式，折返用 SM 模式；④牵出用 SM 模式，折返用 SM 模式；⑤牵出、折返均用 SM 模式。

列车以 ATO 模式折返（车站折返线如图 5.17 所示）步骤如下。

（1）列车以 ATO 模式进站停车。

（2）ATO 打开车门。

（3）AR 灯亮。

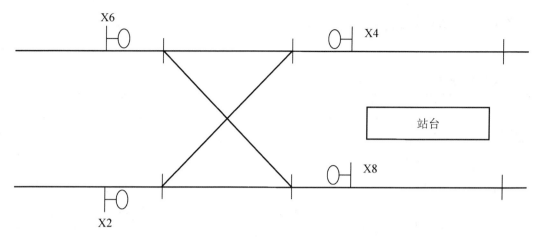

图 5.17 列车折返线路示意图

(4) 司机按压 AR 按钮。

(5) 牵出进路 X4－X2 排出，X4 开放。

(6) DTI＝0。

(7) 司机关门，ATO 启动灯点亮。

(8) 司机按压 ATO 启动按钮，列车自动牵出(X4－X2)。

(9) 列车在折返线停车。

(10) 司机关闭驾驶室 A，取出主控钥匙，走向驾驶室 B。

(11) 列车自动换向，驾驶室 B 的 AR 灯闪烁。

(12) 司机用主控钥匙打开驾驶室的操作台。

(13) AR 灯灭。

(14) 联锁系统自动排出折返进路 X2－X8，X2 开放。

(15) ATO 启动灯点亮。

(16) 司机按压 ATO 启动按钮。

(17) 列车自动折返运行。

(18) 列车在站台停车。

(19) 列车进入 SM 模式，折返完成。

如司机想用 SM 模式折返，可在 ATO 启动灯点亮后，将主控手柄拉离"0"位，或在 ATO 运行过程中，直接将主控手柄拉离"0"位，列车便可以转入 SM 模式运行，

任务实施

1. 下发任务单，明确任务内容，学生课前按要求完成预习任务。
2. 教师先进行演示实验操作，学生分组完成任务。
3. 学生自行总结组织列车自动控制折返的技巧。
4. 教师和各组长担当本次任务的他人评价工作，评判同学们的任务完成情况。

任务 5.4.2 车站控制时组织列车折返

 任务单

以小组为单位讨论以下问题	讨论意见/操作心得
站控时，组织列车折返	

 知识准备

在行车调度员进行车站控制方式下放给车站后，车站的列车折返进路由车站的行车值班员利用车站的控制设备进行办理人工排列。原则上，行车值班员应按优先采用的列车折返模式排列进路，如需变更列车折返模式，必须得到行车调度员的同意。

折返列车进出折返线或折返停车位置的作业过程和速度控制，与调度集中控制时列车折近作业的办理相同。

1. 上海地铁规定

（1）进入折返线停车。下行列车到达前方车站时，折返站的行车值班员根据行车调度员的指令，办理车站优先列车折返模式的进路，列车折返进路办理好后，道岔防护信号机自动开放，显示月白色灯光，列车到达本站办理完客运作业及接乘司机上车后，司机凭发车表示器亮稳定白色灯光，以 ATP 人工驾驶方式将列车驶往优先列车折返模式的折返线停车牌处自动定点停车，或人工驾驶方式时，列车司机负责确认调车进路，严格按《技规》要求的速度进入停车地点。

（2）列车出折返线。列车在此折返线停妥后，前后部司机立即办理换头作业，待图定出折返线时刻一到，行车值班员办理折返进路，折返进路排列好后，道岔防护信号机自动显示月白色灯光，司机凭道岔防护信号机显示的月白色灯光，以 ATP 人工驾驶方式或人工驾驶方式，将列车驶往上行线停车牌处自动定点停车，折返作业完毕。

在人工驾驶时，车站行车值班员负责确认调车进路，严格按《技规》要求的速度运行。

（3）在调整列车时，为压缩列车在折返线停留时间，行车调度员应在列车进入优先列车折返模式的线路停妥后，人工排列折返进路和开放道岔防护信号机的月白色灯光。

（4）列车自上行线经折返线折返至下行线时，其折返线进路由调度员（或下权站控制）人工排列，列车进出折返线以 ATP 人工驾驶方式运行，进入折返线须凭收到 30km/h 速度码及道岔防护信号机显示要求进行。

2. 广州地铁 RTU 模式下设置折返进路

在信号系统正常运行时，OCC 可使用 ATS 模式组织列车运营。此时，各联锁站的 LOW 只是用来监视本联锁区列车的运行状态（广铁二号线、深铁一号线各联锁站的 LOW 均能监视全线列车的运行状态）。当 ATS 系统的 ATS 模式发生故障时，信号系统能自动降级为 RTU 模式运行(ATS 系统的降级模式)。在 RTU 模式里，信号系统仍具备自排进路、自动取消运营停车点和 ATP、ATO 的功能。因此，RTU 模式被激活后，操作员基本不需要对 LOW 进行任何的操作。

RTU 模式下设置折返进路的两种方法。

(1) 需要折返时，司机在列车上输入正确的目的地码，系统根据目的地码自排折返进路。

(2) 人工在 LOW(CLOW)排列折返进路。

但是，在信号系统从 ATS 模式转为 RTU 模式过程当中(从 ATS 模式转为 RTU 模式的全部时间约 3min)，某联锁站 RTU 模式还未被激活时，列车刚好进入了此联锁区域某站站台并停稳，这时系统不能自动取消运营停车点，需要人工在 LOW 上，也可以在 OCC 的 MMI 上取消运营停车点，直至 RTU 模式被激活。当 ATS 模式和 RTU 模式发生故障时，可在 LOW 上人工排列进路或设置"追踪全开"功能及取消运营停车点等操作。当设置了"追踪全开"功能后，联锁系统能自动排列正常运营方向的进路。

3. 车站联锁失效

1) 车站联锁失效

车站联锁失效是指原装有联锁设备的线路上，由于工务、电务部门的施工检修，停电或联锁设备发生故障等原因而导致联锁失效。此时，列车(调车)进路及道岔和信号机之间联锁设备，已不能相互检查并失去互控作用。

2) 简要作业程序

(1) 在车站折返线联锁失效时，车站行车值班员向行车调度员，并报告站长安排双人上岗并把关。

(2) 行车调度员与行车值班员进行联系，确定车站值班员领导车站列车折返作业。

(3) 准备进路：行车调度员确认列车到达前方车站时，命令车站行车值班员准备进路。进行人工摇道岔人工加锁。严格执行要道还道，并按加钩锁器锁闭，必须做到双人顺着轨密贴一边确认道岔位置正确后向车站值班员回报。车站值班员应逐个认真核对进路上所有道岔位置正确，进路正确开通。

(4) 列车到达后，完成客运作业后，由车站值班员通知司机，调车进路的确认由司机负责。

(5) 司机凭调车指挥人的手信号动车，以人工驾驶按限速方式驶进折返线。

(6) 司机进入折返线进行司机室交换作业后，司机用无线电话进行要道，调车组严格执行要道还道的作业要求。司机按手信号指示动车。

(7) 列车驶出折返线，驶往线路停车牌处自动定点停车。

1. 下发任务单，明确任务内容，学生课前按要求完成预习任务。
2. 教师先进行演示实验操作，学生分组完成任务。
3. 学生自行总结道岔加锁的技巧。
4. 教师和各组长担当本次任务的他人评价工作，评判同学们的任务完成情况。

任务5.4.3 列车折返特殊情况的处理

 任务单

以小组为单位讨论以下问题	讨论意见/操作心得
处理折返变更进路	
防护信号机故障处理	

 知识准备

1. 无人自动折返(DTRO)故障的处理

（1）客车在两端终点站折返时，当司机操作 DTRO 按钮后，客车不能自动运行进入折返线时，到达司机通知接车司机立即拉下后端 A 车一车门紧急解锁手柄，然后进入驾驶室，并以有人折返的方式折返，同时通知接班司机配合，并报告行调。

（2）行调接报后，通知维调处理故障。

2. 临时变更折返进路的规定

（1）全线各有岔车站，在办理列车折返作业中，如果需临时变更进路，根据不同的控制方式采用不同的模式。

在调度集中控制时，如折返列车尚未起动，由行车调度员通知司机后重新办理折返进路。

在车站控制时，若非设备故障，一般不进行列车折返进路的临时变更。必须变更时，就由其操作进路人员首先应征得行车调度员的同意，在获得同意后，通知有关调车列车司机"现在变更进路，禁止列车动车"，得到列车司机确知后，方可取消原进路，再办理变更进路。待变更进路完毕，再即刻通知该司机"变更进路完毕，可恢复调车作业"。

（2）列车启动后，不得变更折返进路。

3. 遇防护信号机故障

如果防护信号机故障时，在行车值班员确认列车折返调车进路正确后，可改用手信号指挥折返作业。

 任务实施

1. 下发任务单，明确任务内容，学生课前按要求完成预习任务。
2. 教师先进行演示实验操作，学生分组完成任务。
3. 学生自行总结列车折返故障处理的技巧。
4. 教师和各组长担当本次任务的他人评价工作，评判同学们的任务完成情况。

任务5.5　车站局域操作员工作站故障应急处理

  任务描述

局域操作员工作站(LOW)是信号系统网络的区域终端设备,计算机联锁系统的本地操作和显示都是通过 LOW 工作站完成的。城市轨道交通系统由于装备了列车自动控制 ATC 系统,ATC 系统的 ATS 子系统能根据列车运行图自动排列进路、开放信号。当中央 ATS 系统故障,可通过计算机联锁区域操作员工作站(简称 LOW 工作站)办理接发列车作业。如果计算机联锁区域操作员工作站故障的话,我们该如何处理?

 背景知识

引导信号

1) 引导信号控制级

引导信号控制级别是行车进路联锁系统监督中最低的级别,它使列车能够按信号机运行。进路本身已经排列并锁闭,进路可能未完全开放,侧防条件或保护区段设置不予考虑。

引导层是主信号层的后备,当进路的主信号层不能满足时,信号将自动降为引导层,引导层也不能满足时,信号自动降为非监控层。信号处在引导层时,在 LOW 上显示始端信号机基础为黄色。

进路满足引导层的条件如下。

(1) 进路的道岔位于正确的位置且被联锁锁闭。

(2) 进路中所有轨道区段被进路征用。

(3) 防淹门打开且没有请求关闭(只适用于排列通过防淹门的进路)。

(4) 与车厂的照查功能正常(只适用于排列进车厂的进路)。

满足以上条件,信号可进入引导层。

2) 开放引导信号的条件

(1) 引导层的条件已满足。

(2) 信号未开放。

(3) 列车已占用始端信号机前方的轨道区段——接近区段。

(4) 始端信号机红灯和黄灯正常。

当满足以上4个条件时,可人工开放引导信号。

注意:当引导信号开放后,列车只能以 RM 或 URM 模式通过本次进路。但是,在列车已通过监控区段时,如果重新建立该进路,开放黄灯或绿灯信号,则该列车以 RM 模式再越过两个轨道区段后能自动切换到 SM 模式。如果在开放引导信号后,30秒后列车还没有进入进路,引导信号会自动关闭。

3) 关闭引导信号的条件

满足以下条件之一引导信号立即被关闭。

（1）引导信号在开放期间，当列车越过始端信号机占用进路的第一个区段时。

（2）引导信号在开放期间，进路出现故障使信号从监控层降到非监控层。

（3）联锁系统接收到一个操作（例如：关单信号或封锁信号）来请求关闭开放的信号机时。

（4）引导信号开放 30 秒后，自动关闭。

任务 5.5.1　引导接车

任务单

以小组为单位讨论以下问题	讨论意见/操作心得
办理引导接车	

知识准备

开放引导信号接车

1. 行车值班员发现联锁设备出现异常（如进路道岔区段红光带）后，立即报告行调，通知值班站长、信号工区，并在《施工检修作业登记簿》内登记

2. 行车值班员派有关人员到现场检查确认进路空闲，无危及行车安全情况

（1）在区间时，先开放引导信号、行调通知司机注意确认前方轨道情况。

（2）在站台区时，通知车站派人到现场检查（如有杂物侵限立即清除）确认无杂物侵限后，开放引导信号。

3. 准备接车进路，征得行调的同意后开放引导信号

（1）在 LOW 工作站使用单操道岔的方法准备进路，即用鼠标的左键单击 LOW 主窗口上的道岔元件或道岔元件编号，此时所选元件被打上灰色底色，然后在对话窗口中的命令显示栏用鼠标的左键单击所需的命令，最后用鼠标的左键单击对话窗口中的"执行"按钮，该道岔即可转至所需位置。

（2）确认进路上的道岔全部开通正确并锁闭后，开放引导信号，即用鼠标的左键单击 LOW 主窗口上的信号机元件或信号机元件编号，此时所选元件被打上灰色底色，然后在对话窗口中的命令显示栏用鼠标的左键单击"开放引导"的命令，最后用鼠标的左键点击对话窗口中的"执行"按钮，引导信号即可开放。

4. 开放引导信号接车

当列车占用始端信号机之前的轨道电路，在 LOW 上设置引导指令，进路防护信号机开放引导信号后客车要在 60s 内进入该进路。

5. 遇到进路防护信号机关闭

列车必须在关闭状态的进路防护信号机前停车，司机应用无线电话向行车值班员呼叫"××次在××信号机前停车"。

行车值班员听到司机"××次在××信号机前停车"的呼叫后，立即开放引导信号，并确认引导信号开放好后，用无线电应答司机"××信号机引导信号开放好"。

司机听到"××信号机引导信号已开放"的应答并复诵，确认引导信号开放好后，按规定速度要求立即动车。

1. 下发任务单，明确任务内容，学生课前按要求完成预习任务。
2. 教师先进行演示实验操作，学生分组完成任务。
3. 学生自行总结引导接车操作的技巧。
4. 教师和各组长担当本次任务的他人评价工作，评判同学们的任务完成情况

任务 5.5.2　信号机故障处理

以小组为单位讨论以下问题	讨论意见/操作心得
在实验室仿真设备上设置信号机故障，观察并处理	

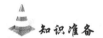

1. 信号机连接中断故障

现象：在 LOW 显示相应的信号机灰色。

（1）若其中一个故障信号机作为始端信号机，另一个故障信号机不属于要排列进路的侧防信号机，进路可建立，信号不能开放，当始端信号机故障恢复后才能开放信号。

（2）若其中一个故障信号机作为终端信号机，信号只能达到引导层。只要始端信号机正常，可开放引导信号。

2. 信号机机体闪

信号机 LED 故障。（信号机故障不影响移动闭塞）

1. 下发任务单，明确任务内容，学生课前按要求完成预习任务。
2. 教师先进行演示实验操作，学生分组完成任务。
3. 学生自行总结故障处理的技巧。
4. 教师和各组长担当本次任务的他人评价工作，评判同学们的任务完成情况。

任务 5.5.3　联锁站轨道电路故障处理

以小组为单位讨论以下问题	讨论意见/操作心得
在模拟系统上，设置各种轨道电路故障，进行应急处理	

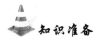

1. LOW 显示全区粉红光带故障

在确认线路空闲及安全前提下，执行"全区逻空"命令。若操作权限无"全区逻空"功能，只能对每个轨道区段执行"轨区逻空"或"岔区逻空"命令。

2. LOW 显示全区红光带故障

在确认线路空闲及安全前提下，可对某个道岔执行"强行转岔"和某个信号机执行"开放引导"命令。

3. 进路的监控区段出现红光带故障

打开追踪自排功能的信号机可以自动排列进路，但打开自排功能的信号机不允许自动排列进路，当进路排列后，在确认线路空闲及安全前提下，可执行"开放引导"命令。

出现以下情况必须执行"强行转岔"命令的操作才能开放引导信号。

（1）在排列进路前，初始位置与进路要求的位置相反的道岔的监控区段出现红光带故障时，则在排列进路时联锁禁止该道岔转换。

（2）进路排列后，该道岔没有被征用，信号处在非监控层，此时，在确认线路空闲及安全前提下可对该道岔执行"强行转岔"命令的操作，操作完成后该道岔立即转换至进路要求的位置并被征用，信号达到引导层。出现此故障现象时，处理方法是：一般在确认线路空闲及安全前提下先对该道岔执行"强行转岔"操作后，再排列进路，则信号达到引导层。

4. 在 LOW 上显示某个轨道区段红光带故障

列车在有 ATS 保护下以 SM、ATO 或 AR 模式驾驶时，将在故障区段的前一区段自动停稳。当列车启动时只能用 RM 或 URM 驾驶模式，当选用了 RM 模式启动后，列车必须通过 3 个轨道区段（含故障区段）并占用第 4 个区段后才可能转换成 SM 或 ATO 模式驾驶。因此，当在确认线路空闲及安全的前提下，且此区间距离较短时，为提高行车效率，建议司机提前使用 RM 或 URM 模式驾驶。

5. 在 LOW 上显示轨道区段粉红光带故障

在确认线路空闲前提下，对本区段执行"轨区逻空"或"岔区逻空"命令。

6. 进路的监控区段（含道岔区段）出现不能正常解锁故障

对故障区段执行"强解区段"或"强解道岔"命令。对即将排列进路方向相同的非监控区段出现不能正常解锁故障时，进路依然可以排列。

任务实施

1. 下发任务单，明确任务内容，学生课前按要求完成预习任务。
2. 教师先进行演示实验操作，学生分组完成任务。
3. 学生自行总结轨道电路故障处理的技巧。
4. 教师和各组长担当本次任务的他人评价工作，评判同学们的任务完成情况。

任务 5.5.4　联锁站轨旁 ATP 故障处理办法

任务单

以小组为单位讨论以下问题	讨论意见/操作心得
在模拟系统上，设置轨旁 ATP 故障，完成应急处理	

知识准备

当 LOW 出现全部轨道区段编码灰色闪烁，说明轨旁 ATP 功能已失效。此时，司机只能使用 RM 或 URM 模式驾驶列车，且紧停和扣车功能对列车无效，即列车不会因操作员（或系统）操作了紧停或扣车按钮而产生紧停或被扣停。

轨旁 ATP 计算机完全故障，则其控制范围内的列车不能接收到地面控制信息，列车不能以 ATO 模式运行。这时的后续控制一般程序如下。

（1）故障区内的所有列车紧急停车，司机与行调和车站值班员通信，报告列车停车事件，并检查列车技术状态。

（2）相邻轨旁 ATP 计算机对故障区边界进行防护。控制中心采用人工方式中止接近故障区的后续列车运行。

（3）控制中心行调确认故障后，通知故障区所有的集中站和列车司机，在该故障区采用站间闭塞方式运行。

（4）司机得到中央命令后将驾驶模式转换为 RM，启动列车，依照地面信号机的显示及行调和车站值班员的无线通信驾驶指挥，将列车驾驶出故障区。

（5）出清故障区后，列车进行 ATP 的定位信息同步，以及与中央的列车识别号身份验证。完成后列车自动转为 ATP 监督下的人工驾驶模式，司机可以手动恢复为 ATO 自动驾驶模式。

（6）故障区内的站台停车精度及开/关车门、屏蔽门由司机控制并确保安全。

（7）在故障恢复前故障区段按站间闭塞及 RM 模式维持列车运行。

任务实施

1. 下发任务单，明确任务内容，学生课前按要求完成预习任务。
2. 教师先进行演示实验操作，学生分组完成任务。
3. 学生自行总结联锁站轨旁 ATP 故障处理的技巧。
4. 教师和各组长担当本次任务的他人评价工作，评判同学们的任务完成情况。

任务 5.5.5　车站站道岔故障处理办法

 任务单

以小组为单位讨论以下问题	讨论意见/操作心得
在模拟系统上，设置道岔故障，完成应急处理	

 知识准备

联锁站道岔故障处理办法

1. 道岔区段左右位长闪（即道岔挤岔故障）

（1）在无进路状态下，发生道岔区段左右位长闪（即道岔挤岔故障），处理方法如下。

① 判断有无列车变更（替换）进路，如有则办理变更（替换）进路。

② 在确认道岔区段空闲及安全前提下，执行"挤岔恢复"命令。若故障仍存在，则执行"转换道岔"命令对道岔进行左/右位转动操作两次后，故障仍不能恢复时（若允许，可对道岔多操作几个来回），只能人工办理进路。

（2）在进路建立后，发生道岔区段左右位长闪（该故障现象只适合广铁一号线）。同样按照"无进路状态下"故障的步骤处理。但要注意：此时信号立刻降为非监控层，故障道岔仍被电子锁定，要执行取消进路或强解道岔区段操作（一般执行取消进路命令）之后，才能执行"挤岔恢复"命令和转换道岔的操作。

2. 道岔左位或右位短闪（即道岔无表示故障）

（1）在无进路状态且道岔没有转动下，发生道岔左位或右位短闪（这种情况的故障只适合广铁二号线及深铁一号线），处理方法如下。

① 判断有无列车变更（替换）进路，如有则办理变更（替换）进路。

② 在确认道岔区段空闲及安全前提下，执行"转换道岔"命令对道岔进行左/右位转动操作两次后，故障仍不能恢复时（若允许，可对道岔多操作几个来回），只能人工办理进路。注意：对故障道岔操作两个来回时，每操作一个位置待转换到位或等 15 秒后才操作另一个位置。

（2）在排列进路过程中，发生道岔左位或右位短闪（即道岔无表示故障）。信号处在非监控层，故障道岔没有被锁闭，可以执行转换道岔命令。若此故障是因为室外道岔机械问题造成的,则有可能人工操作道岔几个来回后能使道岔恢复正常。当遇到这种情况时,处理方法是:直接对故障道岔操作几个来回确认。

(3) 进路建立后,发生道岔左位或右位短闪(该故障现象只适合广铁二号线及深铁一号线)。同样按照上述的步骤处理。但要注意:此时信号立刻降为非监控层,故障道岔仍被电子锁定,要执行取消进路或强解道岔区段操作(一般执行取消进路命令)之后才能转换道岔。

3. 道岔连接中断故障

现象:在 LOW 显示相应的道岔区段灰色。通常是两付道岔同时故障,处理方法如下。

(1) 判断有无列车变更进路,如有则办理变更(替换)进路。
(2) 若在允许时间内,故障不能恢复,只能人工办理进路。

出清故障区段若干轨道电路区段后,列车自动转换为 ATP 保护的人工驾驶 SM 模式,驾驶员可手动恢复为 ATO 驾驶模式。

1. 下发任务单,明确任务内容,学生课前按要求完成预习任务。
2. 教师先进行演示实验操作,学生分组完成任务。
3. 学生自行总结联锁站道岔故障处理的技巧。
4. 教师和各组长担当本次任务的他人评价工作,评判同学们的任务完成情况。

任务 5.5.6　联锁区域故障处理

以小组为单位讨论以下问题	讨论意见/操作心得
在模拟系统上,设置联锁区域故障,完成应急处理	

联锁区域故障处理的有关规定如下。

(1) 一个或多个集中站联锁故障时,故障及相关区域采用电话闭塞法组织行车。
(2) 在执行电话闭塞法组织行车,列车若在本站内折返时,按调车方式办理折返作业。
(3) 故障刚发生时迫停区间的列车,在确认停车位置到前方站出站信号机之间线路无列车占用且无道岔时,司机凭行调命令 NRM 模式限速 25km/h 进站后待令;在确认停车位置到前方站出站信号机之间线路无列车占用但有道岔时,行调须在道岔人工钩锁后口头命令司机 NRM 模式限速 25km/h 进站后待令,司机应加强瞭望和广播安抚乘客。

(4) 行调及时向有关车站发布口头命令：从 X 时 X 分起，在上行线 X 站至 X 站间采用电话闭塞法组织行车，在下行线 X 站至 X 站间采用电话闭塞法组织行车；由行调口头通知司机或车站转告司机调度命令的内容。

(5) 车站和行调共同确认第一趟发出的列车运行前方的区段（区间及接车线）空闲。

(6) 司机在闭塞区段内凭路票行车，客车以 NRM 模式限速 45km/h 运行，区间内遇禁止信号时视为无效（出站信号机的禁止信号为有效信号，越过出站信号机的凭证为路票）。

(7) 有关站值班站长/行值接到调度命令后，采用站级控制、组织行车；在每个需接发列车的站台头端墙屏蔽门端门外方分别派站务人员负责接发列车。

(8) 当集中站的联锁设备故障时，应将故障联锁站道岔开通客车运行线的位置并用钩锁器锁定，两端站的折返道岔在确认位置正确后，使用钩锁器但只挂不锁；各集中站客车运行进路的准备、检查确认和加锁的具体规定，按《车站行车工作细则》的相关规定执行。

(9) 接发列车的相应规定。

① 采用电话闭塞法行车的各车站不得办理通过列车。

② 接车站行值确认站内接车线路及区间空闲，办理好接车进路后向发车站给出电话记录号码，同意接车；

③ 发车站行值接到前方接车站同意接车的电话记录号码，确认发车进路准备妥当后，指示站台接发车人员填写路票交给司机；

④ 司机确认路票正确后，依次关闭好屏蔽门、车门后发车；

⑤ 列车停稳后，接发车人员向司机收回路票并及时打"×"作废，路票须保存 1 个月备查。

(10) HMI 可正常使用但无法排列（或无需排列）进路的集中站，应采用"单独锁定"命令锁定受影响进路上的相关道岔。

(11) 当折返站联锁故障时，原则上使用固定折返线折返。

任务实施

1. 下发任务单，明确任务内容，学生课前按要求完成预习任务。
2. 教师先进行演示实验操作，学生分组完成任务。
3. 学生自行总结故障处理的技巧。
4. 教师和各组长担当本次任务的他人评价工作，评判同学们的任务完成情况。

拓展知识

1. 电话联系时车站接发列车

有的城市轨道交通公司在车站联锁失效时采用电话联系法组织列车运行。

（1）当车站联锁设备发生故障时，由值班主任决定采用站间电话联系法组织行车，具体做法如下。

① 行调及时向有关车站发布命令：从什么时间起，在×站至×站间采用站间电话联系法组织行车。

② 由行调或通过车站通知司机口头调度命令的内容。

③ 车站和行调共同确认第一趟发出的列车运行前方的车站和区间空闲。

④ 司机在故障区段范围内的各区间运行，凭行调口头命令用 RM 模式驾驶，注意加强瞭望和行车安全。

⑤ 有关站值班站长接到行调命令后，采用站级组织控制行车；在每个站台监控亭分别派值班员负责接发列车，并通知邻站采用站间电话联系法组织行车。

⑥ 进路准备：故障联锁站正线上的道岔均要开通正线，并使用钩锁器锁定；两端站的折返道岔在确认位置正确后，使用钩锁器但只挂不锁。

⑦ 接发列车：接车站值班员确认站内线路及区间空闲后，同意接车；发车站值班员接到接车站同意接车的通知后，向司机显示发车指示信号，司机关门并确认发车指示信号显示正确后开车。

每一站间区间及前方站内线路内只允许一趟列车占用。

（2）列车在运行中，遇前方进路防护信号机临时关闭或不能开放时，司机立即使用无线电与行调联系，确认为车站联锁设备故障时，按行调的命令执行。

站间电话联系法发车、接车作业等程序见表 5-10 和表 5-11。

表 5-10 站间电话联系法发车作业程序

程 序	作业标准	
	值班站长	值班员
一、请求发车	1. 根据《行车日志》、调度命令确认区间线路空闲（第一趟列车与行调共同确认线路空闲） 2. 向前方站请求发车："××站××次×分×秒请求发车"	
二、准备发车进路	3. 布置值班员："准备××次×道（上/下行线）发车进路" 6. 听取汇报，复诵"××站××次×道（上/下行线）发车进路好了"	4. 复诵"准备××次×道（上/下行线）发车进路" 5. 将进路上的道岔开通正确位置并加锁，确认正确后，向值班站长报告"××次×道（上/下行线）发车进路好了"
三、发出列车	7. 复诵："××站（接车站）同意××次发车" 8. 填写《行车日志》 9. 通知值班员"××次×道（上/下行线）可以发车"	10. 复诵"××次×道（上/下行线）可以发车"

续表

程 序	作业标准	
	值班站长	值班员
四、列车出发		11. 确认乘客上下完毕，列车车门、屏蔽门关闭后向司机显示发车指示信号
	13. 复诵"××次出发"，填写《行车日志》	12. 列车出清站台区后，向站控室报"××次出发"
	14. 列车出发后，向前方站（接车站）报点，"××次××分××秒开"。向行调报点，"××次××分××秒开"	

表 5-11 站间电话联系法接车作业程序

程 序	作业标准	
	值班站长	值班员
一、听取发车请求	1. 听取后方站发车请求、复诵"××站××次请求发车"	
	2. 根据《行车日志》（或通过 LOW、CCTV）确认站内线路空闲	
二、检查及准备进路	3. 布置值班员（站务员）："检查×道，准备××次×道（上行或下行线）接车进路"	4. 复诵"检查×道，准备××次×道（上行或下行线）接车进路"
	6. 听取汇报后，复诵"××次（×道，上行或下行线）接车进路好了"	5. 将进路上的道岔开通正确位置并加锁，向值班站长报告"××次×道（上/下行线）接车进路好了"
三、同意发车	7. 通知发车站"××站×点×分×秒同意××次发车"，填写《行车日志》，准备接车	
四、接车	8. 听取发车站的发车通知复诵："××次×分××秒开"，填写《行车日志》	
	9. 布置值班员"××次开过来了，准备接车"	10. 复诵"××次开过来了，准备接车" 11. 监视列车进站停车
五、区间开通	13. 复诵"××次到达"，填写《行车日志》，向行调报点，"××次××分××秒到"	12. 列车对位停车后，向值班站长报"××次到达"

2. 正线调车规定

（1）在正线的调车作业，司机、车站凭行调的口头命令作为调车作业计划凭证。

① 按照调车计划显示的地面信号。

② 车站按照调车计划，通过 LOW 上操作道岔并单独锁定后，向司机发出道岔开通位置及动车的指令。

③ 车站按照调车计划，需要现场人工办理进路时，向司机发出道岔"好了"手信号为动车指令。

(2) 正线"按调车方式办理"行车的相关规定。

① "按调车方式办理"的定义：指列车在行调管辖的线路上运行，列车有目的地由一条线路转到另一条线路时，车站(车厂)不能直接向接车的车站(厂)办理行车闭塞手续的情况下，按调车方式组织列车运行的一种行车组织办法。

② 办理依据：本规则或有限公司其他规章中有规定，或运作命令、行车补充方案及凭行调的口头命令。

(3) 办理进路的规定。

① 当能在信号工作站上排列进路时，由车站按照调车计划排列调车进路，司机凭地面信号和车站指令动车。

② 当不能在信号工作站上排列进路，而道岔可以在信号工作站上操作"转换道岔"命令，并执行"单独锁定"命令，办理站确认进路上的所有道岔位置正确后，向司机发出进路准备好及动车的指令。

③ 当只能人工现场准备进路时，车站按照调车计划，人工办理进路并钩锁道岔，办理人员确认进路上的所有道岔位置正确后，向司机发出道岔开通手信号的动车指令。

技能提升

运用角色扮演法，按电话闭塞法的接发车作业程序进行演练。

1. 电话闭塞法的接车作业程序(见表 5-12)

表 5-12 电话闭塞法的接车作业程序

作业程序	作业内容	作业标准	
		值班站长	值班员(站务员)
1. 办理闭塞	(1) 确认区间线路空闲	根据《行车日志》，确认站区间线路及站线线路空闲	
	(2) 准备及检查进路	布置值班员(站务员)："检查×道，准备××次×道(上行或下行线)接车进路"	复诵"检查×道，准备××次×道(上行或下行线)接车进路"
		听取汇报后，复诵"××次"(×道，上行或下行线)接车进路好了	将进路上的道岔开通正确位置并加锁，向值班站长报告"××次×道(上/下行线)接车进路好了"
	(3) 同意办理闭塞	接到值班员准备好进路的报告后，向发车站报告"电话记录号码××号，×分同意××次闭塞"，并听取复诵，填写《行车日志》	

续表

作业程序	作业内容	作业标准	
		值班站长	值班员(站务员)
2.接车	(1) 听取报点	听取发车站报点"××次×分开",并复诵。填写《行车日志》	
	(2) 通知接车站	通知站台"××次×分开过来了,接车"	复诵"××次×分开过来了,接车"
	(3) 接车站接车	通知CCTV监视列车到达,填写《行车日志》	(1) 在站台端墙处以引导接车,向司机收回路票,检查路票并打×,同时报告值班站长路票收回 (2) 列车对位停车后,向值班站长报次到达
	(4) 报点	复诵"××次到达",填写《行车日志》	
3. 开通区间	向发车站报点,开通区间	听到值班员(或站务员)已收回路票的报告后,向发车站报点"电话记录××号,××次×分到,区间开通",并听取复诵 向行调报点:"××次×时×分到"	

2. 电话闭塞法的发车作业程序(见表5-13)

表5-13 电话闭塞法的发车作业程序

作业程序	作业内容	作业标准	
		值班站长	值班员(站务员)
1.办理闭塞	(1) 确认站区间线路空闲	根据《行车日志》,确认区间线路空闲	
	(2) 准备及检查进路	(1) 布置值班员:"准备××次×道(上/下行线)发车进路" (2) 听取汇报,复诵"××站××次×道(上/下行线)发车进路好了(线路出清)"	(1) 复诵"准备××次×道(上/下线)发车进路" (2) 将进路上的道岔开通正确位置并加锁,确认正确后,向值班站长报告"××次×道(上/下行线)发车进路好了"
	(3) 请求闭塞	向接车站请求"××次闭塞"	
	(4) 办理闭塞	(1) 听取接车站"电话记录××号,×分同意××次闭塞",并复诵 (2) 填写《行车日志》 (3) 填写路票,确认无误后交给值班员(站务员)	核对路票,确认无误。路票要注明到达转换驾驶模式站名

续表

作业程序	作业内容	作业标准 值班站长	作业标准 值班员(站务员)
2. 发车	(1) 指示发车	通知值班员"××次×道(上/下行线)发车"	(1) 复诵"××次×道(上/下行线)发车" (2) 把路票交给司机,确认乘客上下完毕,车门关闭良好后,显示发车信号 (3) 列车出清站台区后,向站控室报"××次出发"
	(2) 监视列车出发并报点	(1) 复诵"××次出发",填写《行车日志》 (2) 通过CCTV监视,向接车站报点"××次×分开" (3) 向行调报点:"××次×时×分开"	
3. 开通区间		听取接车站"电话记录××号,××次×分到,区间开通",并复诵,填写《行车日志》	

项目小结

车站行车工作需要各个行车工作工作人员充分协调,高度合作才能完成,任何一个环节的疏漏,都可能导致不可预料的事故的发生。因此,要求所有参加车站行车作业人员必须熟练掌握各种行车设备的操作方法,作业过程中,所有行车工作人员要严格遵守行车作业规定、作业标准和用语,正确及时地完成行车工作。特别是城市轨道交通车站在"中控"和"站控"时作业标准完全不同,因此,车站行车工作人员应不断加强学习,熟练掌握各种情况下行车作业标准。

本项目的实施过程中,不但要求学生具有较好的理论知识(特别是车站信号控制系统的层级),而且要求学生具有较强的动手能力。

通过本项目,要求学生通过本项目的学习,学生要能够根据各种情况,顺利完成车站接发列车作业和列车折返作业,当发生意外情况时能够采取正确应急处理措施。

习 题

1. 填一填

(1) ATC系统应包括车站控制等级有:_____、控制中心自动控制时的人工介入控制或利用CTC系统的人工控制模式、_____、车站人工控制模式。

(2) 城市轨道交通列车运行进路控制采用三级控制，即_____、远程控制终端控制和_____。

(3) 车站级控制具有_____，紧急情况下集中站无需从信号系统设备上得到OCC允许可直接实施"站控"或者"紧急站控"（优先使用"站控"），强行获得控制权。

(4) 根据信号提供的条件，具备联锁功能的正线道岔，通过进路或"单独锁定"对相关道岔进行_____锁定。不能使用这种锁定，在办理行车进路时，由车站或车厂行车人员使用_____对道岔人工锁定。

(5) 因_____或列车救援等需要时，应及时采取扣车措施，将列车扣停。_____只能在"中控"状态下通过MMI进行"扣车/取消扣车"操作；_____在任何信号控制状态下均可通过HMI(HMI是车站人机接口，为车站级"联锁"与"ATS"合二为一的人机接口)进行"扣车/取消扣车"操作。

(6) 根据_____自动控制列车的运行时分和停站时分，在停站时间终止后，自动发送_____到ATP设备，允许列车发车。列车在ATP的安全保护下，按照ATS指令由ATO实现列车的自动驾驶。

(7) 本地ATS设备故障时，行调与故障集中站相互通报与确认故障，故障集中站进路由行车值班员设置为_____、自动折返进路或者由行车值班员_____。

(8) 移动闭塞时，列车根据_____自动完成折返作业。自动闭塞时，由行车调度员或车站值班员_____进路进行折返作业。电话闭塞时，列车在车站折返过程中，列车进出折返线的行车凭证为_____。列车进出折返线或存车线时，按_____办理。进折返线时，车站准备好进路后，由值班站长亲自或指定人员显示"_____"手信号通知司机。出折返线时，车站准备好进路后，先用手持台联系司机（手持台故障时，由现场人员口头通知），然后在指定地点显示"_____"手信号。

(9) 在车站控制时，若非设备故障，一般不进行列车折返进路的临时变更。必须变更时，就由其操作进路人员首先应征得_____的同意，在获得同意后，通知有关调车列车司机"现在变更进路，禁止列车动车"，得到列车司机确知后，方可取消原进路，再办理变更进路。待_____，再即刻通知该司机"变更进路完毕，可恢复调车作业"。

(10) 一个或多个集中站联锁故障时，故障及相关区域采用_____组织行车。在执行这种法组织行车，列车若在本站内折返时，按情况下_____办理折返作业。

2. 答一答

(1) 城市轨道正线车站道岔的扳动方法是什么？

(2) LOW的操作规定是什么？常规操作步骤是什么？安全相关操作步骤是什么？

(3) 城市轨道交通进路控制方式有哪些？

(4) 在LCP盘上如何进行扣车操作？

(5) 紧急停车按钮如何操作？

(6) 车站接发列车的基本规定有哪些？

(7) 如何进行列车进路的取消操作？

(8) 列车进站未能按规定停车位置停车时的处理？
(9) 信号与屏蔽门/安全门接口故障的处理措施有哪些？
(10) 车站级现地控制时设备运作特点是什么？
(11) ATS 设备故障时（无显示）处理措施有哪些？
(12) 折返作业基本作业过程是什么？
(13) 广州地铁 RTU 模式下如何设置折返进路？
(14) 开放引导信号接车办理过程是什么？
(15) 联锁站轨道电路故障处理办法是什么？
(16) 联锁站轨旁 ATP 故障处理办法是什么？
(17) 联锁站道岔故障处理办法是什么？
(18) 如何进行车站联锁设备故障应变处理？

实 训 题

1. 准备工作

(1) 场地、工具准备：演练场，配有车站仿真控制台、行车电话、手摇把、钩锁器、信号旗或灯、各种登记表簿等。

(2) 人员安排：学生按模拟车站数分组，每一车站行车值班员（或值班站长）一名、信号员（操作员）一名、站务员一名。

(3) 使用车站信号设备仿真系统，完成正常和非正常接发列车的任务。
① 正常情况接发列车。
② 设置进厂信号机故障时接列车。
③ 设置轨旁 ATP 故障时，组织列车运行。
④ 设置轨道电路故障时接发列车。
⑤ 设置道岔故障时接发列车。

2. 模拟现场工作过程，按接发列车作业标准（或程序），进行接发列车演练

(1) 车站信号设备发生故障时，处理流程分两步进行。
① 应急处理。
② 接发列车。
(2) 接发列车严格按《接发列车作业标准》演练

3. 组织学生评价，分析作业效果，提出改进意见，强化演练

4. 总结经验，写出报告

参 考 文 献

[1] 牛凯兰,牛红霞. 城市轨道交通行车组织[M]. 北京:机械工业出版社,2009.
[2] 操杰,王笑然. 城市轨道交通车站行车工作[M]. 北京:中国物资出版社,2012.
[3] 林瑜筠. 城市轨道交通运输设备[M]. 北京:中国铁道出版社,2008.
[4] 程钢,操杰. 城市轨道交通运营组织[M]. 成都:西南交通大学出版社,2010.
[5] 季令,张国宝. 城市轨道交通运营组织[M]. 北京:中国铁道出版社,1998.
[6] 何宗华,等. 城市轨道交通运营组织[M]. 北京:中国建筑工业出版社,2003.
[7] 张国宝. 城市轨道交通运营组织[M]. 北京:上海科学技术出版社,2006.
[8] 何静. 城市轨道交通运营管理[M]. 北京:中国铁道出版社,2007.
[9] 何宗华,等. 城市轨道交通通信信号系统运行与维修[M]. 北京:中国建筑工业出版社,2007.
[10] 李力. 城市轨道交通运营与管理综合应用[M]. 北京:中国电力出版社,2008.
[11] 徐金祥,冲蕾. 城市轨道交通信号基础[M]. 北京:中国铁道出版社,2010.